LE MONDE EN MOUVEMENT

Le livre de l'année 2000

Jacques Hereng
Carlos De Veene

LE MONDE EN MOUVEMENT

Le livre de l'année 2000

Jacques Hereng
Carlos De Veene

Editions Artis-Historia

TABLE DES MATIERES

AVANT-PROPOS

JANVIER

FEVRIER

MARS

AVRIL

MAI

JUIN

JUILLET

AOUT

SEPTEMBRE

OCTOBRE

NOVEMBRE

DECEMBRE

DIVERS

L'année 2000 a soufflé le chaud et le froid : la paix dans les Balkans, la guerre au Proche-Orient

On craignait le bogue de l'an 2000 comme la peste. Signe des temps, la terreur millénariste était désormais celle d'une apocalypse informatique. Elle n'a pas eu lieu. La facilité avec laquelle les ordinateurs de la planète entière se sont accommodés des deux zéros prouve que l'on avait sans doute surestimé les risques. La facture globale présentée par les informaticiens n'en a pas moins été salée. On parle de 300 à 600 milliards de dollars pour l'économie mondiale...

Que l'on se rassure ! Celle-ci a supporté le choc. Dans les pays industrialisés, la conjoncture reste favorable malgré la flambée des prix du pétrole. Pour la première fois depuis longtemps, la Belgique présente d'ailleurs un bilan positif avec un taux de croissance compris entre 3,75 et 4%. Le gouvernement Verhofstadt pavoise, quoique certains émettent des réserves. Ceux qui sèment ne sont pas toujours les mêmes que ceux qui récoltent, disent-ils.

Partout, la "nouvelle économie" est à la mode. Quoi de plus naturel ? Chaque génération n'a-t-elle pas tendance à s'enthousiasmer de sa propre jeunesse ? On ne parle que d'internet, d'e-commerce et de start-up. C'est une révolution en effet, mais on ne peut ignorer que l'indice boursier Nasdaq des valeurs technologiques a tout de même lancé quelques coups de semonce au cours de l'année.

Sur le plan politique, 2000 aura soufflé le chaud et le froid. La bonne surprise nous est venue de l'ex-Yougoslavie. Il était temps ! Après plus de dix ans de guerres et d'épuration ethnique, ces peuples frères ont basculé dans le camp de la paix. Assez de haine, assez de tyrannie, assez de massacres ! Stipe Mesic, qui a été élu en Croatie, est un démocrate lucide et courageux, comme paraît l'être Vojislav Kostunica qui a éliminé Slobodan Milosevic, le dictateur responsable du malheur de la Serbie, sans que fût versée une goutte de sang.

Ayant retrouvé le calme, les Yougoslaves tournent leurs regards vers l'Europe qui devra, un jour ou l'autre, les accueillir comme d'autres peuples du Vieux continent. C'est un rêve grandiose qui n'est cependant pas pour demain. Car le sommet de Nice et ses discordances ont malheureusement démontré qu'il n'y avait plus de grands leaders européens. On pinaille, on ergote, on n'avance guère.

Enfin la paix dans les Balkans donc, mais à nouveau la guerre au Proche-Orient. L'esprit d'Oslo est mort. Après l'échec des négociations de Camp David, la funeste visite du chef de la droite israélienne, Ariel Sharon, sur l'esplanade des Mosquées de Jérusalem, a eu l'effet d'une étincelle sur un baril de poudre. Humiliés par ce geste, mais surtout déçus par tant de promesses non tenues, les Palestiniens ont déclenché une nouvelle intifada à laquelle Tsahal a répliqué avec toute sa puissance militaire. Les victimes ont été nombreuses, des enfants souvent. Leur tragédie a endeuillé l'année 2000.

Pour les derniers mois de son mandat, Bill Clinton n'a pas ménagé ses efforts afin de relancer le processus de paix, mais il s'est heurté à des points de vue apparemment inconciliables : le statut de Jérusalem, le démantèlement des colonies juives à Gaza et en Cisjordanie, le sort des réfugiés palestiniens. Il semble douteux que son successeur à la Maison-Blanche, George W. Bush, accorde le même intérêt aux grands problèmes internationaux. Il en a peu le goût, mais il risque surtout de ne pas en avoir les moyens. Car le quarante-troisième président des Etats-Unis n'a obtenu qu'une victoire étriquée, au terme d'un incroyable feuilleton électoral qui a duré un mois. On n'en finissait plus de compter et de recompter les bulletins de vote de l'Etat de Floride ni de réunir des hautes cours de justice. Le candidat républicain est finalement sorti vainqueur, pas la démocratie américaine.

Année olympique pour les sportifs, avec des Jeux très réussis à Sydney, 2000 était, pour les chrétiens, une année sainte. Jean-Paul II l'a d'ailleurs marquée à sa manière, en appelant à Rome des millions de pèlerins et en visitant lui-même les lieux symboliques où vécut Jésus. L'une des images les plus fortes des douze derniers mois du millénaire est sûrement celle de ce pape, vieilli et courbé, en prière devant le mur des Lamentations.

La science ne cesse de progresser, non sans poser de graves problèmes éthiques. Le séquençage du génome humain s'achève et les perspectives qu'il offre à la médecine sont insoupçonnées, pour autant que cet immense potentiel soit sévèrement contrôlé. Les avertissements ne manquent pas. Que l'on songe aux ravages que cause dans tous les domaines l'appât démesuré du gain. Asservi au libéralisme triomphant, le pouvoir politique est-il d'ailleurs encore en mesure de s'opposer au pouvoir économique ? C'est, au fond, le grand débat de société qui a continué d'agiter la planète en cette année 2000, qu'il se soit traduit par la lutte contre les inégalités, contre la mondialisation, contre l'alimentation frelatée ou contre toutes les formes de pollution.

Happy

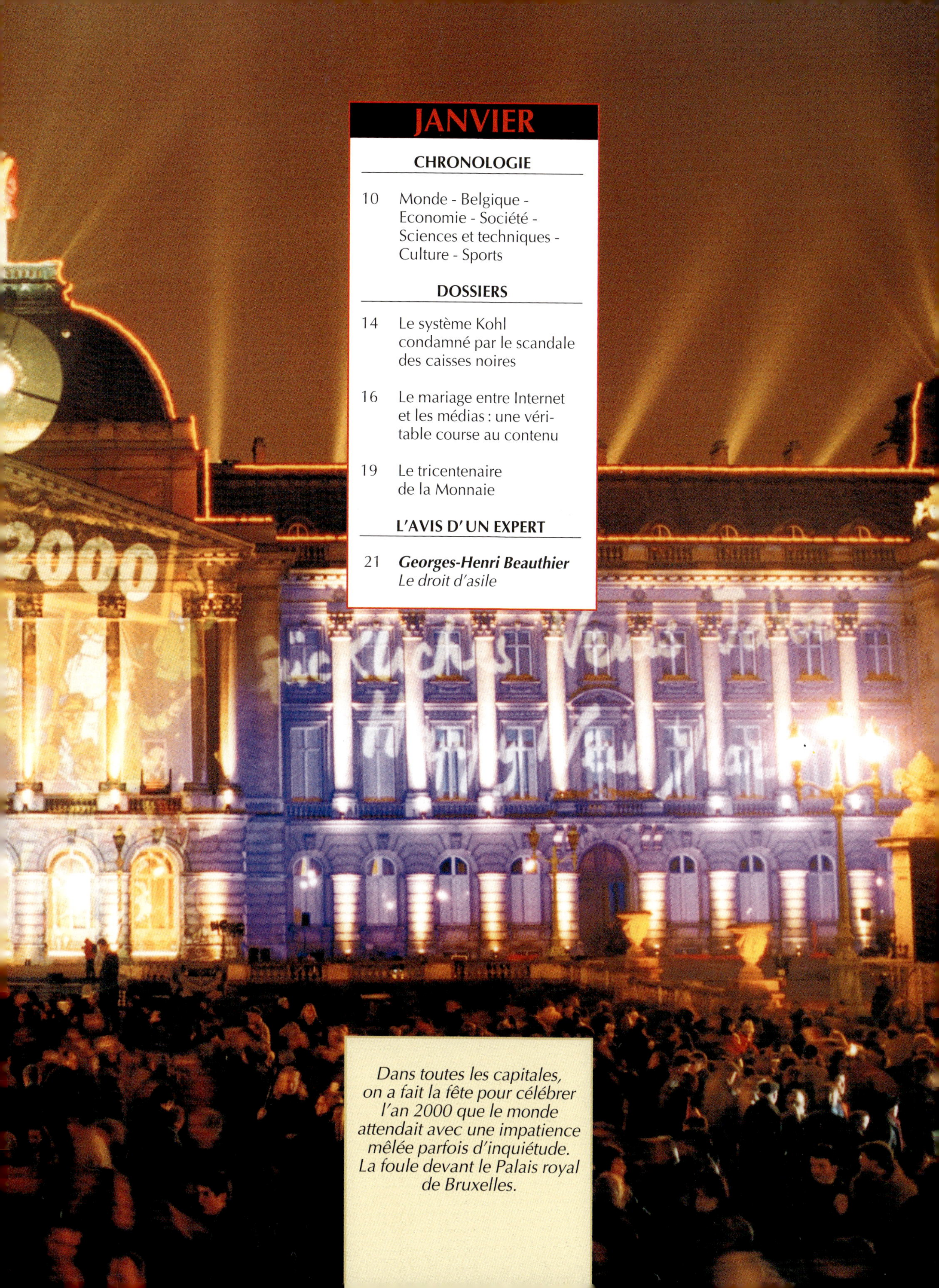

JANVIER

CHRONOLOGIE

DOSSIERS

L'AVIS D'UN EXPERT

Dans toutes les capitales, on a fait la fête pour célébrer l'an 2000 que le monde attendait avec une impatience mêlée parfois d'inquiétude. La foule devant le Palais royal de Bruxelles.

JANVIER

Lu	Ma	Me	Je	Ve	Sa	Di
					1	2
3	4	5	6	7	8	9
10	11	12	13	14	15	16
17	18	19	20	21	22	23
24/31	25	26	27	28	29	30

MONDE

3

* RUSSIE - Trois jours après son installation au Kremlin, le président par intérim, Vladimir Poutine, limoge Tatiana Diatchenko, la fille de Boris Eltsine qui occupait les fonctions de "conseillère en image".

* CROATIE - Le parti nationaliste de l'ancien président Franjo Tudjman, décédé le 10 décembre 1999, est sévèrement battu aux élections législatives qui consacrent la victoire de la coalition de centre-gauche.

7

* TCHÉTCHÉNIE - L'armée russe décide d'observer une pause dans ses attaques contre Grozny. Selon Vladimir Poutine, cette mesure a été prise pour permettre d'évacuer les civils, mais les observateurs pensent que le véritable but est de réorganiser les troupes fédérales qui ont subi de lourdes pertes.

15

* YOUGOSLAVIE - Zeljko Raztanovic, qui se faisait appeler le "commandant Arkan", est assassiné dans le hall d'un grand hôtel de Belgrade. Agé de quarante-sept ans, Arkan, criminel de droit commun, avait été l'un des principaux exécuteurs du nettoyage ethnique en Croatie d'abord, en Bosnie ensuite et au Kosovo enfin. En 1997, le Tribunal pénal international pour l'ex-Yougoslavie l'avait inculpé pour crimes contre l'humanité et crimes de guerre.

18

* ALLEMAGNE - Devant le refus de l'ancien chancelier à livrer les noms des donateurs qui ont alimenté les caisses noires du parti, la CDU invite Helmut Kohl à démissionner de la présidence d'honneur. 👁 **page 14**

* RUSSIE - Sous la pression de Vladimir Poutine, un communiste modéré, Guennadi Zeleznev, est élu à la présidence de la nouvelle Douma. Une centaine de députés mécontents avaient quitté la salle avant le vote.

21

* ESPAGNE - A Madrid, un attentat à la voiture piégée tue un lieutenant-colonel de l'armée espagnole. La police soupçonne l'ETA qui a rompu la trêve et perpétré, avant la Noël 1999, deux autres attentats déjoués par les forces de sécurité. L'indignation est générale dans tout le pays.

* ÉQUATEUR - Le président Jamil Mahuad est renversé à l'issue d'une gigantesque manifestation de la population indienne contre la dollarisation de l'économie. Le vice-président Gustavo Noboa s'installe au pouvoir.

27

* AUTRICHE - Préoccupé par l'arrivée probable du parti d'extrême droite (FPÖ) au pouvoir en Autriche, le premier ministre, Guy Verhofstadt, invite la présidence de l'Union européenne à envoyer une mise en garde à Vienne. Jörg Haider, le leader du FPÖ, réagit violemment, traitant le gouvernement belge de corrompu. L'inquiétude est vive dans toutes les capitales occidentales.

31

* AFFAIRE PINOCHET - La Haute Cour de Londres a jugé irrece-

La fuite du jeune bouddha vivant

Echappé du monastère de Tsurphu, à une cinquantaine de kilomètres de Lhassa, où il vivait sous la surveillance des autorités chinoises, le jeune moine Ugyen Trinley Dorje (notre photo) arrive, le 5 janvier, à Dharamsala, en Inde, après sept jours de marche dans les cols enneigés de l'Himalaya, accompagné seulement de sa sœur et de deux autres moines.

Agé de quatorze ans, il est le dix-septième karmapa, chef de l'école karma-kagyu, la plus ancienne tradition du bouddhisme tibétain. Pour les fidèles, il est un véritable "bouddha vivant". Il n'avait que huit ans lorsqu'il fut reconnu après la disparition de son prédécesseur. Les recherches pour retrouver la réincarnation du seizième karmapa avaient duré onze ans.

L'escapade de l'adolescent, troisième figure de la hiérarchie spirituelle tibétaine, embarrasse beaucoup les autorités chinoises qui ont mis en garde le gouvernement indien contre l'attribution du statut de réfugié politique au fugitif. Pékin accepte mal que le dalaï-lama, premier personnage du bouddhisme tibétain, vive en exil en Inde depuis 1959. Quant au panchen-lama, le jeune Gedu Choeky Nyima, âgé de neuf ans seulement, il est tenu au secret par le régime chinois, mais certains laissent entendre qu'il serait décédé.

Vingt-sept ans après la mort d'Allende, le Chili a voté pour le socialiste Ricardo Lagos

Alors que, sur la base d'un rapport médical, le ministre britannique de l'Intérieur, Jack Straw, se déclare "enclin", le 11 janvier, à interrompre la procédure d'extradition de l'ancien dictateur Augusto Pinochet, le Chili se trouve en pleine campagne électorale pour la présidence.

C'est le socialiste Ricardo Lagos (notre photo, accompagné de sa femme) qui l'emporte au second tour, le 16 janvier, avec 51,32% des suffrages contre 48,68% au candidat de la droite, Joaquin Lavin. Agé de soixante et un ans, Ricardo Lagos est le premier chef d'Etat socialiste depuis la mort tragique, en 1973, de Salvador Allende dont il fut un proche collaborateur.

A la veille des vacances, en plein été austral, l'affaire

Pinochet ne semble pas avoir influencé le scrutin. Aussitôt les résultats connus, les deux candidats, le vainqueur et le vaincu, ont d'ailleurs annoncé qu'ils uniraient leurs efforts pour résoudre avant tout les problèmes économiques du Chili.

vables les recours déposés, le 24 janvier, par la Belgique et les organisations de défense des droits de l'homme pour empêcher le retour de Pinochet au Chili.

BELGIQUE

4

* VOLS DE NUIT - La ministre des Transports et de la Mobilité, Isabelle Durant (Ecolo), déclare qu'elle a pris, le 31 décembre 1999, un arrêté visant à réduire les nuisances sonores au-dessus de l'aéroport de Bruxelles-National. L'une des mesures envisagées est d'interdire tous les vols de nuit commerciaux entre 1 heure et 5 heures à partir de 2003. Cet arrêté ne fait pas l'unanimité au sein du gouvernement. Il suscite une vive réaction de la société de transports express DHL.

10

* SANS-PAPIERS - L'opération de régularisation des sans-papiers débute selon le plan prévu par le ministre de l'Intérieur, Antoine Duquesne (PRL). Suspendant provisoirement la convention de Schengen, la Belgique rétablit des contrôles aux frontières afin d'empêcher l'arrivée de clandestins. **page 21**
* SÉCURITÉ - Le ministre de la Justice, Marc Verwilghen (VLD), présente à la presse son "Plan fédéral de sécurité et de politique pénitentiaire" qui comprend cent quarante chapitres.

12

* VOLS DE NUIT - A la suite d'un conseil des ministres restreint, Isabelle Durant retire son projet d'interdire les vols de nuit à Bruxelles-National.

15

* ARMÉE - Le vice-amiral Willy Herteleer, chef de l'Etat-Major général, lance un cri d'alarme aux micros de la RTBF et de la VRT: il faudra augmenter le budget de 10% ou réduire nos forces armées de 6000 hommes.
* VOLKSUNIE - Geert Bourgeois est élu président de la Volksunie avec 54% des suffrages exprimés contre 46% au président sortant Patrick Vankreunkelsven.

26

* CSC - Suite à la publication de documents bancaires par le quotidien flamand "Het Laatste Nieuws", les patrons du syndicat chrétien CSC admettent l'existence d'un compte au Luxembourg, auprès de la KBL. Ils se défendent cependant de toute tentative de fraude fiscale, expliquant leur attitude par un souci d'éviter un gel possible par la justice belge de cette "réserve de grève".

ÉCONOMIE

10

* COMMUNICATION - Le premier fournisseur d'accès à Internet, America On-Line (AOL), et le géant de la communication, Time Warner, annoncent leur fusion. C'est la plus grosse opération de l'histoire boursière.
page 16

13

* AUTO - Le 78e Salon de l'Auto de Bruxelles ouvre ses portes dans un climat optimiste. Le record des immatriculations a été battu en 1999 avec 489 621 voitures.

17

* INDUSTRIE PHARMACEUTIQUE - Les firmes britanniques Glaxo Wellcome et SmithKline Beecham décident de fusionner, créant ainsi le premier groupe pharmaceutique du monde avec un chiffre d'affaires de 24,9 milliards de dollars, soit un billion ou 1000 milliards de francs belges. Avant leur fusion, Glaxo Wellcome et SmithKline Beecham occupaient 3300 personnes en Belgique.

24
* ÉDITION MUSICALE - Le groupe britannique EMI et la Warner Music, division musicale du nouveau groupe AOL-Time Warner, annoncent leur fusion. Warner EMI Music chaperonne désormais plus de deux mille cinq cents artistes parmi lesquels les Beatles, Bjork, les Rolling Stones, Sinead O'Connor, Madonna et les Spice Girls.
* MARKS & SPENCER - Luc Vandevelde, un manager belge de quarante-huit ans, est nommé président du groupe Marks & Spencer, la célèbre chaîne britannique de grands magasins. C'est la première fois que la direction de cette enseigne historique et emblématique de la distribution en Grande-Bretagne est confiée à un Continental. Avant son départ pour Londres, Luc Vandevelde présidait le groupe français Promodès.

30
* COMMUNICATION - Le groupe français Vivendi s'allie au britannique Vodafone AirTouch pour créer un géant européen de la télécommunication et d'Internet. L'accord constitue une réponse européenne à la fusion américaine AOL-Time Warner.

SOCIÉTÉ

9
* SANTÉ DU PAPE - Interrogé à la radio Südwestrundfunk, Mgr Karl Lehmann, président de la Conférence des évêques d'Allemagne, laisse entendre que "le pape devrait avoir le courage de dire qu'il ne peut plus assumer sa fonction comme cela serait nécessaire". Malgré l'émoi suscité par ces propos dans les milieux catholiques, le Vatican n'a pas fait de commentaires.

13
* ERIKA - La commission d'enquête sur le naufrage de l'Erika, qui a sombré, le 12 décembre 1999, au large des côtes bretonnes et qui a provoqué une dramatique marée noire, met hors de cause l'équipage et son commandant. En revanche, les experts se montrent extrêmement sévères pour l'armateur et pour la compagnie pétrolière TotalFina qui a affrété le navire.

25
* PRISE D'OTAGES - Les forces de sécurité thaïlandaises mettent fin à une prise de cinq cents otages à l'hôpital de Ratchaburi, près de la frontière birmane. Les dix ravisseurs, membres de l'"Armée de Dieu", une milice dissidente de la minorité karen, sont tués dans l'assaut.

29
* OPÉRATION DU ROI - Albert II est opéré d'une hernie discale à la clinique Onze-Lieve-Vrouw d'Alost. L'intervention, dirigée par le docteur Michel Van Vyve, se déroule parfaitement.
* EUTHANASIE - Deux médecins du Centre hospitalier régional (CHR) de la Citadelle, à Liège, sont mis en examen pour homicide volontaire avec préméditation pour avoir administré une dose mortelle de médicaments à un patient en phase terminale. L'un d'entre eux est écroué à Lantin. En plein débat au Sénat sur l'euthanasie, l'affaire ébranle le monde médical.

30
* CATASTROPHE AÉRIENNE - Un Airbus A-310 de Kenya Airways rate son décollage à l'aéroport d'Abidjan et s'abîme en mer. On ne compte qu'une dizaine de rescapés parmi les cent soixante-neuf passagers.

31
* TUEUR EN SÉRIE - La cour d'assises de Manchester condamne le docteur Harold Schipman à quinze fois la prison à vie. Ce médecin généraliste était accusé du meurtre de quinze patientes. Sans en posséder les preuves, la police le soupçonne d'avoir commis, au total, cent quarante crimes en trente ans d'exercice.
* NOUVELLE CATASTROPHE AÉRIENNE - Un MD-80 de la compagnie Alaska Airlines s'abîme en mer alors qu'il se préparait à effectuer un atterrissage d'urgence à Los Angeles. Les quatre-vingt-huit passagers ont disparu dans la catastrophe attribuée à un problème technique.

Polémique au sujet du petit Elian Gonzales. Agé de six ans, l'enfant a été recueilli en Floride, en novembre 1999, après le naufrage du navire dans lequel avait péri sa mère qui tentait de rejoindre les Etats-Unis. Le 5 janvier, les services de l'immigration américains décident de remettre Elian à son père, resté à Cuba, mais la communauté cubaine anticastriste s'oppose à ce retour. ▽

SCIENCES ET TECHNIQUES

13
* MICROSOFT - Le patron le plus riche du monde, Bill Gates, fondateur et principal actionnaire de Microsoft, abandonne ses fonctions de PDG à Steve Ballmer afin de se consacrer plus particulièrement à l'"architecture des logiciels".

18
* CONTRE LA CÉCITÉ - L'Institut Dobell de New York annonce la création d'un appareil destiné à surmonter certaines formes de cécité. Grâce à une caméra miniature reliée par un ordinateur à des

Le bogue n'a pas eu lieu

L'apocalypse informatique, que les techniciens redoutaient depuis plusieurs années, n'a finalement pas eu lieu. Aucune panne majeure n'a perturbé la fameuse nuit de la Saint-Sylvestre. On n'a constaté que quelques rares erreurs d'affichage de dates sur certaines pages Web et une fausse alerte dans une centrale nucléaire japonaise.

Le bogue de l'an 2000 n'était-il qu'un bluff qui aura coûté entre 300 et 600 milliards de dollars à l'économie mondiale? Les avis sont partagés.

Quelques années avant l'an 2000, on s'est rendu compte que, depuis les débuts de l'informatique, les spécialistes indiquaient les années dans les dates par deux chiffres pour gagner de la place dans les mémoires. Ils avaient, en outre, adopté le code 00 pour arrêter les ordinateurs en cas d'incident. La planète, qui fonctionne désormais essentiellement sur ordinateur, risquait donc d'être complètement bouleversée le 1er janvier 2000.

électrodes implantées dans son cerveau, un aveugle de soixante-deux ans a pu lire des lettres de 5 centimètres de haut dans un champ de vision encore étroit. Les chercheurs reconnaissent que le procédé doit être perfectionné.

21

* ÉCLIPSE DE LUNE - De 5 h 05 à 6 h 22, soit pendant 77 minutes, une éclipse totale de la Lune est observée en Europe. En Belgique, les conditions météorologiques ne permettent pas une vision parfaite du phénomène.

29

* OGM - A Montréal, après une semaine de négociations difficiles et un dur affrontement entre l'Europe et les Etats-Unis, la Conférence mondiale des organismes génétiquement modifiés s'achève par la signature d'un "protocole sur la biodiversité", adopté par cent trente-huit pays.

CULTURE

14

* TRICENTENAIRE DE LA MONNAIE - La reine Paola, le prince Philippe et la princesse Mathilde assistent au gala d'ouverture. Au programme, des œuvres de Beethoven et de Luigi Dallapiccola.

page 19

29

* CINÉMA - Le film "Solas" (Solitaires) de l'Espagnol Benito Zambrano obtient l'Iris d'Or du Festival de Bruxelles. Première œuvre du réalisateur sévillan, "Solas" représente une tranche de vie où une jeune femme, vivant seule, retrouve sa mère après l'hospitalisation de son père, personnage tyrannique.

SPORTS

12

* RALLYE-RAID - Menacé d'un attentat lors de son passage à travers le Niger, le rallye Dakar-Le Caire (ex-Paris-Dakar) est interrompu pendant cinq jours pour permettre la mise en place d'un pont aérien, les organisateurs ayant décidé de transporter directement les concurrents et leurs véhicules en Libye. Estimé à 180 millions, le coût de l'opération soulève de vives critiques au sein de l'opinion publique.

Le "Soulier d'Or" est attribué, le 26 janvier, au défenseur d'Anderlecht, Lorenzo Staelens (notre photo, aux côtés de Branko Strupar, précédent lauréat). Récompensé pour l'ensemble de sa carrière, le joueur flandrien précède le Tchèque Jan Koller et Toni Brogno au référendum du "Laatste Nieuws". ▽

Le système Kohl condamné par le scandale des caisses noires

Le prestige de Helmut Kohl, le légendaire chancelier de la réunification allemande, n'a pas résisté au scandale des caisses noires. En respectant la parole donnée aux bienfaiteurs du parti, il trahit la Constitution. Cruel dilemme... △

Etalé sur la place publique à la fin de l'année 1999, le scandale des caisses noires de l'Union chrétienne démocrate allemande (CDU) a connu, en janvier, de nouveaux rebondissements qui ont contraint l'ex-chancelier Helmut Kohl à démissionner de la présidence d'honneur du parti.

A la tête de la CDU pendant vingt-cinq ans, Kohl avait reconnu, dès le mois de décembre, qu'il avait reçu, de 1993 à 1998, entre 1,5 et 2 millions de marks (entre 30 et 40 millions de francs) en violation de la loi de financement des partis. Selon la Constitution allemande, ces infractions ne sont pas passibles de sanctions pénales, mais le parti mis en cause risque cependant de devoir verser au Bundestag l'équivalent de trois fois les sommes non déclarées.

Ce qui a désigné l'ancien dirigeant à la vindicte publique aussi bien qu'à celle de ses pairs, c'est son refus obstiné de dénoncer les corrupteurs. La majorité des Allemands, même parmi ses proches, ne lui ont pas pardonné de placer ainsi la parole donnée au-dessus de la loi et de trahir la Constitution qu'il a juré de respecter à cinq reprises en tant que chancelier.

Cette soumission à l'omertà, qui aurait pu être portée à son crédit moral dans une civilisation méditerranéenne, l'a condamné, au contraire, aux yeux de ses compatriotes, tous plus ou moins imprégnés des principes luthériens, qu'ils soient catholiques, protestants ou même athées. La confession publique reste dans l'esprit de beaucoup d'Allemands l'une des voies vers le salut. Kohl n'a même pas envisagé un instant de l'emprunter...

Constituée en décembre 1999, la commission d'enquête parlementaire s'est penchée prioritairement sur quatre dossiers: la vente de trente-six blindés à l'Arabie saoudite, la privatisation de la raffinerie Leuna, dans l'ex-RDA, et sa reconstruction par Elf, avec la bénédiction probable de l'ancien président français, François Mitterrand, la vente d'Airbus à des compagnies aériennes thaïlandaise et canadienne et enfin la livraison d'hélicoptères MBB aux garde-côtes canadiens. Mais d'autres pots-de-vin ont sans doute abouti dans les caisses de la CDU pendant le quart de siècle où elle fut dirigée par le colosse rhénan.

L'Union chrétienne allemande n'a pas, derrière elle, une longue histoire comme sa rivale, la social-démocratie qui plonge ses racines à la fin du XIXe siècle et qui fut, avant d'être étranglée par la dictature hitlérienne, le dernier adversaire du nazisme. La CDU ne fut créée qu'après la guerre autour de la grande figure de Konrad Adenauer et, sous son influence, elle joua d'ailleurs d'emblée un rôle majeur dans la construction européenne.

C'est en 1973 que Helmut Kohl prit les rênes du parti qui venait de subir une lourde défaite électorale. Il réussit à lui donner la structure qui lui avait manqué jusque-là et, après un long séjour dans l'opposition, la CDU accéda à nouveau au pouvoir en 1982. Kohl fut élu chancelier le

1er octobre de cette année. Il allait le rester, contre vents et marées, pendant seize ans.

Ce que fut le système Kohl, on le soupçonnait sans en avoir les preuves. Dès son arrivée au pouvoir, cet ancien avocat catholique avait tissé un réseau de relations, "arrosant" les organisations locales du parti non seulement pour les renforcer par rapport à l'adversaire social-démocrate, mais aussi pour asseoir sa propre suprématie. Afin d'assurer son bon fonctionnement, le système Kohl devait toutefois disposer de sommes importantes en liquide. C'est sans doute la seule raison de l'existence des caisses noires, car personne n'a jamais insinué que l'ex-chancelier s'était enrichi personnellement.

Malgré l'instinct politique du géant rhénan, son règne se serait achevé déjà à la fin des années 80 si les circonstances n'étaient venues miraculeusement à son secours. La chute du Mur de Berlin, le 9 novembre 1989, fut l'occasion exceptionnelle qui s'offrit à lui d'entrer définitivement dans l'Histoire. Il eut le flair magistral de comprendre qu'il fallait passer outre aux réticences de ses partenaires européens et réaliser, avec la complicité tacite de Mikhaïl Gorbatchev, son grand dessein de réunifier l'Allemagne. Il devint ainsi le "chancelier de l'unité", un titre que ni les défaites électorales ni les scandales ne pourront lui ôter.

François Mitterrand et Helmut Kohl à Evian. Après la chute du Mur de Berlin et une période d'hésitation, le président français a accepté de collaborer à la réunification. Mais on le soupçonne aussi d'avoir joué un rôle trouble dans la reconstruction de la raffinerie Leuna. △

Paralysé des deux jambes après qu'un déséquilibré lui eut tiré une balle dans le dos, Wolfgang Schäuble avait suscité l'admiration par son courage. La tourmente l'a également emporté... ▽

Après l'arrivée au pouvoir du social-démocrate Gerhard Schröder en septembre 1998, la CDU s'était réorganisée assez rapidement dans l'opposition, remportant des succès encourageants lors de cinq scrutins régionaux. Le séisme provoqué par l'affaire des caisses noires risque toutefois de lui faire connaître un sort comparable à celui de la Démocratie chrétienne italienne, balayée par l'opération "Mains propres" au début des années 90.

Alors que tout semblait le désigner pour reprendre, un jour, le rôle de Helmut Kohl à la chancellerie, Wolfgang Schäuble fut emporté à son tour par la tourmente. L'ancien dauphin, cloué dans une chaise roulante depuis 1990 à la suite d'un attentat commis par un déséquilibré, dut reconnaître également qu'il avait reçu un don en liquide de 100 000 marks du marchand d'armes Heinz Schreiber. Le 16 février, il annonçait qu'il renoncerait désormais à tous ses mandats.

Aussi distant et intellectuel que Kohl semblait chaleureux et bon vivant, Wolfgang Schäuble laissera également son nom dans l'histoire de l'unité allemande. En 1990, c'est lui qui avait présidé à la rédaction du traité de la réunification.

Le mariage entre Internet et les médias : une véritable course au contenu

Mathieu Van Overstraeten

Le 10 janvier, le numéro un mondial des services en ligne America OnLine (AOL) et le premier groupe mondial de communication Time Warner surprennent l'ensemble de la communauté économique en annonçant le regroupement de leurs activités. S'inscrivant dans la lignée des mégafusions entre les pétroliers Exxon et Mobil, les constructeurs automobiles Daimler et Chrysler ou encore les groupes de télécommunications Sprint et MCI WorldCom, cette nouvelle alliance explose tous les records précédents en la matière avec une transaction par échange d'actions de l'ordre de 190 milliards de dollars.

L'ampleur de l'opération n'est pourtant que secondaire par rapport à la véritable révolution des mentalités qu'elle entraîne. Il ne faut en effet pas s'y méprendre : ce n'est pas le tout-puissant Time Warner, propriétaire entre autres de Warner Bros, Time, Fortune ou CNN, qui rachète la "petite" société Internet AOL mais bel et bien l'inverse. L'issue de l'échange d'actions, qui donne aux actionnaires de AOL une majorité de 55 % dans le nouveau groupe créé, ne laisse planer aucun doute là-dessus. D'ailleurs, c'est également Steve Case, président-directeur général d'AOL, qui devient le président de la nouvelle entité. Et cela alors que son salaire est pourtant dix fois inférieur à celui de Gerald Levin, son alter ego de chez Time Warner. Cela aussi, c'est une des forces de l'économie digitale, dont les grandes figures, à l'image de Steve Jobs, le patron de Apple, payé un dollar symbolique par an, ne disposent pas des mêmes salaires astronomiques que dans les secteurs traditionnels. Les mauvaises langues diront cependant qu'ils se rattrapent largement en droits d'exercice sur stock-options, le nouveau salaire à la mode dans la Silicon Valley. Quoi qu'il en soit, la naissance du géant AOL Time Warner consacre définitivement la toute fraîche hégémonie de la nouvelle économie et permet à l'Internet de quitter son statut d'extension des autres médias pour endosser un rôle beaucoup plus central.

Le nouveau groupe Warner EMI Music s'impose comme le leader mondial de l'édition musicale. Roger Ames, à gauche, et Ken Berry ont annoncé officiellement la fusion, le 24 janvier, à Londres, au cours d'une conférence de presse qui s'est joyeusement terminée. △

Un rapport de forces inversé

Alors que la plupart des médias traditionnels se creusent en effet la tête pour savoir comment intégrer la dimension Internet dans leur stratégie, le rachat de Time Warner par AOL montre que finalement, c'est le Web qui pourrait prendre tout le monde de vitesse. Car si les producteurs de contenu du type Time ou CNN voient en l'Internet un nouveau tuyau pour atteindre le consommateur final, les portes d'entrées vers le Web que sont AOL ou Yahoo – on appelle cela des sites portails – sont elles à la recherche du contenu qui pourrait leur apporter plus de visiteurs. Paradoxalement, alors qu'on estime à plus de un milliard le nombre de pages accessibles sur le réseau électronique mondial, ce dernier est en effet souvent considéré comme encore assez pauvre en contenu distinctif, crédible et surtout vendable. D'où l'utilité d'y adjoindre des "labels de qualité" du type CNN ou autre.

Soit. Mais comment expliquer alors que AOL, dont le chiffre d'affaires est cinq à six fois inférieur à celui de Time Warner, ait pu racheter ainsi son glorieux aîné ? Une fois de plus, l'explication est à rechercher dans cette course au contenu, qui fera des sites portails de demain des véritables centres commerciaux, où l'on pourra acheter aussi bien des tickets d'avion que des places de concert, ou encore télécharger bien entendu tel ou tel magazine ou tel ou tel clip vidéo. Étant donné que les sites portails toucheront une commission sur chacune des transactions effectuées via leurs pages, on comprend mieux leur intérêt à attirer le plus de visiteurs possibles, d'autant que comme dans l'édition traditionnelle, la fréquentation d'un site détermine aussi les tarifs des publicités qui y figurent.

Tout cela explique que les investisseurs croient aujourd'hui dur comme fer dans ces valeurs Internet et les valorisent non pas en fonction de leurs performances actuelles mais en fonction de leurs formidables perspectives futures, notamment dans l'optique de ce développement du commerce électronique. Si l'on se réfère uniquement aux valorisations boursières, le site portail Yahoo est ainsi plus important que le géant de l'aviation Boeing. En ces termes, le rapport de forces est également complètement inversé entre AOL et Time Warner puisque le jour de l'annonce de leur fusion, le premier pesait en Bourse 164 milliards de dollars alors que le second n'en pesait "que" 97 milliards. Des montants démentiels qui ne constituent pourtant encore qu'une petite moitié de ce que pourrait représenter la valeur du nouveau groupe, estimée entre 450 et 500 milliards de dollars par certains analystes américains.

Les médias dans la spirale

Évidemment, ces derniers estiment également qu'il est peu probable que Microsoft, Bertelsmann, Yahoo et les autres concurrents de AOL Time Warner se croisent les bras en contemplant les succès de ce dernier. La naissance du nouveau groupe a donc fait entrer l'ensemble des valeurs liées aux médias dans la folle spirale boursière du Web. Dans les heures qui ont suivi l'annonce faite par Steve Case et Gerald Levin, les Audiofina, Mediaset, TF1 et autre Canal+ ont-elles aussi flambé. Et à raison semble-t-il, puisqu'à peine quelques jours plus tard, c'était au tour des groupes français Canal+ et Lagardère de suivre le mouvement entamé par AOL et Time Warner. But de l'opération : augmenter la présence des deux groupes dans le secteur de la télévision numérique, mais aussi exploiter au mieux leurs activités dans le cadre du commerce électronique et du développement de services interactifs.

Plus qu'une simple fusion, l'alliance entre AOL et Time Warner marque donc également le signal de départ de ce qui sera semble-t-il un mariage généralisé entre Internet et les médias. Steve Case lui-même n'a d'ailleurs jamais caché qu'il considérait AOL comme un "network" au même titre que CBS ou NBC, les grandes chaînes de télévision américaines. "Aux États-Unis, la frontière entre Internet et télévision devient de plus en plus floue, et une partie importante de la population préfère utiliser l'Internet plutôt que la télévision. Si l'accès est amélioré, c'est donc encore mieux", estime Debra McMahon, experte pour les communications de la firme de consultants Mercer Management, pour qui les Européens préfèrent par contre encore la télévision.

Largeur de bande avant tout

Ce dernier point est sans doute crucial dans le cadre du développement de l'Internet de ce côté-ci de l'Atlantique, dont les experts considèrent en général qu'il a entre six mois et deux ans de retard sur les États-Unis. Pour permettre à l'Internet d'atteindre le même taux de pénétration auprès de la population que la télévision ou la presse, il faudra en effet qu'il soit d'accès (beaucoup) plus rapide, que ce soit en Amérique ou en

Le luxueux hall d'entrée du siège de l'America OnLine, le premier fournisseur d'accès à Internet au monde. △

Europe d'ailleurs. Le mariage entre Internet et les médias est donc aussi une question de "large bande" car pour faire passer de façon fluide le grand volume de sons et d'images constitué par exemple par un film, il faut un débit suffisamment puissant et rapide tel que l'ADSL ou le câble de télédistribution, dont on dit qu'ils pourraient se partager le marché de l'accès à Internet d'ici quelques années. Une application telle que la vidéo sur demande par exemple, qui fera de la télévision un outil beaucoup plus interactif, sera alors de l'ordre du possible.

Une autre des raisons pour lesquelles AOL a racheté Time Warner réside par conséquent également dans le réseau câblé de ce dernier. Ces derniers mois, le fournisseur d'accès à Internet présidé par Steve Case voyait en effet avec inquiétude le géant des télécommunications AT&T développer à son tour son réseau en vue d'en faire une plate-forme de dis-

Axelle Red, l'une des stars du nouveau groupe Warner EMI Music. Avec Tina Turner, les Beatles, Aznavour et les Rolling Stones entre autres, notre compatriote est en bonne compagnie... △

tribution à bande large pour des services interactifs. Ce qui constitue en soi la preuve que dans l'économie digitale, la concurrence ne vient pas forcément du coin où on l'attend le plus.

Coïncidence ou pas, en Belgique, la guerre en vue du contrôle du réseau câblé flamand a démarré quasiment au même moment que l'annonce de la fusion AOL Time Warner. Alors que les résultats décevants de l'opérateur télécom flamand Telenet, dont les intercommunales flamandes sont un des principaux actionnaires, ne semblent en effet dopés que par l'accès à l'Internet par le câble, le groupe américano-néerlandais UPC et les britanniques British Telecom et Essent ont tous trois fait une offre pour racheter aux intercommunales flamandes leur réseau. Si le gouvernement flamand, soucieux bien entendu de ne pas faire de faux pas dans un dossier aussi politiquement sensible, n'a donné aucune suite à ces offres, préférant favoriser l'intégration entre Telenet et les intercommunales, il s'agit néanmoins d'un révélateur des grands mouvements en train de se dessiner.

Madonna par Internet

Mais quels sont alors les véritables enjeux de toutes ces fusions ? En fait, c'est Time Warner qui fournit lui-même la réponse à cette question en annonçant, seulement deux semaines après son rachat par AOL, qu'il se marie une nouvelle fois. L'heureux élu n'est ni plus ni moins que le britannique EMI, jusque-là le dernier des grands groupes de musique indépendants. Déjà actif dans le secteur de l'édition musicale - les différents labels détenus par Warner Music produisent entre autres les œuvres d'artistes comme Cher, Eric Clapton, Madonna, Phil Collins, Simply Red ou REM -, Time Warner s'arroge ainsi pas moins de 20 % du marché mondial de la musique. Fondée en 1897, la vénérable EMI compte en effet dans ses rangs des artistes du calibre des Beatles, de Pink Floyd ou de George Michael, mais surtout dispose d'un catalogue comportant plus de un million de titres.

Autrement dit, il s'agit d'une véritable mine d'or pour l'Internet, par lequel on estime que 10 % des ventes de musique seront réalisées d'ici 2004. A l'annonce de leur fusion, les présidents des deux sociétés ont d'ailleurs tous deux fait valoir que leur alliance serait une "source dominante de contenu pour l'Internet". Confrontées à une piraterie sans précédent - les fichiers MP3 permettent très facilement de télécharger de la musique à partir du Web et de les graver sur un CD -, les grandes maisons d'édition tentent aujourd'hui par tous les moyens de ne pas rater le virage de l'Internet et de parvenir à standardiser le fait de payer pour le téléchargement des chansons. Avec les livres, les CD restent par ailleurs le bien le plus vendu par Internet.

Indéniablement, notre quotidien risque en tout cas d'être modifié par tous ces grands mouvements. Dans le communiqué annonçant la fusion de sa société avec Time Warner, Steve Case note d'ailleurs: "Nous démarrons avec une nouvelle entreprise unique, dotée d'actifs sans précédents et d'une capacité d'impact profondément positif sur la société. En joignant nos forces à celles de Time Warner, nous changerons fondamentalement la manière dont la population s'informe, communique, achète et se distrait."

Le tricentenaire de la Monnaie

Le théâtre de la Monnaie a fêté ses trois cents ans, le 14 janvier, par un concert que dirigeait Antonio Pappano avec l'orchestre, les chœurs de la maison et un cartel de solistes dont Randi Stene et José Van Dam. L'affiche, où figuraient les noms de Ludwig van Beethoven et de Luigi Dallapiccola, un opposant au fascisme italien, se voulait une offrande à la liberté. Un public très choisi, au sein duquel se trouvaient la reine Paola, le prince Philippe et la princesse Mathilde, entendit ainsi l'air de Florestan du deuxième acte de "Fidelio", qui évoque la plainte du prisonnier politique dans son cachot, l'angoissante interrogation "La libertà?" qui clôt l'opéra "Il Prigioniero" et le flamboyant "Hymne à la Joie". Ce vent libertaire pour les trois siècles d'existence du théâtre lyrique bruxellois, c'était tout un symbole...

La structure actuelle de la Monnaie est due à l'architecte Josef Poelaert qui en a dressé les plans après l'incendie de 1855, mais d'importants travaux de rénovation ont eu lieu en 1985-1986. ▽

En 1700, la plupart des territoires qui forment aujourd'hui la Belgique sont sous la domination des Habsbourg d'Espagne. Le pays a été ravagé par les guerres. En août 1695, Bruxelles a été bombardée par les troupes françaises du maréchal de Villeroi. En deux jours, trois mille bombes et douze cents boulets rouges ont été tirés sur le centre de la ville qui est devenu un immense brasier. La Grand-Place est en ruine...

Pendant plusieurs années, les Bruxellois n'auront que le souci de reconstruire leur cité dévastée. L'érection du théâtre de la Monnaie fait partie de ces vastes projets. Selon la tradition, l'opéra avait vu le jour dans la première moitié du XVIIe siècle en Italie et le genre s'était ensuite répandu en Europe. A Bruxelles, l'opéra était représenté par des troupes de passage, sur des théâtres improvisés. L'un était situé sur la Montagne Sainte-Elisabeth, l'actuelle rue des Comédiens, et l'autre quai au Foin, mais ils avaient fermé leurs portes à la fin du siècle.

C'est le financier italien Giovanni Paolo Bombarda, trésorier du prince Maximilien-Emmanuel de Bavière, gouverneur de nos provinces, qui décida la création, en 1700, d'un nouveau théâtre à la manière vénitienne. Il en confia la tâche à deux architectes de Modène, Paolo et Pietro Bezzi, et en choisit le lieu, dans le prolongement de la rue Neuve, à l'endroit où se trouvait avant le bombardement un atelier où l'on battait la monnaie. C'est ainsi que naquit le "Grand Théâtre sur la Monnaie".

La salle avait la forme d'une ellipse et pouvait accueillir douze cents spectateurs qui se répartissaient sur cinq étages de loges et un parterre. Le quartier tout entier fut consacré à l'opéra. Autour du théâtre, Bombarda avait racheté ou fait construire un ensemble de maisons, servant de logement pour les artistes, d'atelier de décors, de boutiques, de cabarets et même... de chambres à souper. Car Bruxelles n'avait pas échappé à l'atmosphère de libertinage de ce XVIIIe siècle.

La noblesse assura, en tout cas, une vogue croissante au théâtre de la Monnaie, surtout au temps de Charles de Lorraine (1741-1780). L'orchestre acquit la réputation d'être l'un des meilleurs d'Europe. Les œuvres d'André Modeste Grétry, d'Etienne Méhul et de François Boieldieu figuraient souvent à l'affiche.

Aux Habsbourg d'Espagne succédèrent les Habsbourg d'Autriche, puis les Français. En 1815, à la suite du traité de Vienne, les provinces belges tombèrent sous l'autorité de Guillaume Ier des Pays-Bas. C'est ce prince qui entreprit de réaliser le vieux rêve de Napoléon Bonaparte et d'offrir à Bruxelles un nouveau théâtre moderne. L'architecte Damesme fut chargé d'ériger celui-ci, tout juste derrière l'ancien, dans un style néoclassique. L'inauguration eut lieu le 26 mai 1819.

Guillaume Ier ne fut pas récompensé de son initiative puisque, onze ans plus tard, le 25 août 1830, c'est dans la salle de la Monnaie que jaillit l'étincelle qui allait scinder son royaume. On jouait "La muette de Portici" d'Auber qui exalte le patriotisme des Napolitains contre leurs oppresseurs espagnols. La salle se déchaîna soudain en entendant l'air célèbre "Amour sacré de la patrie...".

Le répertoire de la Monnaie présente un grand électisme comme en témoigne cette représentation de l'"Orfeo" de Monteverdi, œuvre du début du XVIIe siècle. △

La très belle salle de l'opéra bruxellois qui se veut aujourd'hui le plus éclectique possible. ▽

Le 21 janvier 1855, c'est une autre étincelle, réelle cette fois, qui embrasa la Monnaie, réduite en cendres par un incendie spectaculaire. Il ne restait que les murs extérieurs et le péristyle, mais la reconstruction fut effectuée en un an à peine par Josef Poelaert. La structure globale est restée la même jusqu'à nos jours, quoique d'importants travaux de rénovation aient été réalisés au cours de la saison 1985-1986. Deux étages furent superposés au bâtiment et l'équipement technique des neuf étages de la tour de la scène fut entièrement modernisé.

Ce tricentenaire est aussi l'occasion de rappeler quelques grands moments artistiques: la création mondiale de "Hérodiade" de Massenet en 1881, mais surtout la création en français des grandes œuvres de Richard Wagner. "Lohengrin" fut présenté en 1870, puis la quasi-intégrale du cycle wagnérien avec en apothéose la création française de "Parsifal" en 1914.

Plus près de nous, la Monnaie deviendra un grand lieu de la danse moderne avec les "Ballets du XXe siècle" de Maurice Béjart. Aujourd'hui, sous la direction de Bernard Foccroulle, la scène bruxelloise se veut éclectique. La programmation conserve une place centrale au grand répertoire traditionnel (Mozart, Rossini, Verdi, Wagner, Moussorgski, Puccini, Strauss), s'élargit en direction du baroque (Monteverdi, Cavalli) et consacre une attention privilégiée au XXe siècle (Schönberg, Chostakovitch, Bartók, Britten, Boesmans).

Georges-Henri Beauthier
Avocat au Barreau de Bruxelles
Président de la Ligue des Droits de l'homme

Le droit d'asile

Artis-Historia : Le droit d'asile figure dans la Déclaration universelle des Droits de l'homme de 1948 (article 14). Dans quelle mesure est-il respecté de nos jours ?

Georges-Henri Beauthier : La notion de droit d'asile existe depuis bien plus longtemps. Dans l'Antiquité déjà, il y avait des lieux où les gens pouvaient trouver un havre de paix et où, normalement, il était interdit de les poursuivre. Au Moyen-Age, c'était dans les églises que l'on cherchait refuge. Aujourd'hui, depuis la fin de la seconde Guerre mondiale, il existe une convention, la Convention de Genève, qui prévoit que les personnes, victimes d'une discrimination politique, religieuse, sociale ou ethnique, puissent trouver un endroit où poursuivre une vie normale avant de retourner librement dans leur pays lorsque la tension aura disparu. Ce n'est toutefois qu'un voeu théorique qui s'inspire de la Déclaration universelle des droits de l'homme, mais celle-ci n'a pas une force contraignante. Quant à la Convention européenne des Droits de l'homme qui, elle, est d'application immédiate, elle n'envisage pas le "refus". C'est l'une des choses qui devra être précisée dans l'évolution des droits de l'homme.

A.H. : Comment jugez-vous la politique de la Belgique en matière de droit d'asile?

G.-H.B. : Comme tous les pays européens, la Belgique pratique une politique frileuse, pour ne pas dire égoïste. Quand on prévoit qu'un conflit va jeter sur les routes des milliers de réfugiés, elle ne prend pas les dispositions pour permettre un accueil collectif de ces personnes qui sont évidemment dignes et respectables selon les droits de l'homme. Il faut alors accorder à ces gens qui viennent par vagues un statut temporaire on l'appelle le statut B) qui ne figure pas dans la Convention de Genève, laquelle s'attache uniquement à l'examen individuel des cas. L'exemple concret de cette situation est celui de la communauté albanaise du Kosovo. Le statut B est un statut humanitaire, instauré en période de crise, mais les Etats européens se gardent bien d'en faire un statut avec des garanties, tel celui établi par la Convention de Genève à laquelle ont adhéré pratiquement tous les pays occidentaux.

A.H.: L'opération de régularisation des sans-papiers lancée au mois de janvier vous paraît-elle suffisante ?

G.-H.B. : Il faut faire une distinction très claire entre "réfugiés" et "immigrés". L'immigré vient ici pour des raisons économiques, pour des raisons de natalité ou pour des raisons de regroupement familial. Le réfugié est un étranger qui a été l'objet de "traitements humainement dégradants" et qui craint souvent pour sa vie. Il a droit à une protection qu'il recevra d'ailleurs, même si elle n'est éventuellement que temporaire. Là où les deux notions s'entremêlent, c'est parce que bon nombre de candidats réfugiés viennent grossir les rangs de l'immigration à cause de la longueur de la procédure. Ces gens tentent de s'imposer sur le marché du travail et sont demandeurs d'une aide sociale. C'est pour résoudre ce problème que le gouvernement a proposé de les assimiler à des étrangers immigrés en leur disant : "Puisque vous êtes ici depuis si longtemps et que votre cas n'a pas encore été réglé, nous allons procéder à une régularisation et vous donner la garantie que vous pourrez rester en Belgique." Ceux qui étaient au départ des réfugiés au sens de la Convention de Genève doivent savoir cependant qu'ils ne bénéficieront plus de la même protection dans les pays signataires et que, s'ils franchissent nos frontières, ils pourront être arrêtés et extradés. Comme dans tous les pays européens, les régularisations sont souhaitables, mais, si elles se font trop lentement, elles conduisent à l'échec. Pendant tout le cheminement de la procédure, les candidats sont soumis à un système qui est difficilement acceptable, à la merci d'un employeur, sans droit à une aide sociale.

A.H. : La paupérisation de certains pays de l'Est, mais aussi l'émergence de nouveaux circuits mafieux, ne reposent-elles pas le problème du droit d'asile qui avait souvent été considéré sous l'angle Sud-Nord ?

G.-H.B. : Il faut à nouveau insister sur la différence entre droit d'asile et immigration. Il y a des gens qui se prétendent réfugiés parce qu'ils ne peuvent pas venir ici comme immigrés. Cela fait du tort à la procédure des réfugiés qui risque d'être embouteillée. Certains en tirent la conclusion : "Ce sont des réfugiés déguisés, soyons donc plus durs". Je crois que c'est une réponse inappropriée. Il y aura toujours des fraudes parce l'homme est l'homme. Mais ce n'est pas parce que les procédures sont parfois utilisées à mauvais escient qu'il faut les supprimer. Nous devons protéger ceux qui bénéficient d'un statut de réfugié et qui ont été vraiment discriminés dans leur pays, mais aussi admettre que la Belgique, comme les autres pays d'Europe, a besoin d'un quota de main d'œuvre d'immigrés et d'un apport humain pour compenser la dénatalité dont nous sommes les victimes. Tant que l'on mêlera réfugiés et immigrés, cela ne profitera ni à l'un ni à l'autre.

FEVRIER

CHRONOLOGIE

DOSSIERS

L'AVIS D'UN EXPERT

Chargée de cartographier la Terre en trois dimensions, la mission Endeavour a ramené, le 26 février, après onze jours de prises de vues radar, un total de 20 600 disques compacts. Quelque 119 millions de kilomètres carrés de notre planète ont été ainsi photographiés. Au départ, les objectifs de la mission étaient essentiellement militaires. La plupart des documents ont toutefois été mis à la disposition de la communauté internationale à dessein d'information. Parmi les merveilleuses images de notre planète, il y avait ce relief de l'Etat de Bahia au Brésil.

aux membres de la commission parlementaire chargée d'enquêter sur ce drame pour n'avoir pas été informés du rapport Jacqmin. Ce texte attirait l'attention sur les manquements de la hiérarchie militaire belge durant l'intervention au Rwanda.
* VOLS DE NUIT - En conseil restreint, le gouvernement enterre définitivement l'arrêté Durant. Les vols de nuit ne seront pas interdits entre 1 et 5 heures du matin, mais une réduction drastique des nuisances sonores dans la zone de l'aéroport national sera imposée.
* BLAIR A GAND - Guy Verhofstadt accueille le premier ministre britannique Tony Blair à Gand afin de mettre au point une politique commune avant le sommet européen de Lisbon-ne.

ÉCONOMIE

3
* TÉLÉPHONIE MOBILE - Avec quarante-deux millions de clients dans vingt-cinq pays, le nouveau groupe, né de l'OPE du britannique Vodafone sur l'allemand Mannesman, devient le numéro un mondial du secteur. C'est la plus grosse fusion de l'histoire: elle représente plus de 8000 milliards de francs.

17
* PRIX DE L'ESSENCE - Le prix du carburant flambe à la suite d'une décision de l'Organisation des pays exportateurs de pétrole (OPEP) de réduire l'offre. Le litre de super sans plomb 95 octanes atteint 41,90 F. Par rapport à décembre 1998, la hausse est de 20 %.

22
* UNILEVER - Après les résultats décevants de l'année 1999, le géant anglo-néerlandais des biens de consommation annonce la suppression de 25 000 emplois. Unilever Belgium compte 2000 salariés. L'usine de Schoten est particulièrement menacée.

Nouveau désastre écologique: des flots empoisonnés se jettent dans le Danube

A la suite d'une fissure dans l'un des bassins d'une mine d'or de Baia Mare, dans le nord de la Roumanie, qui s'est produite au cours de la nuit du 30 au 31 janvier, 100 000 m³ d'effluents pollués au cyanure se déversent d'abord dans la rivière Szamos, en territoire roumain, puis dans la rivière Tisza, en territoire hongrois.

Au cours des deux premières semaines de février, l'eau empoisonnée s'écoule dans le lit de la Tisza dont le cours lent et méandreux traverse la Hongrie et une partie de la Yougoslavie sur quelque six cents kilomètres avant de se jeter dans le Danube, au nord de Belgrade. Les premières traces de pollution sont constatées dans la capitale serbe le 13 février.

C'est un véritable désastre écologique pour la région. Plus de cent tonnes de poissons morts sont retirées de la Tisza en Hongrie. Toute la faune riveraine est d'ailleurs également affectée par la catastrophe.

L'exploitation de la mine de Baia Mare est assurée pour une moitié par la compagnie parastatale roumaine Remin et pour l'autre moitié par la compagnie australienne Esmeralda Exploration Ltd.

Une vague de terrorisme cyberspatial

*En quelques jours, les sites les plus populaires du Net sont attaqués par des pirates de l'informatique. Le 7 février, c'est l'ensemble des portails de Yahoo!, premier moteur de recherche d'information sur Internet, qui est la cible des "hackers" et se trouve bloqué pendant plusieurs heures. Le lendemain 8 février, le site d'enchères eBay, le supermarché électronique du livre Amazon.com, les sites d'informations CNN.com et ZDNet sont visés à leur tour. Enfin, le 9 février, les sites de Bourse en ligne E*Trade et Datek Online font également l'objet de sabotages.*

Ces attaques, appelées "refus de service", consistent à saturer un site. Elles ébranlent la nouvelle économie et en démontrent la fragilité. Car plus une entreprise est présente sur le Net, plus elle est exposée.

Cette vague de terrorisme cyberspatial a été jugée suffisamment grave aux Etats-Unis pour justifier une intervention de l'Attorney General, Janet Reno, l'équivalent de notre ministre de la Justice. Janet Reno a demandé au FBI et aux procureurs généraux de mener l'enquête.

SOCIÉTÉ

5
* VIOLENCE RACISTE - Le meurtre d'une jeune femme de vingt-cinq ans par un immigré marocain, malade mental, provoque de graves émeutes racistes à El Ejido, petite ville d'Andalousie, près d'Almeria.

10
* DÉTOURNEMENT D'AVION - Les pirates de l'air qui avaient détourné le Boeing de la compagnie afghane Ariana se rendent après avoir libéré les derniers otages à l'aéroport de Stansted, près de Londres. Parti de Kaboul pour un vol intérieur avec cent septante-huit personnes à bord, le Boeing avait fait des escales forcées à Tachkent, en Ouzbékistan, à Atyubinsk au Kazakhstan et enfin à Moscou, relâchant chaque fois des otages. La majorité des passagers demandent l'asile politique à la Grande-Bretagne.

26
* LE PAPE AU SINAÏ - Au cours d'un voyage de trois jours en Egypte, Jean-Paul II se recueille au pied du mont Sinaï où, selon la tradition biblique, Moïse reçut de Dieu les tables de la Loi.

29
* MEURTRIER DE SIX ANS - A Mount Morris, dans le Michigan, à la suite d'une banale dispute, un garçon de six ans tue en pleine classe une fillette du même âge d'un coup de pistolet. Depuis 1997, c'est le neuvième attentat mortel impliquant des armes à feu dans les écoles américaines. Bill Clinton somme à nouveau les fabricants d'armes d'installer des crans de sécurité sur les revolvers.

SCIENCES ET TECHNIQUES

14
* WINDOWS 2000 - A San Francisco, Microsoft, le numéro un mondial des logiciels, lance son nouveau système d'exploitation destiné aux entreprises, Windows 2000. Celui-ci a mobilisé les recherches de cinq mille ingénieurs pendant trois ans.

CULTURE

13
* DERNIER SNOOPY - La presse américaine publie la dernière bande dessinée retraçant les aventures des "Peanuts" qui étaient suivies par plus de 355 millions de lecteurs dans septante-cinq pays du monde. Vaincu par la maladie, leur créateur, Charles M. Schulz, avait décidé de mettre fin à la série. Il est mort à la veille de la publication du dernier strip. **page 34**

19
* CÉSARS - "Vénus Beauté" fait un triomphe lors de la cérémonie de remise des Césars à Paris. Le film de Tonie Marshall obtient quatre trophées.

23
* GRAMMY AWARDS - Le guitariste américain Carlos Santana est cité huit fois comme lauréat des "Grammy Awards" à Los Angeles.

25
* BRUXELLES 2000 - L'ouverture officielle se déroule à la basilique de Koekelberg, où est tiré un superbe feu d'artifice japonais. Notre capitale est ville européenne de la culture pour l'an 2000 avec Avignon, Bergen, Bologne, Cracovie, Helsinki, Prague, Reykjavík et Saint-Jacques-de-Compostelle.

SPORTS

23
* FOOTBALL - A Charleroi, en match de préparation pour l'Euro 2000, la Belgique et le Portugal ont fait match nul. Le but belge a été inscrit par Branko Strupar.

26
* CYCLISME - La saison belge est ouverte par le Circuit "Het Volk" que remporte Johan Museeuw.

27
* ATHLÉTISME EN SALLE - Les athlètes belges remportent deux médailles aux championnats d'Europe, à Gand: l'argent pour Patrick Stevens sur 200 mètres et le bronze pour Sandra Stals sur 800 mètres.

L'Autriche au ban de la société européenne

Lorsque le chancelier conservateur Wolfgang Schüssel prête serment à la tête de son nouveau gouvernement, le vendredi 4 février, au palais impérial de la Hofburg, à Vienne, il sait déjà qu'il va devoir affronter la violente indignation de ses partenaires européens. En fin de matinée, le président de la République, Thomas Klestil, l'a d'ailleurs accueilli, lui et ses ministres, avec une froideur glaciale.

La veille, le chef de l'Etat avait même exigé que fût signé par les chefs des partis conservateur et d'extrême droite une déclaration reconnaissant les responsabilités de l'Autriche dans les "crimes monstrueux du régime national-socialiste" et affirmant l'adhésion de la nouvelle coalition aux valeurs démocratiques européennes ainsi que sa détermination à respecter les traités. Wolfgang Schüssel et son douteux partenaire, Jörg Haider, avaient obtempéré: on ne leur laissait pas le choix...

Malgré ce document symbolique, protestations officielles et manifestations spontanées vont cependant traduire aussitôt l'inquiétude de l'Europe devant la montée d'un péril que l'on croyait enfoui dans la mémoire du siècle défunt. Le premier ministre portugais, Antonio Guterres, qui assure la présidence tournante de l'Union européenne, annonce des sanctions politiques. A une très large majorité (406 voix pour, 53 contre et 60 abstentions), le Parlement européen adopte une résolution recommandant la plus grande vigilance. Le président français Jacques Chirac s'inquiète publiquement qu'"un parti extrémiste et xénophobe (le FPÖ de Jörg Haider, bien sûr) ait des responsabilités gouvernementales dans un pays de l'Union". Le gouvernement social-démocrate allemand du chancelier Schröder exprime sa ferme volonté d'appliquer les mesures prises par la présidence portugaise.

La Belgique n'est pas la dernière à monter au créneau. Le premier ministre, Guy Verhofstadt annule un voyage à Vienne. Le ministre des Affaires étrangères Louis Michel suggère un boycottage des relations avec l'Autriche. Dans un langage peu diplomatique, il est vrai, il recommande même aux Belges de ne plus aller skier sur les pistes autrichiennes! C'est sans doute aller vite en besogne et oublier que plus des trois quarts des citoyens autrichiens n'ont pas voté pour Haider...

L'arrivée au pouvoir du parti de Jörg Haider a troublé l'Europe qui s'est souvenue avec un frisson des fantômes du passé. On a évoqué le nom abhorré d'Adolf Hitler. Le leader du FPÖ est plutôt un démagogue populiste qui flatte les sentiments les moins avouables de ses électeurs, en particulier la xénophobie. △

Les valeurs démocratiques, socle de la construction européenne

Il reste que l'émotion est générale et compréhensible. L'Europe est née, au lendemain de la tragédie de la Seconde Guerre mondiale, de la volonté de quelques hommes d'Etat, les Robert Schuman, Jean Monnet, Konrad Adenauer, Alcide De Gasperi et autre Paul Henri Spaak, qui entendaient apaiser les haines meurtrières du passé et reconstruire un nouvel édifice commun sur des bases démocratiques. Le respect de ces valeurs, autant que les garanties économiques et peut-être même davantage, a toujours été la condition sine qua non à tout élargissement. Pouvait-on permettre qu'un membre des Quinze les bafoue, qu'un parti au pouvoir dans une capitale européenne entretienne la nostalgie du nazisme après avoir fait de la xénophobie son principal argument électoral? C'était difficile à accepter en effet...

Alors que les quatorze autres Etats membres de l'Union suspendaient leurs relations bilatérales avec Vienne et que les ministres du gouvernement Schüssel subissaient de multiples vexations dans les réunions internationales, les partis démocratiques et les intellectuels se mobilisaient un peu partout.

Dès le 4 février, c'est-à-dire au soir de la formation de la nouvelle équipe, le Tout-Vienne se retrouve au Konzerthaus pour un concert dirigé par Pierre Boulez. L'atmosphère est lourde. Olga Neuwirth, qui a composé l'une des œuvres du programme, vient saluer la salle en portant un brassard noir. Dehors, des manifestants crient leur désapprobation tandis que les sirènes de police hurlent. Tous les Autrichiens ne cautionnent pas le pacte avec le "diable" Haider...

Le 19 février, ils seront deux cent mille dans les rues de Vienne à proclamer leur volonté de voir l'Autriche demeurer ancrée au sein de la communauté démocratique européenne et, le lendemain, à Bruxelles, quinze mille Belges défileront, à leur tour, pour témoigner de leur sympathie envers les opposants au gouvernement du chancelier Schüssel. Au même moment, dans presque toutes les capitales, des manifestations auront lieu, souvent spontanément, pour protester contre l'arrivée au pouvoir de l'extrême droite autrichienne.

Tous les Autrichiens n'ont pas voté pour Haider. Dès l'annonce de la formation du gouvernement de coalition entre les conservateurs et l'extrême droite, des manifestations ont eu lieu à Vienne. △

L'ambiguïté de l'histoire de la République autrichienne

Qu'elle soit inquiétante ou non, l'ascension de Jörg Haider n'en constitue pas moins un événement qui ne souffre aucune discussion. Le leader du Freiheitliche Partei Österreichs ou, pour appeler les choses par leur nom, le Führer du FPÖ s'est imposé le plus légitimement du monde, sans l'aide d'aucune milice armée. C'est d'ailleurs en cela qu'il se distingue, toute équivoque levée, d'autres démagogues de sinistre mémoire, Mussolini et Hitler s'il faut les citer. Les violences de Haider n'étaient que verbales, ce qui ne suffit pas à leur délivrer un certificat d'innocence...

Pour le reste, on est bien obligé de laisser parler les chiffres. Aux élections législatives du 3 octobre 1999, le FPÖ a obtenu 27,22 % des voix, s'assurant 53 sièges au Parlement. Il s'est hissé ainsi à la deuxième place des partis autrichiens, derrière le parti social-démocrate (33 % des voix), mais juste devant le parti conservateur (26,9 %). A l'époque, on avait déjà évoqué un séisme politique. Cela mérite une explication...

Créée en 1919, sur les débris de l'Empire austro-hongrois, l'un des grands vaincus de la Première Guerre mondiale, la République autrichienne connut d'emblée de grandes difficultés économiques et des troubles politiques. On ne nie plus aujourd'hui que la majorité de la population accueillit favorablement, en 1938, l'Anschluss par le Reich national-socialiste. Présentée d'abord comme la première victime du nazisme par les trois Grands qui avaient décidé, à Téhéran, en 1943, de restaurer son indépendance, l'Autriche fut aussi sa complice. De nombreux Autrichiens se révélèrent de redoutables et efficaces exécutants de la Solution finale.

Pourtant, les élites intellectuelles viennoises n'entreprirent jamais le travail de mémoire qu'assumèrent les nouvelles générations allemandes. Il n'y eut pas, en Autriche, une véritable dénazification et l'on peut dire que l'affaire Waldheim en fut la preuve. Cet ancien secrétaire général de l'ONU avait réussi à cacher sa responsabilité dans les crimes commis par la Wehrmacht et il fut porté à la présidence de la République en 1986 malgré la révélation de son passé nazi. Cela aurait été impensable en RFA...

La Belgique fut l'une des premières à monter au créneau pour défendre les valeurs démocratiques de l'Europe. Le ministre des Affaires étrangères, Louis Michel, et le président du PS, Elio Di Rupo, manifestent à Bruxelles. ▽

C'est dans ce contexte équivoque que Jörg Haider va effectuer son irrésistible ascension. Né le 26 janvier 1950 dans une famille pauvre de Bad Golsern, il rêve d'abord de devenir acteur, mais il se tourne rapidement vers la politique. A seize ans, il s'inscrit au FPÖ, un parti fondé à la suite de la fusion de l'Union des Indépendants et du parti de la Liberté. Cette formation plutôt hétéroclite compte en ses rangs de nombreux anciens nazis. Le jeune Jörg n'y est certes pas dépaysé. Son père, un simple cordonnier, avait été un adhérent de la première heure des milices national-socialistes. Lui-même proclame d'emblée que Churchill fut l'un des pires criminels du XXe siècle!

L'itinéraire de Jörg Haider est assez tortueux. Dès ses premiers pas en politique, il s'efforce de surfer sur les problèmes du moment. Il n'a pas une idéologie propre comme Hitler qui avait clairement exposé le projet de ses crimes, dès 1924, dans "Mein Kampf". On l'assimilerait plutôt à un caméléon qui s'adapte aux circonstances et flatte ses auditoires dans leurs instincts les plus bas. C'est le type même du leader populiste.

L'année 1986 marque un tournant dans la vie de Jörg Haider. Il prend le contrôle du FPÖ et il hérite de son grand-oncle d'un vaste domaine dans le Bärental, en Carinthie, dont la valeur est estimée à 900 millions de francs. C'est d'ailleurs une ancienne propriété d'une Juive italienne dont le bien a été "aryanisé" en 1941. Haider aura désormais les moyens de sa politique. Il soigne tout particulièrement son image, celle d'un éternel jeune homme, au teint hâlé, à l'allure sportive. On le prendrait volontiers pour un moniteur de ski.

Devenu gouverneur de Carinthie, il prononce, en 1991, un vibrant éloge de la politique du plein emploi du IIIe Reich. Ce qui lui coûte son poste. Il le retrouvera en 1999. Il ne revendique pas l'étiquette de néo-nazi, mais, en 1995, il déclare dans une interview à l'hebdomadaire viennois "Profil": "Je dis que les soldats de la Wehrmacht ont permis d'instaurer la démocratie en Europe telle que nous la connaissons aujourd'hui." Un peu plus tard, il s'adresse à d'anciens soldats de la Waffen SS, près de Klagenfurt, et leur assure que "s'ils ont combattu et risqué leur vie, c'est pour que les jeunes générations aient un avenir dans une communauté où l'ordre, la justice et la décence restent les principes de base". Puis il commet un curieux lapsus, confondant les camps de concentration nazis avec des camps de... correction.

L'opinion internationale s'émeut de ces dérapages. Certains ne manquent pas d'évoquer le fantôme d'Adolf Hitler, négligeant la vieille formule selon laquelle l'histoire ne repasse jamais les mêmes plats. Car ce nouveau Führer n'a rien à voir avec l'ancien, mais il répète tout de même avec une troublante insistance ses discours nationalistes, xénophobes et désormais antieuropéens.

Le plus étonnant est que Haider ait ainsi séduit plus d'un quart de l'électorat d'un pays prospère où le revenu par habitant est l'un des plus élevés d'Europe. La mondialisation est-elle, comme le prétendent certains analystes, la vraie raison de cette situation paradoxale? Peut-être. Aujourd'hui, le FPÖ est devenu une force politique parmi les jeunes sans qualification qui se sentent menacés par la globalisation. D'autres attribuent cette montée de l'extrême droite populiste à la mauvaise humeur de nombreux Autrichiens, lassés par un jeu parlementaire sans passion où socialistes et conservateurs se sont partagé le pouvoir et... les meilleurs postes pendant des décennies.

Jörg Haider, qui ne figurait pas dans le gouvernement Schüssel, a démissionné de la présidence du FPÖ à la fin février. Pour mieux rebondir, assure-t-on...

La "sale guerre" de Tchétchénie et son cortège d'horreurs

Au lendemain de la prise de Chatoï, l'un des principaux chefs-lieux des montagnes du sud de la Tchétchénie, le 29 février, le général russe Guennadi Trochev annonçait "la fin des opérations militaires à grande échelle". Ce communiqué triomphaliste n'a cependant trompé personne. Comme ils l'avaient fait à Grozny, à la fin du mois de janvier, les combattants tchétchènes ont quitté la ville avant l'entrée des troupes fédérales et se sont retirés dans les montagnes. La "sale guerre" de Tchétchénie a continué, plus sournoise, non moins cruelle...

En intensifiant depuis le début de l'année les bombardements aériens et les tirs d'artillerie massifs sur les dernières poches de résistance, l'état-major russe poursuivait, à vrai dire, un double objectif. Il répondait évidemment à la volonté de Vladimir Poutine d'en finir avec la rébellion de la petite République caucasienne avant l'élection présidentielle du 26 mars, mais il cherchait aussi à prévenir l'arrivée d'un nouvel adversaire: le printemps. Car le retour d'une végétation propice au camouflage ne pouvait que favoriser les actions de guérilla.

Cette course contre la montre, qui se déroulait à huis clos, sans témoins gênants, a soulevé un profond malaise au sein de l'opinion publique internationale qui a bien dû reconnaître à nouveau son impuissance. Les questions n'ont pas manqué de se poser et d'abord celle des responsabilités du conflit. L'intervention russe a-t-elle été préméditée avant les attentats de septembre 1999, dont rien n'a jamais prouvé qu'ils ont été perpétrés par des "terroristes tchétchènes"? Les déclarations de l'ancien premier ministre, Sergueï Stepachine, selon lesquelles la décision d'envahir la République caucasienne avait été prise dès le mois de mars sont assez troublantes en effet.

Cette photo n'est pas sans rappeler l'image historique du drapeau soviétique planté au sommet du Reichstag, après la prise de Berlin par l'Armée rouge, en 1945. Ce sont les couleurs russes, cette fois, que des soldats hissent sur les ruines de Grozny. ▽

Les témoignages recueillis par Médecins du monde, la seule organisation non gouvernementale présente au moment de l'entrée des forces de Moscou, et les images confuses qui nous sont parvenues après la chute de Grozny ne laissent planer aucun doute, en tout cas, sur la nature des forfaits commis par les soldats russes.

Abandonnée par les combattants tchétchènes, la capitale en ruine fut ratissée sans pitié. Les maisons et les immeubles qui n'avaient pas été détruits par les bombardements furent dynamités pour en chasser les derniers indépendantistes qui auraient pu s'y cacher. Quant aux civils qui avaient pu échapper à ce massacre, ils furent souvent ouvertement rançonnés par la soldatesque. Aux exactions et aux pillages s'ajoutèrent les viols et les exécutions sommaires.

En Tchétchénie, le goulag a cédé la place au "camp de filtration". Les noms de Tchernokozovo, Pravoberejnaïa, Goriatchevodsk ou encore Mozdok, en Ingouchie, évoquent désormais la nouvelle barbarie russe qui s'inscrit dans la droite ligne des crimes du

Dans Grozny abandonnée par les combattants tchétchènes, chaque pan de mur, même éventré, peut cacher un piège pour les soldats russes. △

régime soviétique. "On ne doit sortir d'un camp de filtration qu'infirme à vie." Ce seraient les termes d'un décret "officiel" évoqués par des témoins de cette guerre sauvage, la seule chance d'un détenu étant d'être racheté par sa famille. Car la corruption n'a jamais cessé de sévir au sein de l'armée russe...

Le plan du Kremlin prévoyait que cent cinquante mille Tchétchènes seraient ainsi "triés" dans les camps où, sous le couvert de l'anonymat, tout était permis: les tortures, les mutilations et les meurtres. Le journaliste russe Andreï Babitsky, correspondant en Tchétchénie de Radio Svoboda, dont les révélations furent jugées inacceptables par les autorités, fut interné et battu à Tchernokozovo avant d'être échangé contre des soldats russes, prisonniers des indépendantistes.

Quand un conflit se déroule au mépris des lois de la guerre et des conventions humanitaires, il est difficile d'évaluer le nombre exact des victimes. Il est certain que les combattants tchétchènes ont subi de lourdes pertes et que des milliers de civils ont été assassinés ou ont perdu la vie sous les bombardements, sur les routes de l'exil et dans les camps où ils sont morts de faim, de froid ou de maladie.

Mais les Russes ont également payé un prix très élevé à ces combats sans merci. En ce qui les concerne, il n'est pas plus facile de donner des précisions. Les médias russes les plus crédibles laissent toutefois entendre que les pertes réelles seraient très supérieures aux chiffres officiels. A la mi-mars, l'Union des comités des mères de soldats parlait de trois mille cinq cents tués alors que le ministère de la Défense ne reconnaissait que mille cent cinquante morts.

Quant au coût matériel de la guerre, on citera les estimations du colonel de réserve Sergueï Youchenko. Selon cet ancien militaire, député à la Douma, les opérations en Tchétchénie auraient exigé en janvier et en février 9,5 milliards de francs. Depuis le début des hostilités en octobre 1999, la Russie aurait dépensé 120 milliards de francs pour mater la rébellion de la petite République. Dans un pays dont l'économie est maintenue sous perfusion par la Banque mondiale et le Fonds monétaire international (800 milliards de francs depuis 1992), c'est tout simplement aberrant...

La capitale tchétchène est désormais une ville morte, interdite d'accès aux civils qui voudraient y revenir. Quatre mois de bombardements intensifs n'y ont laissé que ruines et décombres. Ceux qui ont survécu aux massacres n'oublieront jamais ce cauchemar. ▽

Les dramatiques inondations du Mozambique

Au début du mois de février, des pluies torrentielles, cinq fois supérieures à la normale, se sont abattues sur le Mozambique, provoquant une véritable catastrophe nationale. La situation s'est encore aggravée, à partir du 22 février, à la suite de l'arrivée du cyclone Eline dont les vents ont soufflé à plus de 100 km/h. Les vallées des fleuves Limpopo, au sud, et Save, au nord, ont été submergées par des mètres d'eau. Les scientifiques assurent que ces inondations sont les plus importantes que l'Afrique australe a connues en un demi-siècle.

Garcia Machel, veuve du président mozambicain Samora Machel et aujourd'hui épouse de Nelson Mandela, a multiplié ses tournées pour tenter de rassurer ses compatriotes: "Les inondations risquent de causer plus de dégâts que des mois de guerre civile", a-t-elle toutefois déclaré.

Le ballet des hélicoptères qui emmènent les survivants réfugiés sur les toits. Les premiers secours, les plus urgents, vinrent de l'Afrique du Sud, toute proche. △

Une famille sinistrée s'est installée sur cette plate-forme de fortune. C'est dans ces conditions qu'une jeune Mozambicaine a accouché... ▽

La catastrophe aurait fait plus de deux cents morts et près de un million de sans-abri. Le Mozambique n'a d'ailleurs pas été le seul pays touché par ce désastre. Plusieurs régions du Zimbabwe ont été également ravagées par les inondations.

Pendant de nombreux jours, les télévisions du monde entier ont diffusé des images particulièrement impressionnantes de cette tragédie. Alors que la boue avait grimpé en quelques heures de quatre à dix mètres, les petits paysans du Mozambique avaient cherché le salut sur les toits de leurs habitations ou sur les arbres. C'est au sommet d'un arbre, sur une plate-forme de fortune où elle s'était hissée avec son mari et ses deux premiers enfants, qu'une jeune Mozambicaine accoucha miraculeusement d'une petite fille.

Tandis que les eaux se retiraient lentement, l'aide internationale commença à se mettre en place. L'Afrique du Sud avait dépêché d'emblée huit hélicoptères afin de venir au secours des populations. Les Européens se mobilisèrent ensuite. La Belgique envoya un C130 à Maputo et dégagea rapidement une aide d'urgence de 40 millions. Les premiers soucis des organisations humanitaires furent évidemment d'apporter des rations alimentaires aux rescapés, mais aussi d'éviter la propagation d'épidémies, en particulier du choléra. Un autre danger s'était rapidement présenté lors de la décrue, à savoir l'émergence de mines antipersonnel, redoutables vestiges de la longue guerre civile qui a ensanglanté le pays.

Car l'ancienne colonie portugaise fut cruellement déchirée par la guérilla jusqu'aux accords de paix de Rome signés, en 1992, entre le Frelimo, parti au pouvoir, et la Renamo, organisation de droite soutenue à l'époque par l'Afrique du Sud de l'apartheid.

Charles Schulz est mort un jour avant ses "Peanuts"

Le dernier "strip" des "Peanuts" a paru le 13 février dans les journaux américains. Alors que les rotatives tournaient, la veille au soir, Charles Schulz, le créateur de Charlie Brown et de Snoopy, venait de s'éteindre dans son sommeil, à Santa Rosa en Californie. Depuis le début décembre 1999, les Américains savaient qu'ils seraient bientôt privés de leur bande dessinée préférée. Atteint d'un cancer incurable, Schulz avait fixé lui-même la date des ultimes parutions, le 4 janvier pour la dernière bande quotidienne et le 13 février pour la dernière planche en couleurs. Il est mort à l'âge de septante-sept ans, presque en même temps que ses célébrissimes héros.

Charlie Brown, "le garçon à la tête ronde", et Snoopy, "le chien le plus philosophe du monde", sont nés en 1950 lorsque Charles Schulz, modeste professeur de dessin à l'Ecole d'art de Minneapolis, signe un contrat avec plusieurs journaux pour une série quotidienne qui deviendra les "Peanuts" (en argot américain, des cacahuètes, c'est-à-dire une misérable somme d'argent).

Rapidement, Charlie Brown va devenir un personnage dans lequel se reconnaîtront des millions d'Américains. Ils partageront ses inquiétudes et ses doutes, et voudront consoler "ce bon vieux Charlie"... tellement médiocre au base-ball. Quant à Snoopy, il ne va pas tarder à marcher sur deux pattes et à penser. Plus tard, il entamera une carrière d'écrivain, puis d'avocat et même de pilote.

Encouragé par ses premiers succès, Charles Schulz ne cesse de créer : Sally Brown, la sœur cadette de Charlie, qui cherche toujours la facilité dans la vie, Lucy Van Pelt, qui parle fort et sait tout,

Charles Schulz et quelques-uns de ses Peanuts. Ceux-ci faisaient partie de l'univers quotidien des Américains depuis près de cinquante ans. ▽

son frère Linus, petit garçon complexé qui ne peut vivre sans sa couverture, qui cite la Bible et croit au pouvoir de la Grande Citrouille, Schroeder dont Lucy est amoureuse, mais qui n'a, lui, que deux amours, son piano et Beethoven, et enfin, bien entendu, Woodstock, l'oiseau ébouriffé qui deviendra le confident et souvent le souffre-douleur de Snoopy.

Pendant cinquante ans, la bande des "Peanuts" fera partie de l'univers quotidien des Américains et même du monde entier. Car on estime que les dessins de Schulz, publiés dans 2660 journaux de 75 pays différents, ont eu au total 355 millions de lecteurs. Tout comme les héros de Hergé, les "Peanuts" ont fait l'objet des exégèses les plus savantes: "La poésie de ces enfants, a écrit Umberto Eco, vient du fait que nous trouvons en eux tous les problèmes, toutes les souffrances des adultes." Et il concluait en affirmant que Schulz était un véritable poète de la condition humaine.

Dans sa lettre d'adieu, le père des "Peanuts" avait précisé que sa famille ne souhaitait pas que ses personnages fussent repris par quelqu'un d'autre. Adieu donc Charlie, Snoopy, Lucy, Linus, Schroeder, Woodstock et les autres!

Alain Colignon

Historien. Assistant au Centre d'études sur la guerre et la société contemporaine.

Les dangers de la nouvelle extrême droite

Artis-Historia : Quelles sont, à notre époque, les caractéristiques d'un mouvement d'extrême droite ?

Alain Colignon : L'extrême droite est une nébuleuse qui a un fonds commun d'idées, mais qui comporte parfois des différences assez substantielles. Il y a des mouvements d'extrême droite de type traditionaliste, de type fasciste, de type populiste ou de type ultra-conservateur. Enfin, il y a encore des groupes néo-fascistes ou néonazis, purs et durs, mais ils ont très peu de succès.

A.-H. : Dans quelle catégorie faut-il ranger le parti de Jörg Haider en Autriche ?

A.C. : Ce qui s'est développé, ces derniers temps, en Autriche, c'est une extrême droite populiste de la nouvelle vague qui adapte son discours pour obtenir le maximum de voix. Elle utilise la xénophobie, tronc commun de toutes les idéologies populistes, mais elle s'articule aussi sur un programme socio-économique ultra-libéral, un peu comme les mouvements populaires qui existent en Scandinavie, voire même dans le sud de l'Allemagne.

A.-H. : On évoque souvent, depuis quelques années, le populisme alpin. Peut-on l'expliquer par des raisons historiques, sociologiques et géographiques ?

A.C. : Il faut faire attention aux amalgames. Entre la Suisse et l'Autriche, par exemple, il y a des situations politiques complètement différentes. Ce qui est commun toutefois à ces régions, c'est que le populisme y est un populisme de riches. Ce sont des pays socialement et économiquement favorisés où les gens tiennent à garder leur argent et ne veulent pas le partager avec de plus pauvres. Mais il n'y a pas que les régions alpines qui connaissent ce phénomène. Il existe en Scandinavie et... en Flandre où une forme de populisme d'extrême droite s'est développée depuis plusieurs années avec le Vlaams Blok. En ce qui concerne l'Autriche, et contrairement à la Suisse, il faut se dire que le pays s'est trouvé aux premières loges lors de la guerre des Balkans et qu'il a accueilli rapidement un grand nombre de réfugiés politiques.

A.-H. : Les comparaisons avec les mouvements autoritaires de l'entre-deux-guerres sont inévitables. Vous paraissent-elles justifiées ?

A.C. : Comparaison n'est pas raison, dit-on souvent. C'est également vrai dans ce cas-ci. Quand on a évoqué Hitler-Haider, même combat, c'est parce que le rapprochement était facile. Il y a une certaine similitude entre les noms. En plus, les deux personnages sont autrichiens. Je crois pourtant que l'on peut tenir pour assuré que le FPÖ n'est pas nazi en ce sens qu'il ne fait pas du racisme et de l'antisémitisme l'essence de sa doctrine. C'est la grande distinction, indépendamment des circonstances qui lui ont permis d'être associé au pouvoir sans violence, contrairement au nazisme allemand et au fascisme italien. Le FPÖ ne dispose pas d'une milice organisée. La situation en Autriche n'est d'ailleurs pas objectivement prérévolutionnaire.

A.-H. : Quel est, selon vous, le poids de l'ambiguïté de l'histoire récente de l'Autriche, présentée tour à tour comme une victime du nazisme et comme sa complice ?

A.C. : Le FPÖ plonge ses racines dans un parti, l'Alliance des indépendants, qui s'était constitué en 1949 à partir d'une clientèle d'anciens nazis. Mais ce parti lui-même se rattachait à un mouvement libéral autrichien qui existait bien avant 1914 et manifestait déjà des tendances pangermanistes. Ce mouvement regardait bien plus vers Berlin que vers la cour viennoise des Habsbourg. Le FPÖ s'est d'abord inscrit dans cette continuité. Haider a rompu toutefois en partie avec ce courant pangermaniste auquel il s'était associé au début de sa carrière politique.

A.-H. : Doit-on craindre l'ascension d'autres Haider dans les pays de l'Union européenne ?

A.C. : Je crois que oui. Les pays de l'Union européenne sont riches par rapport à l'Europe de l'Est et au monde sud-méditerranéen. L'Union bénéficie de réelles facultés d'attraction. En raison de son faible taux de natalité, elle va devoir importer des travailleurs issus de régions moins favorisées, d'Europe de l'Est ou d'Afrique du Nord. De plus en plus, une population allogène va donc être confrontée à nos autochtones. On peut croire que d'autres démagogues vont taper sur ce clou pour asseoir leur fortune politique, heureusement pas dans tous les pays en même temps.

A.-H. : Cette extrême droite, ou peut-être plus exactement cette droite extrême qui joue le jeu des urnes, représente-t-elle un véritable danger pour nos démocraties ?

A.C. : Je dirais qu'elle constitue un problème. Il est certain que les extrémismes de droite à tendance populiste ont un bel avenir devant eux en Europe. C'est donc un danger potentiel. Sur le court terme toutefois, j'estime que nos démocraties occidentales ont encore une colonne vertébrale assez solide pour les contenir.

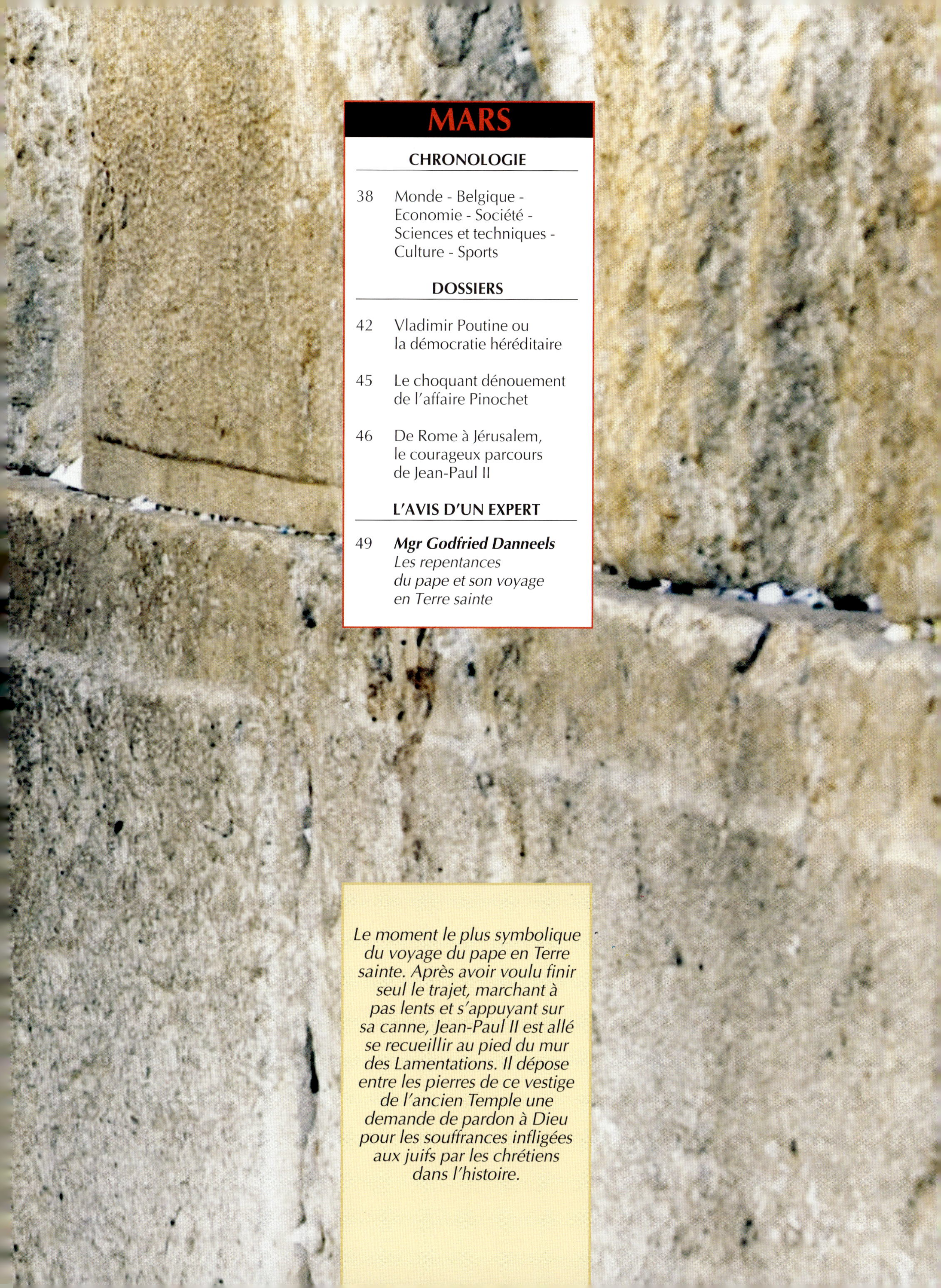

MARS

CHRONOLOGIE

DOSSIERS

L'AVIS D'UN EXPERT

Le moment le plus symbolique du voyage du pape en Terre sainte. Après avoir voulu finir seul le trajet, marchant à pas lents et s'appuyant sur sa canne, Jean-Paul II est allé se recueillir au pied du mur des Lamentations. Il dépose entre les pierres de ce vestige de l'ancien Temple une demande de pardon à Dieu pour les souffrances infligées aux juifs par les chrétiens dans l'histoire.

Lu	Ma	Me	Je	Ve	Sa	Di
		1	2	3	4	5
6	7	8	9	10	11	12
13	14	15	16	17	18	19
20	21	22	23	24	25	26
27	28	29	30	31		

MONDE

1
* NIGERIA - Depuis la proclamation de la loi islamique, les violences interconfessionnelles se multiplient, les chrétiens sont massacrés dans le nord et les musulmans dans le sud. En une dizaine de jours, un millier de personnes ont été tuées.

2
* TCHÉTCHÉNIE - Les combats se poursuivent bien que les troupes fédérales occupent désormais la plupart des positions stratégiques. Vingt soldats russes sont encore tombés dans une embuscade près de Grozny.
* BELGIQUE-IRAN - Le Parquet de Bruxelles est saisi d'une plainte d'un citoyen belge d'origine iranienne contre l'ancien président de la République islamique, Ali Akbar Hachémi Rafsandjani, accusé d'actes de torture entre 1983 et 1989. A Téhéran, réformistes et conservateurs condamnent unanimement cette intrusion de la justice belge.

3
* AFFAIRE PINOCHET - Libéré la veille à la suite d'une décision du ministre de l'Intérieur britannique, Jack Straw, l'ex-dictateur débarque à Santiago et surprend les témoins de son retour par sa vitalité. **page 45**
* TPI - Le Tribunal pénal international de La Haye condamne le général croate de Bosnie, Tohimir Blaskic, à quarante-cinq ans de prison pour crimes contre l'humanité et crimes de guerre. C'est la plus lourde peine prononcée par le TPI depuis sa création en 1993. Le nouveau gouvernement de Zagreb regrette la sévérité de ce jugement.

7
* ÉTATS-UNIS - Les élections primaires du "super-mardi", organisées dans seize Etats, dont deux des plus grands, New York et la Californie, donnent un avantage décisif à George W. Bush chez les républicains et à Al Gore chez les démocrates.

12
* AFRIQUE-BELGIQUE - Arrivé à Kinshasa, le ministre belge des Affaires étrangères, Louis Michel, entame une tournée africaine dont le but est de contribuer au rétablissement de la paix dans la région. C'est la première visite officielle au Congo d'un membre du gouvernement belge depuis novembre 1988.

18
* TAÏWAN - Le leader indépendantiste Chen Shu-bian remporte l'élection présidentielle avec 39 % des suffrages. Le président sortant, Lee Teng-hui, considéré comme le père de la démocratie taïwanaise, se retire de la scène politique.

19
* SÉNÉGAL - La victoire de l'opposant libéral Abdoulaye Wade, au second tour de l'élection présidentielle, met fin à quarante ans de règne du Parti socialiste.

24
* EUROPE - A Lisbonne, après deux jours de travail, le sommet des chefs d'Etat et de gouvernement s'achève par l'affirmation d'un véritable défi de l'Union européenne. Les Quinze décident de miser sur les nouvelles tech-

Les élections espagnoles : un véritable triomphe pour José Maria Aznar

En Espagne, le Parti populaire du premier ministre José Maria Aznar remporte, le 12 mars, un véritable triomphe aux élections législatives. Le PP, qui représente le centre-droit sur l'échiquier politique espagnol, obtient 183 des 350 sièges du Congrès des députés, ce qui lui permet de gouverner sans le concours du parti nationaliste catalan. C'est la première fois depuis la fin du franquisme qu'un parti de droite s'assure la majorité absolue.

Battus de justesse aux élections de 1996 (une différence de 340 000 voix), les socialistes, qui avaient conclu une alliance avec les communistes sont les grands vaincus du scrutin. Ils perdent 16 sièges.

La victoire de José Maria Aznar (notre photo avec sa femme) s'explique surtout par la bonne

santé économique de l'Espagne et par les succès incontestables du "libéralisme latin". Le premier ministre avait d'ailleurs basé sa campagne électorale sur les faits ("los hechos"), évitant le terrain glissant de l'idéologie. Au Pays basque, les élections se sont déroulées sous haute surveillance, mais sans incidents.

nologies, placées au centre d'une société de la connaissance, pour rattraper les Etats-Unis.

25

* CHILI - Le Congrès, réunissant députés et sénateurs, approuve par 113 voix contre 27 et 3 abstentions un amendement constitutionnel accordant l'immunité aux anciens présidents de la République, dont l'ancien dictateur Augusto Pinochet. 👁page 45

26

* RUSSIE - Vladimir Poutine remporte l'élection présidentielle dès le premier tour. Il obtient 52,94 % des suffrages exprimés, devançant le communiste Guennadi Ziouganov (29,21 %) et le libéral Grigori Iavlinski (5,85 %). 👁page 42

* PROCHE-ORIENT - A Genève, après quatre heures d'entretiens à huis clos avec le président syrien Hafez El Assad, Bill Clinton, qui a tenté de jouer les médiateurs, constate l'échec de la relance du processus de paix entre Israël et la Syrie.

27

* FRANCE - Le premier ministre Lionel Jospin remanie son gouvernement où apparaissent deux fortes personnalités du Parti socialiste, Laurent Fabius, nouveau ministre de l'Economie et des Finances, et Jack Lang, nouveau ministre de l'Education nationale.

BELGIQUE

1

* SANS-PAPIERS - La Commission des régularisations précise que 32 662 dossiers ont été introduits au cours du mois de janvier, dans les délais prescrits. Chaque dossier pouvant porter sur une personne isolée ou sur une famille, on estime que 50 000 étrangers environ, dont la moitié sont des enfants, ont demandé asile à la Belgique.

3

* DIOXINE - La commission parlementaire remet son rapport définitif à la Chambre. Il ne contient, dans ses trois cent cinquante pages, aucune révélation explosive. Les responsabilités sont collectives. L'ancien premier ministre Jean-Luc Dehaene est mis hors cause, mais les cabinets des ministres Pinxten (Agriculture) et Colla (Santé publique) sont pointés du doigt.

10

* DROIT DU TRAVAIL - A l'occasion du centième anniversaire de la loi instituant le contrat de travail, une centaine de professeurs d'université flamands, dont Mark Eyskens, publient un manifeste demandant au gouvernement d'abroger la discrimination légale qui frappe les ouvriers.

16

* PRL - Le président Daniel Ducarme lance l'idée de changer la dénomination de son parti. Le Parti réformateur libéral deviendrait le Parti démocrate. Il est aussitôt désavoué par les leaders du parti, Louis Michel en tête, qui refusent de renier le label libéral.

23

* SÉCURITÉ - Après la Chambre, le Sénat vote le projet de loi sur la nouvelle procédure accélérée présenté par le ministre de la Justice Marc Verwilghen (VLD). A la veille de l'Euro 2000, l'urgence a primé malgré les critiques suscitées par cette loi.

ÉCONOMIE

1

* PRIX DE L'ESSENCE - Après une légère baisse, le prix de l'essence se remet à flamber. La super sans plomb 95 coûte 42,30 francs le litre.

13

* ALLIANCE GM-FIAT - L'américain General Motors, premier constructeur automobile mondial, et le groupe italien Fiat annoncent la conclusion d'une alliance par participation croisée. General Motors détiendra 20 % de Fiat Auto lequel disposera de 5,1% du capital de GM.

15

* CHOCOLAT - Le Parlement européen donne son accord à une directive permettant de conférer l'appellation "chocolat" à des produits contenant d'autres matières grasses végétales que le

Les Bourses de Bruxelles, Paris et Amsterdam fusionnent

Signé à Paris, le 18 mars, l'accord de fusion entre les Bourses de Bruxelles, Paris et Amsterdam est officiellement présenté, le 20 mars, à Londres. Baptisé Euronext, le nouvel ensemble deviendra, à partir de sa mise en activité au début de 2001, la première Bourse de la zone euro, ce pays virtuel où règne désormais la monnaie unique.

Avec 1300 sociétés cotées, une capitalisation boursière de 2380 milliards d'euros, un volume de transactions sur actions de 1453 milliards d'euros en 1999, Euronext talonnera la Bourse de Londres, toujours la première de l'Union européenne.

Quoique Bruxelles ne pèse que 2 à 10 % du volume total d'Euronext selon les critères retenus, le ministre des Finances, Didier Reynders, se déclare très satisfait: "L'accord aura de multiples retombées pour notre pays et pour Bruxelles, dit-il. Il consolide la position de la Belgique comme capitale du "back office" des opérations bancaires et financières. Il renforce également la décision de l'Easdaq (marché européen des valeurs de croissance) d'opérer à partir de chez nous".

Le bombardier d'Hiroshima est mort

Thomas Wilson Ferebee, l'aviateur américain qui largua la première bombe atomique sur Hiroshima, le 6 août 1945, est mort, le 16 mars, dans sa maison de Windermere, près d'Orlando, à l'âge de quatre-vingt-un ans.

Quand il prit place à bord du "B-29 Enola Gay" pour remplir sa mission, Ferebee avait vingt-six ans, mais il était déjà considéré comme un vétéran de la guerre. Le pilote Paul Tibbets l'avait choisi parce qu'il était, à l'en croire, le meilleur bombardier de l'aviation américaine. Une bombe au plutonium avait déjà été expérimentée peu auparavant à Alamogordo, dans le désert du Nouveau-Mexique. Mais c'était la première fois, à Hiroshima, qu'un engin nucléaire était lancé sur une population civile. Il fit 80 000 morts et 70 000 blessés dont beaucoup moururent des suites de la radiation.

Ferebee acheva sa carrière militaire en 1970 avec le grade de colonel et sans états d'âme particuliers. Dans une interview en 1995, il s'était contenté de regretter qu'"une telle chose eût été nécessaire pour mettre fin à la guerre".

cacao. La Belgique et la France s'étaient vivement opposées à ce projet.

28

* OPEP - A Vienne, après deux jours de discussions, l'Organisation des pays producteurs de pétrole, moins l'Iran et l'Irak, décident d'augmenter leur production de 7 %. Selon les analystes, cette mesure ne suffit pas à ramener la sérénité sur les marchés ni à faire baisser sensiblement le prix de l'essence.

* BOMBARDIER - La multinationale canadienne Bombardier Transport annonce la fermeture de son usine de construction ferroviaire de Manage. Cette décision entraîne la perte de quatre cents emplois. Une partie du travail sera transférée à Bruges.

SOCIÉTÉ

6

* LE CYCLONE ELINE - Le ministère de l'Intérieur de Madagascar communique que cent trente personnes ont été tuées dans l'île, au cours des derniers jours, lors du passage du cyclone Eline.

11

* COUP DE GRISOU - Dans la mine de Barakova, près de Lougansk, en Ukraine, un coup de grisou a fait quatre-vingts morts. Deux cent dix mines sont encore exploitées en Ukraine, qui compte six cent mille mineurs.

12

* DEMANDE DE PARDON DE L'ÉGLISE - Dans la basilique Saint-Pierre de Rome, Jean-Paul II demande pardon pour les fautes passées de l'Eglise, des crimes de l'Inquisition aux péchés commis contre le peuple d'Israël sans oublier les évangélisations forcées.
page 46

17

* SUICIDE COLLECTIF EN AFRIQUE - Plus de quatre cents membres de la secte des "Dix commandements de Dieu" s'immolent par le feu dans l'église de la petite ville de Kanungu, dans le sud-ouest de l'Ouganda.

20

* PÈLERINAGE DU PAPE - Trente-six ans après Paul VI, Jean-Paul II entame, à Amman, un pèlerinage

A Tokyo, le 4 mars, après avoir passé la nuit dans leur tente ou dans leur sac de couchage, des dizaines de milliers de jeunes se ruent, dès l'ouverture, dans les magasins d'appareils électroniques, pour acheter la PlayStation 2. Le constructeur Sony annonce qu'il a vendu d'emblée près d'un million de ses nouvelles consoles de jeux. PlayStation 1, lancée en 1994, a été vendue à 70 millions d'exemplaires. ▽

La traditionnelle cérémonie de remise des Oscars s'est déroulée, le 26 mars, au Shrine Auditorium de Los Angeles. Les quatre comédiens couronnés : Michael Caine, meilleur second rôle masculin, Angelina Jolie, meilleur second rôle féminin, Hilary Swank, meilleure actrice et Kevin Spacey, meilleur acteur. △

<u>*Mourhit, champion du monde de cross-country*</u>

Le 19 mars, à Vilamoura, dans le sud du Portugal, l'athlète belge d'origine marocaine Mohammed Mourhit remporte le championnat du monde de cross-country (notre photo). Naturalisé en 1997, Mourhit avait déjà apporté à son pays d'adoption une médaille de bronze dans le 5000 mètres des championnats du monde de Séville en 1999 et un record d'Europe du 10 000 mètres. A Vilamoura, il a mis fin à la série de cinq succès consécutifs du Kenyan Paul Tergat qui n'a terminé que troisième.

Mourhit est le troisième Belge à s'emparer du titre de champion du monde de cross-country après Eric De Beck (1974) et Léon Schots (1977). Avant que ne soit organisé un officiel championnat du monde, trois athlètes belges avaient inscrit leur nom au palmarès du cross des Nations : John Doms (1948), Lucien Theys (1950) et Gaston Roelants (1962, 1967, 1969 et 1972).

d'une semaine en Terre sainte.
page 46

SCIENCES ET TECHNIQUES

5
* ANIMAUX PREHISTORIQUES - En Sibérie, des scientifiques travaillant sous la direction du biologiste français Bernard Buigues découvrent, sous la glace, des restes d'animaux préhistoriques si bien conservés que la perspective de les cloner n'est pas à exclure.

14
* GÉNOME HUMAIN - Le président des Etats-Unis, Bill Clinton, et le premier ministre britannique, Tony Blair, demandent aux scientifiques du monde entier de placer dans le domaine public toutes les informations concernant le décodage du génome humain.

28
* BOIS PÉTRIFIÉ - A la suite de travaux sur la ligne du TGV, des géologues mettent au jour, à Hoegaarden, près de Tirlemont, un bois pétrifié de 54,5 millions d'années. Les fossiles de ces cyprès sont uniques au monde.

CULTURE

13
* INFORMATION - La RTBF a inauguré un JT pour enfants de huit à douze ans. Intitulé "Niouzz" et présenté par la Française Annabel Chevallier, il est diffusé du lundi au jeudi sur La Deux. Un magazine hebdomadaire est prévu le vendredi.

SPORTS

29
* FOOTBALL - A Bruxelles, en match amical, la Belgique et les Pays-Bas ont fait match nul (2-2). Les buts belges ont été marqués par Gert Verheyen et Emile Mpenza.

Vladimir Poutine ou la démocratie héréditaire

Alexander Rosten

Le 26 mars 2000, Vladimir Vladimirovitch Poutine a été élu président de la Fédération de Russie. Il a recueilli au premier tour du scrutin 52,94 % des voix devant Guennadi Ziouganov, le chef du Parti communiste, qui a rassemblé sur son nom 29,21 % des suffrages émis. Pour sa part, Grigori Lavlinski, le libéral pur et dur, a dépassé le seuil des 5 % que les huit autres candidats n'ont guère été en mesure d'approcher.

Le résultat de ces élections anticipées – elles devaient être convoquées normalement au mois de juin – semble trop net pour souffrir la contestation. Pourtant, on doit à la vérité de préciser que l'installation programmée de M. Poutine au Kremlin, suite à la démission de Boris Eltsine qui a consacré les derniers mois de son mandat à se ménager l'immunité qu'appelait l'enrichissement suspect de sa famille, n'offre pas tous les apaisements souhaitables sur le plan démocratique. Les "Izvestia", d'ailleurs, n'ont pas hésité à ironiser sur le sujet en parlant d'une "démocratie héréditaire", ce qui souligne assez le caractère inusité, voire saugrenu, de la succession intervenue au printemps dernier.

Dans ce contexte, on ne saurait ignorer que le 4 avril, à la veille de la proclamation officielle des résultats, un recours a été déposé devant la commission électorale et le parquet par les communistes. Experts en la matière, ils ont dénoncé des fraudes dans 25 régions sur les 89 que compte la Fédération russe et accusé les autorités locales de "falsifications des résultats" dans 9 d'entre elles. Pour nombre d'observateurs -sauf ceux de l'OSCE (Organisation de la Sécurité et de la coopération en Europe chargée de la surveillance du scrutin) qui affirment n'avoir rien observé de répréhensible –, ces accusations auraient dû être prises en considération. L'analyse des cartes électorales et la comparaison effectuée avec celles des élections législatives de 1999 a surpris, en effet, nombre de politologues, d'autant plus que le jour même du scrutin les instituts spécialisés ont longtemps considéré qu'un deuxième tour serait inévitable. Quant à Grigori Lavlinski, le dirigeant du parti démocrate et réformateur Iabloko (la pomme), il s'est étonné qu'au fur et à mesure du dépouillement le score de Poutine ait "augmenté d'heure en heure", en fonction de ses besoins...

En fait, si personne ne conteste que Vladimir Poutine eût finalement remporté la victoire dans son duel avec Ziouganov, il n'y a pas grand monde pour douter des informations avancées par "Kommerçant", citant des chiffres portant sur une fraude de 6 à 10 %. Le quotidien, se référant à des sources non officielles (donc crédibles...), a même parlé d'un score de 42,8 % obtenu par Poutine, compte non tenu du bourrage des urnes! De surcroît, dans certaines régions, les pressions politiques exercées par la voie administrative ou professionnelle (dans les usines), jointes au vote des âmes mortes si chères à Gogol et à l'achat de suffrages (un peu moins de cent francs belges pour une voix), ont contribué à donner à Vladimir Poutine un résultat à la hauteur de ses ambitions... Avers de la médaille: les esprits pragmatiques ont néanmoins reconnu à cette situation un avantage considérable ! Le pays aura fait l'économie d'un deuxième tour, ce qui représente tout de même une économie de plus ou moins un milliard et demi de francs belges...

Vladimir Poutine dépose son bulletin dans l'urne. Son visage est toujours impassible. Il est vrai qu'il n'a aucun souci à se faire... ▽

Une certitude et des énigmes

Si, formellement, la victoire de Vladimir Poutine s'apparente à un plébiscite, elle ne se prête pas pour autant à des conclusions définitives en dehors de celle qui confirme le déclin du Parti communiste, lequel avait été privé, quatre ans auparavant par Boris Eltsine, d'un retour au pouvoir que les sondages lui promettaient encore quelques semaines avant la consultation populaire. Aujourd'hui, sauf à opérer en son sein des réformes radicales qui la dénatureraient obligatoirement, cette formation politique semble condamnée à une disparition biologique qui accompagnera celle de ses membres. On peut néanmoins considérer que cet effacement reste fort lent puisque, lors du scrutin de 1996, Ziouganov

La campagne électorale s'est déroulée sans incident notoire. Les partisans de Vladimir Poutine, assurés de la victoire de leur favori, se sont contentés de promener son portrait dans les rues de Moscou. △

avait pu compter sur 32,04 % des voix. A première vue, la différence ne paraît guère significative par rapport au score obtenu par le leader communiste le 26 mars; mais il faut prendre en considération le fait que le général Lebed avait, à l'époque, attiré près de 15 % de l'électorat en puisant largement dans le réservoir de la gauche avant d'arbitrer le second tour en appelant sa clientèle à voter pour Eltsine.

Malgré les apparences, il est donc permis de parler d'un recul sensible de la faction communiste, dans le prolongement de celui qu'elle a subi après les dernières élections législatives qui lui ont fait perdre sa majorité à la Douma, la Chambre basse. Mais, pour le reste, fort curieusement, l'installation de Vladimir Poutine au Kremlin (célébrée en grande pompe le 7 mai) laisse la place à des incertitudes que le verdict des urnes eût dû lever en principe. Au cours des premières semaines de son règne, de nombreux aspects de sa politique sont demeurés obscurs, comme le reflète cette boutade qui a couru les rues de Moscou: "Poutine a un modèle. C'est la Corée. Mais on ne sait pas si c'est celle du Nord ou du Sud..." Ainsi, plus d'un mois après son entrée en fonction, on ignorait toujours quel sort il réserverait à la Tchétchénie rebelle, quel traitement il administrerait à la presse d'opposition et quelle place il laisserait aux oligarques qui ont pesé ces dernières années sur l'avenir du pays en manipulant la famille de Boris Eltsine et en contribuant de manière indirecte à la fulgurante ascension d'un Président qu'aucun kremlinologue ne connaissait avant qu'il ne soit nommé, sur simple décret et sans consultation préalable, voici trois ans, à la tête du FSB, l'héritier direct du KGB.

Un ancien du KGB

Rien dans sa biographie ne prédestinait Vladimir Poutine au rôle politique qui lui revient aujourd'hui. Né en 1952, il fut baptisé en cachette de son père. Enfant, il rêva d'entrer dans l'aviation civile. Adolescent, il lut "Le Bouclier et l'Epée", un roman d'espionnage publié dans les années soixante, ce qui le détermina à entrer au KGB. Il lui fit des offres de services que les organes de sécurité ignorèrent; mais il entra à la faculté de Droit à Leningrad afin de mettre tous les atouts de son côté. Sorti de l'université, il fut engagé par la "grande maison" en 1975. Après avoir fait ses premières armes au secrétariat, il fut versé dans les services du contre-espionnage où il s'occupa des étrangers, comme il l'a pudiquement reconnu dans une interview à "Kommerçant". Remarqué par les gens des renseignements extérieurs, il partit en 1985 pour Dresde où sa connaissance de l'allemand lui permit de se consacrer au renseignement politique jusqu'à la chute du Mur de Berlin.

Cet effondrement politique lui donna conscience que le système soviétique et l'URSS elle-même n'avaient plus d'avenir: le jeune colonel déclina par conséquent une proposition de rentrer à Moscou pour travailler à l'appareil central des services secrets. Devenu une "réserve active", il retourna à Leningrad où il devint assistant du recteur de l'université et, un peu plus tard, adjoint de Sobtchak, le premier maire démocrate de la ville. Au lendemain du putsch d'août 1991 contre Mikhaïl Gorbatchev, il referma la boucle en adressant sa lettre de démission au KGB. S'achevait ainsi un parcours jusqu'alors des plus ordinaires.

C'est en 1996 que se situe le véritable tournant de sa carrière: peu de temps après l'échec de l'équipe emmenée par Sobtchak aux élections municipales, Pavel Borodine (l'intendant du Kremlin) qu'il connaissait à peine lui offre de rejoindre l'équipe de l'administration présidentielle. Poutine accepte. Il vient de mettre le pied à l'étrier... Boris Eltsine achèvera de le mettre en selle.

Au Kremlin, peu avant les élections, Vladimir Poutine va à la rencontre des principaux leaders du parlement. Il leur annoncera un programme plutôt simpliste sur la dictature de la loi. △

Une orientation libérale

Aujourd'hui que Vladimir Poutine tient la barre, quel cap proposera-t-il (ou imposera-t-il) à la Russie? Très influencé par la personnalité de Youri Andropov – qui présida... le KGB avant de succéder à Leonid Brejnev –, il a promis de ramener l'ordre dans le pays. Il a lancé une formule. Pour mieux cerner ses projets sur le plan intérieur, on ne peut s'empêcher cependant de faire écho à deux citations que Boris Toumanov, un éditorialiste de l'hebdomadaire "Temps Nouveaux", a relevées pour "Courrier International". Un haut fonctionnaire du Kremlin, notait-il, a déclaré en commentant le credo politique de "L'Unité", le parti politique dirigé par Mikhaïl Kassianov et soutenu par Poutine: "Pour l'Unité, le moteur, c'est la revanche nationale. Cela signifie que ce parti veut d'abord assurer la pérennité du pays, puis son expansion par la force. L'expérience montre que la Russie ne peut qu'osciller entre effondrement et élargissement." Quant à Vladimir Poutine lui-même, il a averti ses interlocuteurs lors d'un sommet de la CEI tenu avant même les élections présidentielles du 26 mars que les anciennes Républiques soviétiques allaient devenir les priorités essentielles du Kremlin, simplement "parce qu'elles abritent des millions de Russes".

Ces formules ne laissent pas d'être ambiguës. Sans faire un procès d'intentions à la nouvelle équipe au pouvoir à Moscou, on ne saurait oublier que celle-ci ne lésine pas sur les moyens dès lors qu'elle prétend sauvegarder ses intérêts prioritaires. La Tchétchénie, qui a servi d'argument principal à la campagne électorale du nouveau président, en a fait les frais sans que les Occidentaux s'émeuvent outre mesure: tout au plus, le Conseil de l'Europe a-t-il menacé d'exclure de ses rangs la Russie. Pour dissuader cette noble assemblée de sanctionner Moscou, il a suffi qu'un vice-ministre des indépendantistes tchétchènes rencontre en Ingouchie le président de la commission de la Douma pour le respect des droits de l'homme... Les bonnes consciences ont puisé dans ce seul fait et dans les propos lénifiants du ministre russe des Affaires étrangères venu à Strasbourg tout l'apaisement qu'elles recherchaient. Elles ont oublié dans la minute que M. Poutine avait promis auparavant de"buter les Tchétchènes jusque dans les chiottes"! Et dans la mesure où la communauté internationale a fermé les yeux sur la destruction méthodique de Grozny, la Russie n'en déduira-t-elle pas qu'elle conserve les mains libres pour agir dans sa sphère d'influence naturelle comme l'URSS le faisait dans son empire?

La complaisance occidentale a néanmoins un prix, sinon une récompense. Alors que Bill Clinton a parié sur l'héritier désigné par Boris Eltsine, que Lord Robertson, le secrétaire général de l'Otan, a fait le pèlerinage de Moscou et que Tony Blair a offert ses services d'intermédiaire entre le Kremlin et la Maison-Blanche, les députés de la Douma ont ratifié à une large majorité (288 voix contre 131 et 4 abstentions) le traité START II, signé en janvier 1993 par George Bush et Boris Eltsine, qui prévoit une limitation des armements stratégiques nucléaires. Cette mesure, tenue pour une "trahison d'Etat" par les communistes, fut interprétée comme un signal positif adressé à l'administration américaine et à ses alliés, même si elle vise surtout à empêcher Washington de modifier les termes de l'accord bilatéral passé en 1972 par Nixon et Brejnev sur le traité ABM.

Le choquant dénouement de l'affaire Pinochet

Après une saga judiciaire de près de dix-sept mois, le ministre de l'Intérieur britannique Jack Straw communique, le 2 mars, sa décision de libérer le général Augusto Pinochet pour raisons de santé. Moins de vingt-quatre heures plus tard, l'ancien dictateur chilien débarque en chaise roulante sur le tarmac de l'aéroport de Los Cerillos, à Santiago, mais il se lève aussitôt, comme miraculeusement ressuscité, en dessinant des moulinets avec sa canne. "Je vous ai bien eus!" semble-t-il crier à l'opinion publique internationale avant de donner l'accolade aux dignitaires de l'armée venus l'accueillir. C'est un cinglant démenti adressé aux défenseurs des droits de l'homme qui avaient annoncé - un peu tôt - la naissance d'une justice mondiale. La raison d'Etat prime toujours...

Augusto Pinochet avait été arrêté, le 16 octobre 1998, dans une clinique londonienne où il venait d'être opéré d'une hernie discale. La justice britannique était intervenue à la suite d'une demande d'extradition du juge espagnol Baltazar Garzon pour des délits de génocide, tortures et disparitions sous la junte militaire chilienne, de 1973 à 1990. Selon les organisations humanitaires, 3197 personnes ont été tuées durant cette période et 1102 ont disparu.

Pendant des mois, l'"affaire Pinochet" fera l'objet d'un interminable débat juridique entre les avocats du vieux caudillo et les représentants des familles des victimes. Les péripéties ne manqueront pas devant la Haute Cour de Londres et la Chambre des Lords, appelée à statuer sur l'immunité de l'ancien chef d'Etat.

En octobre 1999, la justice britannique autorise enfin l'extradition vers l'Espagne, mais Pinochet, qui coule des jours paisibles en résidence surveillée dans le Surrey, n'est pas encore devant ses juges. En coulisses, Madrid et Londres ont passé un accord pour ne jamais faire droit à la demande du juge Garzon ni à celles de ses confrères belge, suisse et français. Un rapport médical, rédigé à la hâte, affirme que l'ancien dictateur chilien, âgé de quatre-vingt-quatre ans, est un vieillard impotent et sénile qui serait incapable de participer à un procès. Pour se justifier, Jack Straw parle de raisons humanitaires!

Margaret Thatcher peut se féliciter sans pudeur de voir son vieil ami regagner Santiago. Il lui avait donné un précieux coup de main lors de la guerre des Malouines. Quant à la Belgique qui avait pris une position en flèche pour réclamer justice et qui avait demandé une contre-expertise médicale, elle ne pèse pas bien lourd dans ce cynique jeu diplomatique.

C'est donc au Chili qu'il appartient de juger, ou non, le tyran qui a pris brutalement le pouvoir au lendemain de la mort de Salvador Allende et qui a exercé sur le pays une sanglante dictature pendant plus de quinze ans. Officiellement, le juge Juan Guzman, qui instruit le dossier Pinochet, a été saisi de septante-six plaintes, mais, dès le 25 mars, le Congrès chilien approuve une modification de la Constitution accordant l'immunité aux anciens présidents de la République.

En vérité, le pouvoir du nouveau président socialiste Ricardo Lagos, élu d'ailleurs d'extrême justesse devant le candidat de la droite, demeure fragile. L'insolence de l'armée lors du retour de l'ancien caudillo ne permet pas de conserver des doutes sur le poids dont elle pèse dans le pays. A Santiago, les milieux politiques ont compris depuis longtemps qu'il y aurait un risque réel pour la société chilienne à affronter ouvertement les militaires.

Au bras du commandant en chef des forces armées chiliennes, le général Ricardo Izurieta, Augusto Pinochet va saluer ses partisans venus l'accueillir sur le tarmac de l'aéroport. En remettant le pied sur le sol natal, l'ancien dictateur a retrouvé une étonnante vitalité. Etait-ce le même "vieillard sénile et impotent" qu'avaient décrit les médecins britanniques? ▽

De Rome à Jérusalem, le courageux parcours de Jean-Paul II

En deux semaines au cours de ce mois de mars qui fut épuisant pour un homme affaibli et malade comme lui, Jean-Paul II a posé les actes les plus édifiants de son long pontificat. De Rome à Jérusalem, refaisant en sens inverse le parcours de Pierre, son lointain prédécesseur, il a tour à tour confessé les fautes commises par l'Eglise en deux mille ans d'existence et tenté un difficile rapprochement avec les deux autres religions du Livre.

Au cœur de la majestueuse basilique Saint-Pierre, sous le baldaquin du Bernin, le pape va demander six fois pardon pour les fautes commises par l'Eglise au cours des siècles passés. Un geste unique dans l'histoire... △

Le pape avait souhaité que l'année du Jubilé ne fût pas seulement un gigantesque pèlerinage aux quatre basiliques romaines, mais qu'elle s'ouvrît aussi à une réflexion sur le passé. C'est dans un tel sens qu'il faut voir cette cérémonie pénitentielle sans précédent qui se déroula, le 12 mars, sous la coupole de Saint-Pierre. Tout y était symboles...

Jamais plus !

Jean-Paul II s'était d'abord longuement recueilli devant la Pietà de Michel-Ange, comme pour montrer qu'il se chargeait de tous les péchés de son Eglise, à l'image de la Pietà portant le corps crucifié du Christ. Puis il avait remonté la nef, suivi de ses cardinaux, jusqu'à l'autel de la Confession, sous le baldaquin du Bernin. L'image ne pouvait manquer d'évoquer une ancienne procession de pénitents. C'était bien, en effet, ce qu'avait voulu le pape polonais. Vinrent enfin les six demandes de pardon de l'Eglise pour les fautes commises dans la défense de la "Vérité", la division des chrétiens, le non-respect des autres cultures et autres religions, le mépris de la femme, des pauvres, des marginaux. Au cœur de l'immense basilique, sous les marbres et les ors, un pape osait invoquer les fantômes de l'Inquisition, les massacres des croisades, les conversions forcées, les excommunications, les pogroms et les bûchers. Polémiquant avec Paul Claudel, André Gide disait déjà : "On ne doit pas convaincre les agnostiques à coups de crucifix !" Jean-Paul II, quant à lui, a répété inlassablement : "Jamais plus d'intolérance ni de violence !"

C'est le pape personnellement qui avait voulu cette liturgie de la pénitence, unique dans l'histoire de l'Eglise romaine, contre l'avis

Les six demandes de pardon

1) Pour les péchés commis dans la défense de la "Vérité", intolérances, violences contre les hérétiques, croisades, tortures et condamnations par les tribunaux de l'Inquisition;
2) pour les péchés de division dans l'Eglise, excommunications, persécutions, guerres de religion;
3) pour les péchés commis contre le peuple juif, mépris, actes d'hostilité, silences;
4) pour les péchés commis contre les droits des peuples, le respect des autres cultures et des autres religions;
5) pour les péchés commis contre la dignité humaine, contre les femmes, trop souvent humiliées et marginalisées, contre certaines races et ethnies;
6) pour les péchés commis contre les mineurs victimes d'abus, contre les enfants non encore nés, contre les pauvres, les exclus, les laissés-pour-compte, contre tous ceux qui sont sans défense et qui ont eu à souffrir de l'injustice sociale.

C'est en Jordanie que le pape a entamé son pèlerinage. Peu après son arrivée, il s'est rendu sur le mont Nébo où, selon la tradition biblique, Moïse aperçut la terre promise sans pouvoir l'atteindre. Le lendemain, malgré les fatigues du voyage, il a célébré une messe dans le stade d'Amman. △

de la plupart de ses collaborateurs d'ailleurs, qui ne comprenaient pas que l'on pût s'accuser de fautes commises souvent par des égarés dans un passé à jamais révolu et surtout dans un contexte historique tellement différent alors que, aujourd'hui même, beaucoup de catholiques sont encore l'objet de persécutions.

Pour courageuse qu'elle fût, et approuvée par le plus grand nombre, l'attitude du souverain pontife n'a cependant pas fait l'unanimité, critiquée à gauche pour son "modernisme naïf" qui n'établit jamais clairement les responsabilités, et dans les milieux juifs pour son silence obstiné sur le comportement de l'Eglise pendant la Shoah.

Sur les pas du Christ

Huit jours plus tard, le 20 mars, Jean-Paul II entamait à Amman, en Jordanie, ce pèlerinage en Terre sainte dont il rêvait depuis si longtemps. Il avait répété, à maintes reprises, que le voyage n'avait, dans son esprit, qu'un caractère spirituel et qu'il ne fallait y voir aucune intention politique. Etait-ce toutefois possible dans une région perpétuellement bouillonnante de conflits?

De ce déplacement qui dura près d'une semaine, on retiendra deux temps forts, la visite au Mémorial de Yad Vashem et la méditation au pied du mur des Lamentations, mais, en dépit des souhaits exprimés de dépolitiser ce séjour, les observateurs n'ont pas manqué de noter également le soutien apporté par Jean-Paul II à la cause palestinienne dont le "peuple a souffert trop longtemps". Sans compter l'émotion profonde et sincère du vieux pape retrouvant les pas du Christ...

La présence de l'évêque de Rome au Mémorial de Yad Vashem, qui perpétue le souvenir de la Shoah à Jérusalem, était très attendue, le 23 mars, par tous les Israéliens, aussi bien par les autorités politiques que religieuses. Citoyen polonais ayant vécu l'invasion nazie et ses crimes monstrueux, Karol Wojtyla n'a pas oublié de rappeler, à Ehoud Barak en particulier, le nombre d'amis juifs qu'il a perdus pendant l'occupation de son pays. Moment émouvant, six survivants de l'Holocauste, dont quatre Polonais, étaient d'ailleurs venus le saluer.

Rejetant le racisme sous quelque forme que ce soit, Jean-Paul II répéta sa condamnation de l'antisémitisme sur un ton convaincant, il prononça un discours sans équivoque destiné à sceller la réconciliation des juifs et des chrétiens, mais, à la déception de son auditoire, il ne dit mot des silences troublants de Pie XII pendant la guerre alors que celui-ci ne pouvait ignorer la tragédie de la Solution finale.

Avant de regagner Rome, le 26 mars, le chef de l'Eglise catholique s'était arrêté devant le mur des Lamentations, le lieu le plus sacré du judaïsme, dernier vestige du Temple reconstruit par Hérode. Comme tout juif pieux, il avait glissé un message entre les pierres rugueuses, reformulant sa demande de pardon à Dieu et souhaitant "engager une fraternité authentique avec le peuple du Livre". Image bouleversante que celle de ce vieil homme, seul et courbé dans sa soutane blanche devant la muraille de couleur ocre. Mais le Temple n'était-il pas un lieu saint que vénérait aussi Jésus? Auparavant, Jean-Paul II s'était rendu sur l'Esplanade des Mosquées, toute proche, et il avait été accueilli devant le Dôme du Rocher par le grand mufti de Jérusalem, Ekrima Sabri, et par le représentant de l'OLP, Fayçal Husseini.

Enfin, au moment de quitter Jérusalem, le pape émit un dernier vœu, celui de se recueillir une ultime fois dans l'église du Saint-Sépulcre, bâtie à l'endroit où, selon les Evangiles, le Christ fut crucifié. Il y avait célébré une messe le matin même, mais il voulait s'accorder encore quelques instants d'intenses prières.

Pas de solution politique, mais une amorce de dialogues

Il va de soi que la visite de Jean-Paul II en Terre sainte ne pouvait résoudre les problèmes douloureux qui déchirent les populations de la région depuis un demi-siècle. Il n'avait d'ailleurs pas cette ambition en y débarquant. Une terre, deux peuples, trois religions, c'est une équation que même un pape n'est pas en mesure de résoudre.

Lors de la cérémonie de Yad Vashem, Ehoud Barak a donc continué de parler, devant le souverain pontife, de "Jérusalem, capitale d'Israël, l'éternelle cité de la foi" tandis que, à Bethléem, Yasser Arafat a répondu par un "Jérusalem, capitale de la Palestine". Le réalisme politique ne permet plus de miracles, même dans l'antique cité, trois fois sainte.

Pourtant, le parcours sans faute du chef de l'Eglise catholique,

L'un des moments forts du voyage papal fut la visite au Mémorial de Yad Vashem, érigé à Jérusalem en souvenir des six millions de victimes juives de la barbarie nazie. △

marchant à petit pas au sens figuré comme au sens propre, a ouvert une série de dialogues dont on ne peut encore mesurer la portée historique. Après avoir contribué à la chute du mur de Berlin, Jean-Paul II a réussi à mettre fin à deux mille ans d'aveuglement chrétien sur le judaïsme et à tenter le pari prodigieux de réconcilier le fleuve avec sa source. Il faut se souvenir que, voici trente-cinq ans à peine, l'Eglise ignorait encore l'Etat hébreu. En 1964, en effet, Paul VI avait, lui aussi, effectué un pèlerinage en Terre sainte sans prononcer une seule fois le nom d'Israël.

Mais dans un geste symbolique, Jean-Paul II a également accepté de baiser la terre palestinienne avant de visiter un camp de réfugiés, près de Bethléem. Les compatriotes de Yasser Arafat y ont vu la reconnaissance de la légitimité de leur revendication nationale. L'évêque de Rome a enfin tendu la main aux autres communautés chrétiennes, nombreuses dans cette région où prêcha Jésus. Ce n'est pas peu de choses pour un vieux pape à bout de forces...

Bien qu'il ait voulu privilégier l'aspect spirituel de sa visite en Terre sainte, Jean-Paul II n'a pu éviter les entretiens politiques. Il a notamment été reçu par le premier ministre israélien Ehoud Barak. Le Vatican n'a noué des relations diplomatiques avec l'Etat hébreu qu'en 1993. △

MGR GODFRIED DANNEELS

Primat de Belgique et archevêque de Malines-Bruxelles

Les repentances du pape et son voyage en Terre sainte

Artis-Historia : Depuis deux millénaires, l'Eglise exerce trois pouvoirs : sanctifier, enseigner, gouverner. Ne faut-il pas revoir cette vocation à la suite des repentances du pape qui impliquent la reconnaissance des erreurs du passé?

Mgr Danneels : Confesser ses erreurs et demander pardon s'inscrit tout à fait dans l'année jubilaire. Je crois que la démarche du pape est parfaitement normale. Les chrétiens font cela régulièrement, chacun en particulier. Ce qui est neuf, c'est que le pape l'a fait au nom de l'Eglise, c'est-à-dire au nom de toute l'institution. Parmi les fautes qu'il a confessées, il y a notamment la division de l'Eglise. Nous n'avons pas respecté le testament du Christ qui avait demandé, avant de mourir, de rester unis. Il y a aussi l'erreur d'avoir voulu parfois imposer la Vérité par la force. Or la Vérité s'impose par elle-même et non par les armes. Je ne dis pas que ceux qui ont commis ces fautes étaient de mauvaise foi, mais ils appartenaient à une autre époque et ils eurent tort. Faut-il pour autant revoir les trois fonctions de l'Eglise? Je ne crois pas. Un professeur qui s'est trompé ne doit pas cesser nécessairement d'enseigner. Il doit simplement admettre qu'il a dit quelque chose de faux et se corriger. Au fond, ce que le pape a fait représente une démarche de sincérité et de transparence.

A.H. : Les demandes de pardon du pape ont imposé, en général, le respect, mais elles ont aussi suscité certaines réticences chez les catholiques eux-mêmes. On a évoqué l'aigreur du fils fidèle dans la parabole de l'Enfant prodigue. Comprenez-vous ces réticences?

Mgr D. : Je les comprends, mais je ne les approuve pas parce que si Jésus a précisément raconté cette parabole, c'est pour dire ceci : "Etes-vous vraiment mécontents parce que je suis bon?" Cette notion est au cœur du christianisme. Ne soyez pas jaloux d'un Dieu qui pardonne.

A.H. : En se rendant en Terre sainte, Jean-Paul II a tenté des ouvertures sans précédent dans le dialogue œcuménique et interreligieux. Quel est, selon vous, le bilan de ce voyage?

Mgr D. : Le bilan est très positif. Je me suis rendu en Terre sainte un mois plus tard et j'ai rencontré le président de la Knesset, un juif orthodoxe assez rigoureux. Il m'a dit : "C'est la première fois que nous voyons quelqu'un comme le pape qui vient ici et qui réussit à renouer des liens perturbés depuis des siècles." Je crois surtout qu'il a gagné les cœurs en se présentant devant le mur des Lamentations et en mettant lui-même entre les pierres sa propre reconnaissance des péchés du passé. C'était un geste d'humilité. Or, l'humilité suscite toujours l'adhésion tandis que l'orgueil éloigne.

A.H. : Au cours de son long pontificat et surtout à l'occasion de ses nombreux voyages, le pape a joué un rôle important sur le plan géopolitique. En est-il de même sur le plan géoreligieux?

Mgr D. : Ce que le pape a réalisé sur le plan géopolitique, je ne pourrais pas le dire exactement. Il n'a certes pas été étranger aux événements qui ont entraîné la chute du communisme, mais le communisme a implosé de lui-même, un peu comme un tube de télévision, à la suite de ses fautes contre les droits de l'homme et de sa conception de l'économie. Du point de vue géoreligieux, je crois que jamais il n'y a eu un leader spirituel qui a possédé un prestige comme Jean-Paul II. Jamais un pape n'a été aussi profondément respecté au sein des autres Eglises chrétiennes et même au sein des autres confessions. C'est une constatation tout simplement objective. On peut avoir une opinion personnelle sur son conservatisme dogmatique et éthique, mais il n'est pas possible de nier qu'il est un extraordinaire catalyseur.

A.H. : Malgré son refus de commenter les silences de Pie XII pendant la Seconde Guerre mondiale, Jean-Paul II a fait un pas important vers la réconciliation entre le christianisme et le judaïsme. Il n'a pu aller aussi loin à l'égard de l'islam qui reste en conflit, et parfois même en guerre ouverte, avec les chrétiens. Pourquoi?

Mgr D. : C'est parce que l'islam n'est pas une institution purement religieuse, c'est aussi une institution politique, militaire et économique. Prenons un exemple : en Arabie Saoudite, il n'est pas permis de célébrer la messe, en Israël bien. Les juifs disent : "Nous n'avons pas votre foi, nous avons une autre foi." Et le pape a pu dire la messe à Jérusalem même, dans l'église de la Sainte Cène qui était la propriété d'Israël. L'islam, c'est beaucoup plus qu'une religion, c'est une conception de vie, une organisation politique, une culture. Bien que certains musulmans parlent comme moi et évitent de tout amalgamer, l'islam, en général, doit encore faire la distinction entre ce qui est religieux et ce qui ne l'est pas. Mais soyons humbles. Dans le passé, l'Eglise catholique a quelquefois agi de la même manière. Clovis a baptisé toute la France en une fois! Au fond, en Occident, c'est la Révolution française qui a fait le tri entre le pouvoir temporel et la foi.

AVRIL

CHRONOLOGIE

DOSSIERS

L'AVIS D'UN EXPERT

L'Afrique a faim. Depuis toujours, les famines se sont succédé dans une vaste région du continent noir située entre le Sahara et la savane. Là, de tout temps, les caprices du climat ont obligé les populations à adopter la transhumance, des pluies violentes et irrégulières suivies de longues périodes de sécheresse ne permettant pas de développer une agriculture normale. Aujourd'hui, les guerres civiles et le sida ont encore accentué la précarité de l'existence dans cette corne de l'Afrique surnommée désormais corne de misère.

CHRONOLOGIE

AVRIL

Lu	Ma	Me	Je	Ve	Sa	Di
					1	2
3	4	5	6	7	8	9
10	11	12	13	14	15	16
17	18	19	20	21	22	23
24	25	26	27	28	29	30

MONDE

3

* BOSNIE - A l'aube, un commando français de la SFOR arrête à son domicile proche de Sarajevo, Momcilo Krajisnik. Accusé de génocide et de crime contre l'humanité, l'ancien bras droit de Radovan Karadzic est ensuite transféré à La Haye où il doit être jugé par le Tribunal pénal international pour l'ex-Yougoslavie.

4

* EUROPE-AFRIQUE - Le premier sommet euro-africain s'achève au Caire sans que les participants aient trouvé une solution au problème de l'énorme dette extérieure de l'Afrique qui s'élève à 350 milliards de dollars.

5

* AFRIQUE DU NORD-EST - A Rome, le secrétaire général des Nations unies, Kofi Annan, lance un appel à l'aide alimentaire d'urgence pour la corne de l'Afrique. Seize millions de personnes y sont menacées de famine en raison de l'absence de précipitations et de mauvaises récoltes. 👁**page 56**

* JAPON - Yoshiro Mori, du Parti libéral démocrate, est nommé à la tête du gouvernement à la suite de l'accident cérébral dont a été victime, le 2 avril, le premier ministre Keizo Obuchi, entré dans un coma irréversible.

6

* PAKISTAN - L'ancien premier ministre Nawaz Sharif, renversé par un coup d'Etat militaire le 12 octobre 1999, est condamné à la prison à vie pour piraterie aérienne et terrorisme.

* CONSEIL DE L'EUROPE - A Strasbourg, l'Assemblée parlementaire du Conseil de l'Europe vote la suspension de la Russie en raison des violations des droits de l'homme commises en Tchétchénie.

9

* GRÈCE - Les socialistes du PASOK, conduits par le premier ministre Costas Simitis, remportent d'extrême justesse les élections législatives.

10

* ALLEMAGNE - A Essen, Angela Merkel, une protestante de quarante-cinq ans, originaire de l'ex-RDA, est élue triomphalement à la tête de l'Union chrétienne démocrate (CDU).

* EUROPE - A Bruxelles, le leader de l'extrême droite autrichienne, Jörg Haider, participe, en tant que gouverneur de Carinthie, à une session du Comité européen des régions.

18

* ZIMBABWE - Trois jours après l'assassinat d'un fermier blanc, un autre propriétaire d'origine

<u>*Guy Verhofstadt demande pardon aux Rwandais*</u>

Accompagné de ses ministres Louis Michel et André Flahaut, le chef du gouvernement belge, Guy Verhofstadt, s'incline, le 7 avril, à Kigali, devant le mémorial de Gisozi où reposent les restes de quelque cinquante mille victimes du génocide de 1994. (notre photo)

S'adressant aux Rwandais en présence du président Paul Kagame (au second plan à gauche), le premier ministre admet les responsabilités de la Belgique dans ce drame. "La Belgique était au cœur de l'opération onusienne, déclare-t-il. C'est sous nos yeux que le génocide commença. La Belgique et la communauté internationale doivent reconnaître les erreurs commises." Puis, il ajoute : "Au nom de mon pays, au nom de mon peuple, je vous demande pardon."

Les membres du gouvernement rendent également hommage, ce jour-là, aux dix Casques bleus belges assassinés, le 7 avril 1994, à Kigali. Devant le petit bâtiment encore criblé de balles où nos paras s'étaient retranchés, Guy Verhofstadt dit : "Ils sont tombés sous les yeux d'un commandement indécis, ultime acteur irresponsable d'un système mal pensé, mal équipé, qui témoignait jusqu'à l'absurde d'une insensibilité gravement coupable."

européenne est tué par des anciens combattants de la guerre d'indépendance. Le président Robert Mugabe est soupçonné d'avoir orchestré ces crimes pour masquer la faillite de sa politique économique.

23

* TCHÉTCHÉNIE - Malgré l'annonce par Moscou de la fin des opérations, la guérilla continue dans la petite république rebelle. L'attaque d'une colonne motorisée russe par des combattants tchétchènes dans la région de Serjen-Iourt fait quatre-vingts morts.

25

* ITALIE - Giuliano Amato forme un nouveau gouvernement de centre-gauche. Mis en difficulté par la victoire de l'opposition aux élections régionales, le président du Conseil sortant, Massimo D'Alema, avait présenté sa démission, le 19 avril.

BELGIQUE

4

* RÉGION WALLONNE - Respectant l'engagement pris en octobre 1999, Elio Di Rupo abandonne la présidence de la Région wallonne pour se consacrer exclusivement à la direction du Parti socialiste. Cette décision entraîne des remaniements dans différents gouvernements. Jean-Claude Van Cauwenberghe est nommé à la tête de l'exécutif wallon.

14

* PRINCE LAURENT - Dans une interview accordée à la revue flamande "Arbeid en milieu", le prince Laurent critique tour à tour les excès du capitalisme et l'indifférence environnementale du monde industriel, égratignant au passage l'ancien premier ministre Jean-Luc Dehaene.
* GOUVERNEMENT FLAMAND - Sur avis du Conseil d'Etat, le ministre flamand Bert Anciaux (VU) transmet ses compétences en matière de logement, rénovation urbaine et politique de la ville à son collègue Johan Sauwens (VU). Anciaux prend la place de Sauwens à la conférence sur la réforme de l'Etat.

ÉCONOMIE

1

* BANQUES - Le géant sino-britannique Hong Kong and Shanghai Banking Corporation (HSBC) rachète le Crédit Commercial de France pour un montant global de 445 milliards de francs.

3

* MICROSOFT - Le juge fédéral américain Thomas Penfield Jackson confirme que la société Microsoft s'est rendue coupable de viol des lois sur la concurrence. Ce verdict représente une perte de 12 milliards de dollars pour Bill Gates.

17

* MARCHÉ BOURSIER - Après la chute des indices boursiers américains, le Dow Jones (5,66 %) et le Nasdaq (9,67 %), les marchés européens ne cèdent pas à la panique et limitent leur recul à moins de 2 %.

26

* SABENA - Le gouvernement Verhofstadt conclut un accord avec le holding SairGroup (Swissair). Celui-ci porte sa participation dans l'actionnariat de la Sabena de 49,5 % à 85 %. Notre ancienne compagnie nationale volera sous pavillon suisse au plus tard au premier semestre 2001.

Le roi opéré d'un quadruple pontage coronarien

Deux mois et demi après y avoir été opéré avec succès d'une hernie discale, le roi subit, à la clinique Onze-Lieve-Vrouw d'Alost, un quadruple pontage coronarien. Décidée dans la soirée du 12 avril après que le souverain eut été victime d'un malaise, l'intervention, réalisée par l'équipe du docteur Hugo Vanermen, débute peu avant une heure du matin et se prolonge pendant près de deux heures. Tout se déroule parfaitement.

La technique du pontage coronarien est aujourd'hui très courante. L'opération est estimée nécessaire lorsque le patient souffre de problèmes cardiaques dus à l'occlusion plus ou moins complète d'une artère coronaire. En ce qui concerne le roi, il s'agissait d'aboucher l'aorte et les coronaires à quatre reprises au-delà de l'occlusion afin de rétablir l'irrigation sanguine complète du muscle cardiaque.

A l'heure actuelle, la mise au point du cœur-poumon artificiel permet de dériver momentanément la circulation du thorax, ce qui laisse plus de latitude au chirurgien. Lorsque le ou les pontages sont réalisés, le cœur est remis en route soit spontanément, soit par l'intermédiaire d'un choc électrique.

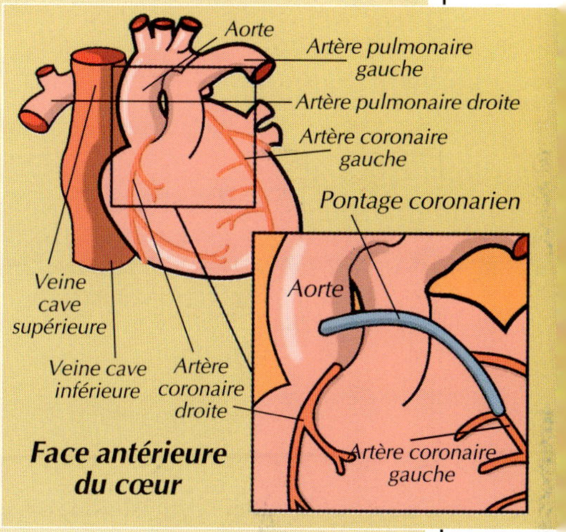

Face antérieure du cœur

Le prince Philippe et la princesse Mathilde inaugurent, le 21 avril, les Floralies gantoises au Flanders Expo. Cette manifestation a lieu tous les cinq ans. Elle est la plus grande et la plus importante exposition d'art floral en Europe. Traditionnellement, elle attire un très nombreux public. △

27
* EURO - La monnaie européenne continue de chuter: elle est tombée à 0,908 dollar. Devant les risques de dérapage des prix, la Banque centrale européenne (BCE) décide de porter son principal taux d'intérêt directeur à 3,75 %, soit une hausse de 0,25 %.

28
* MICROSOFT - L'administration américaine demande à la justice le démantèlement de Microsoft, reconnue coupable d'avoir violé la législation antitrust. Le pouvoir fédéral réclame la scission du géant du logiciel.

SOCIÉTÉ

5
* DÉCHETS NUCLÉAIRES - Après avoir traversé la Belgique sous haute surveillance, le conteneur de 112 tonnes de déchets nucléaires en provenance de La Hague, en France, arrive à Dessel sans incidents.

14
* EXPLOSIONS À KINSHASA - À l'aéroport de Kinshasa, l'incendie d'un dépôt de munitions provoque une série d'explosions qui font plus de cent morts.

18
* DÉRAILLEMENT - Un train omnibus de la ligne Charleroi-Namur déraille à Aiseau-Presles, puis percute un autre train venant en sens inverse. Un machiniste est tué dans l'accident dû au blocage d'un aiguillage par une dalle en béton. Celle-ci a été posée par trois mineurs, de huit à treize ans.

22
* LE PETIT ELIAN - A la suite d'un raid des services américains de l'immigration, effectué à l'aube, le petit Elian Gonzalez est enlevé à la communauté cubaine de Miami pour être remis à son père, à Washington. Fidel Castro considère que cette "victoire" constitue le premier jour de trêve dans le combat qui oppose depuis quarante ans son régime aux Etats-Unis.

23
* PRISE D'OTAGES AUX PHILIPPINES - Vingt et une personnes, dont dix touristes, sont prises en otages, sur l'îlot malaisien de Sipadan, au large de Bornéo, par le groupe Abu Sayyaf, formé de jeunes extrémistes musulmans. Les otages sont conduits sur l'île voisine de Jolo dans le sud des Philippines.

24
* BRÉSIL 500 ANS - "L'Exposition de la redécouverte, Brésil 500 ans" est inaugurée à São Paulo. La commémoration de l'arrivée du navigateur portugais Pedro Alvarez Cabral sur les côtes brésiliennes, le 22 avril 1500, est toutefois violemment contestée par des Indiens, des Noirs et des sans-terre.

28
* ANALPHABÉTISME - Le Forum mondial sur l'éducation, organisé à Dakar sous l'égide de l'UNESCO, constate que 875 millions d'adultes dans le monde, dont une majorité de femmes, sont encore analphabètes.

SCIENCES ET TECHNIQUES

4
* MIR - Une fusée Soyouz décolle de la base de Baïkonour, au Kazakhstan, avec deux cosmonautes russes à bord, afin de tenter de remettre en service la station Mir, abandonnée le 28 août 1999.

12
* OGM - Le Parlement européen adopte une nouvelle directive, autorisant la production d'organismes génétiquement modifiés, mais en renforçant leurs contrôles. page 59

19
* PRÉSENTATRICE VIRTUELLE - Le bureau de presse britannique Press Association lance un "cyberbabe" de présentatrice virtuelle sur Internet. Elle s'appelle

Ananova, a les cheveux verts et est âgée de vingt-huit ans.
* LE CŒUR DE LOUIS XVII - Une étude génétique effectuée par les professeurs Jean-Jacques Cassiman de l'université de Louvain et Bernd Brinkman de l'université de Münster sur quelques fragments du cœur de l'enfant de dix ans, mort dans la prison du Temple, à Paris, en 1795, démontre qu'il s'agissait bien du petit Louis XVII, héritier du trône de France après l'exécution de son père, Louis XVI. page 61

28
* THÉRAPIE GÉNÉTIQUE - L'hebdomadaire américain "Science" révèle qu'une équipe de chercheurs français a réussi une première mondiale en permettant à des bébés souffrant d'une grave maladie génétique de quitter la "bulle" stérile.

CULTURE

1
* MUSIQUE - La soprano américaine Renée Fleming inaugure la nouvelle salle Henri-Le Bœuf du palais des Beaux-Arts de Bruxelles. Conçue par Victor Horta dans un style Art déco et achevée en 1928, la salle a été l'objet d'importants travaux pendant neuf mois afin d'améliorer son acoustique. Le récital de Renée Fleming constitue la première soirée d'une programmation musicale de haut niveau qui durera deux mois.

29
* XXe SIÈCLE - "Je n'aime pas la culture", grande exposition sur la culture au XXe siècle, ouvre ses portes au palais du Heysel de Bruxelles.

SPORTS

2
* CYCLISME- Le coureur belge d'origine russe Andrei Tchmil remporte le Tour des Flandres après avoir résisté pendant les douze derniers kilomètres au retour de ses poursuivants. A trente-sept ans, il est le vainqueur le plus âgé de l'histoire de l'épreuve.

21
* FOOTBALL - A trois journées de la fin du championnat, et avant même d'avoir disputé son match du week-end, Anderlecht profite de la défaite du FC Brugeois au Lierse pour remporter son vingt-cinquième titre.
page 62

26
* FOOTBALL - L'équipe de Belgique confirme son redressement en battant la Norvège à Oslo (0-2). Les deux buts ont été inscrits, en seconde mi-temps, par Gert Verheyen.

30
* TENNIS - A Moscou, l'équipe féminine belge se hisse en demi-finale de la Fed Cup après avoir vaincu l'Australie, la France et la Russie.

La revanche de Johan Museeuw

Agé de trente-quatre ans, Johan Museeuw remporte, le 9 avril, pour la deuxième fois Paris-Roubaix, la reine des classiques cyclistes. Il s'impose en solitaire après avoir laissé sur place, à 39 kilomètres de l'arrivée, l'Américain Franckie Andreu.

En franchissant la ligne sur le vélodrome nordiste où il avait conservé une quinzaine de secondes d'avance sur ses poursuivants, le coureur belge a un geste de revanche sur le sort, montrant au public sa jambe gauche cruellement blessée au cours du Paris-Roubaix 1998 (notre photo). Victime d'une chute dans la tranchée d'Arenberg et d'une fracture de la rotule, il avait subi ensuite une grave infection. Il n'était remonté sur un vélo que six mois plus tard. On croyait sa carrière terminée.

Déjà vainqueur de Paris-Roubaix en 1996, Museeuw possède un palmarès remarquable dans les classiques: Tour des Flandres (1993, 1995, 1998), Amstel Gold Race (1994), Paris-Tours (1993), Het Volk (2000) et championnat de Zurich (1991, 1995). Il a aussi été champion du monde sur route en 1996.

Corne d'Afrique ou corne de misère

Hugues Dorzée

Des enfants faméliques au regard livide foulant la poussière de sable. Du bétail décharné, un lot de carcasses perdues dans l'immensité aride. Quelques vieillards déshydratés qui tendent les bras vers le ciel sans eau. Le sol lézardé où se croisent les milliers de naufragés de la sécheresse...

Dans la corne de l'Afrique, l'histoire se répète. Inlassablement. Inexorablement. Seize ans (1984-1985) après avoir vécu une famine sans précédent (800 000 morts), l'Ethiopie et ses voisins guettent, en ce mois d'avril 2000, la pluie qui ne vient pas, les premiers secours alimentaires, les semences indispensables pour relancer les champs décimés.

Certes, la situation est loin d'être aussi calamiteuse que précédemment. Mais la pénurie d'eau menace de douze à seize millions de personnes. Au centre du désastre annoncé : le sud-est éthiopien (et plus particulièrement la province "Somalie", dans le désert d'Ogaden). Quatre ans sans pluies, des sols mal préparés, des retards importants dans les semis, de graves infestations des cultures sont à l'origine de cette nouvelle catastrophe (en moins d'un an, la production agricole nationale en céréales et légumineuses a chuté de 6 %).

Plutôt que de "famine", la directrice du Programme alimentaire mondial (PAM), Catherine Bertini, dépêchée sur place dès le 11 avril, préfère parler de "poches de malnutrition identifiées". Pour pallier cette grave crise alimentaire, l'opinion internationale, portée par un flot d'images funestes diffusées en continu, se mobilise. Trop tard? D'une certaine façon. Car dans les camps de déplacés (aux abords de Godé et de Denan, notamment), les plus faibles (les nourrissons et les plus âgés) ont péri, épuisés, déshydratés, retranchés dans leurs huttes de fortune. Après de longs jours de marche en quête d'eau et de vivres.

Dans cette région déshéritée de l'Afrique, la sécheresse n'est pas la seule cause de misère pour les populations. Les tempêtes de sable rendent l'existence encore plus pénible. Chaque année, le vent arrache au sol et déporte des tonnes de poussières. △

Depuis décembre 1999 déjà, plusieurs rapports circonstanciés faisaient état d'une "préfamine imminente". Dans sa mission de novembre 1999 visant à évaluer la "vulnérabilité tant chronique qu'actuelle des populations locales à l'égard de l'insécurité alimentaire et d'estimer les quantités d'aide nécessaires pour 2000", le FAO/PAM chiffrait les besoins d'aide de l'Ethiopie à 764 000 tonnes de vivres. En 1992, la communauté internationale a envoyé quatre millions de tonnes de nourriture en Afrique australe.

"Ces besoins d'importation accrus, signalait le rapport, devraient être presque entièrement couverts par l'aide alimentaire qui permettra de secourir 7,8 millions de personnes victimes de graves pénuries dues aux sécheresses, à l'engorgement et aux autres conséquences des intempéries" (lire le rapport spécial du 26 janvier 2000 de la mission FAO/PAM d'évaluation des récoltes et des disponibilités alimentaires en Ethiopie). Pour d'autres experts, 940 000 tonnes de nourriture seraient même nécessaires pour sauver l'Ethiopie de la disette.

Quoi qu'il en soit, sur le terrain, il faut attendre le mois d'avril pour voir - enfin - les premiers secours s'organiser. Pourquoi ? Les avis divergent. Certains évoquent la "distribution aléatoire", les lenteurs ou le manque de coordination. En face, le pouvoir éthiopien soupçonne la communauté internationale d'inertie : "Une fois de plus, déclare son premier ministre Zenawi, l'Occident se sera donc mobilisé sous la pression de son opinion publique, traumatisée par des images de... squelettes."

En réalité, la situation est hautement plus complexe. En guerre avec l'Erythrée, une province devenue autonome depuis 1993, l'Ethiopie a dépensé sans compter. En 1998, certaines sources diplomatiques affirment que ce conflit a coûté plus d'un million de dollars par jour ! Sans oublier les conséquences humaines : plus de 600 000 déplacés, des dizaines de milliers de soldats tués au front... De son côté, le secrétaire général des Nations unies, Kofi Annan, n'a pas hésité à déclarer que cette guerre fratricide a "exacerbé" le danger de famine dans la corne de l'Afrique.

Dans ce contexte donc, l'acheminement de l'aide occidentale, qui a véritablement débuté en avril, ne fut pas simple à organiser. Dans le désert de l'Ogaden, notamment, les organisations non gouvernementales (ONG) ont dû "composer" avec le mauvais état des pistes conjugué aux problèmes d'insécurité. En effet, dans cette zone à risques, les troupes rebelles du Front de libération de l'Ogaden (un groupe séparatiste bien ancré dans la région) ont perturbé les interventions humanitaires. D'août 1999 à avril 2000, on dénombre plus de vingt "accidents" dans la région dont un, particulièrement grave, qui coûta la vie à un chauffeur d'un convoi acheminé par l'organisation Médecins sans frontières.

En toile de fond se profile une économie classée parmi les plus pauvres du monde : le PIB par habitant de l'Ethiopie s'élevait, en 1998, à 102 dollars contre 339 pour l'Ouganda ou 342 pour le Kenya; plus de 60 % de sa population vit en dessous du seuil de la pauvreté; de un à cinq millions de personnes reçoivent, chaque année, une aide du gouvernement, des donateurs internationaux et des ONG pour atténuer les effets de la famine due à la sécheresse ou provoquée par l'homme.

C'est dire l'ampleur du drame : une nation frappée par les bouleversements climatiques, une guerre intestine atrocement coûteuse, une économie essentiellement agraire (le pays compte environ sept millions d'agriculteurs, nomades ou non), donc forcément dépendante des rendements saisonniers (eux-mêmes tributaires de la répartition des pluies) et une sécheresse récurrente. A ce propos, le premier ministre Zenawi déclarait lors du Symposium international sur les performances socio-économiques, en avril, à Addis-Abeba : "Les situations de sécheresse ne sont pas pour nous simplement un phénomène récurrent, mais plutôt une part de notre vie agricole normale..."

Voilà l'état actuel de l'Ethiopie, corne de l'Afrique ou corne de misère. Mais ce n'est pas tout, malheureusement. Frappée par la disette, cette région déshéritée vit un autre calvaire : le sida. Des bas-fonds d'Addis-Abeba à la zone dévastée par la guerre de la frontière avec l'Erythrée, un tableau tout aussi effrayant se dévoile : 2,6 millions de séropositifs, 840 000 orphelins du sida et un million de morts. Avec le Zimbabwe, le Botswana et la Namibie, l'Ethiopie figure en tête des pays infectés par le virus HIV. Une malédiction de plus !

L'eau est un bien vital qui fait défaut aujourd'hui à deux milliards de personnes dans le monde. En Ethiopie, elle est la condition essentielle de la survie parmi les réfugiés. △

L'effrayante réalité: les jours de cet enfant de deux ans, dans les bras de sa mère, sont inexorablement comptés. ▽

Pourquoi l'Afrique a faim

C'est à la fin des années 60 que l'opinion publique européenne fut bouleversée pour la première fois par les images de la détresse africaine. En mai 1967, les Biafrais de l'ethnie Ibo, de confession chrétienne, avaient tenté de faire sécession du Nigeria dont ils occupaient une vaste province. La réaction du gouvernement militaire de Lagos avait été d'une brutalité sans merci. Victimes d'un blocus économique impitoyable, quatre millions et demi de réfugiés s'étaient retrouvés encerclés, privés de vivres et de médicaments. Près de la moitié d'entre eux furent éliminés par une famine atroce. C'est pour leur porter assistance que l'organisation Médecins sans frontières vit le jour.

En plus des guerres civiles incessantes, l'Afrique a toujours payé également un lourd tribut aux conditions climatiques défavorables. De 1973 à 1975, la partie occidentale de l'Ethiopie, la région du Sahel, fut touchée par une sécheresse exceptionnelle qui provoqua des désastres parmi les populations nomades dont le cheptel fut anéanti.

Au manque d'eau, il faut ajouter l'action du vent. Chaque année, le Sahara, le plus grand désert du monde, arrache au sol et exporte de 60 à 200 millions de tonnes de poussières et de 10 à 20 millions de tonnes de sable, entamant ainsi largement les surfaces cultivables. Au cours des dernières années, la ligne verte de végétation a reculé de quelque 150 à 200 kilomètres plus au sud.

Dans le Sahel, cette zone semi-aride qui fait la transition entre le Sahara et la savane, les pluies ont été, de tout temps, violentes et irrégulières. C'est pour se protéger contre ces caprices du climat que les populations ont adopté la transhumance. Mais la balkanisation de l'Afrique, la monétarisation des rapports sociaux et l'extension des cultures de rente – le paysan cultive pour vendre et non plus pour se nourrir uniquement – ont rendu ces migrations très difficiles et la jachère quasi impossible.

D'autres famines se sont donc succédé, de plus en plus médiatisées par l'Occident. En 1983, au Mozambique, 100 000 personnes seraient mortes de faim. En Ethiopie où un million d'habitants dépendent de l'aide alimentaire, on a déploré 300 000 morts au cours des années 1984 et 1985, environ 800 000 morts pour l'ensemble de la corne de l'Afrique. Au Nigeria, 600 000 personnes ont été victimes de la sécheresse à la fin des années 80. Ce furent ensuite le Soudan et la Somalie qui nous ont apporté, tour à tour, des images d'une détresse indicible.

La lutte contre la faim dans le monde est animée, depuis la fin de la Seconde Guerre mondiale, par un organisme qui est rattaché à l'ONU : la FAO (Food and Agriculture Organisation) dont le siège est à Rome. La FAO s'efforce surtout d'augmenter la production de biens alimentaires dans les pays sous-développés grâce à l'assistance technique et à la diffusion de procédés modernes de culture.

Depuis vingt ans toutefois, plusieurs organisations non gouvernementales se sont mobilisées pour aider dans l'urgence et pour tenter de remédier à la situation dramatique qui menace de mort de nombreuses populations du continent noir, mais l'état archaïque des transports et la médiocrité des conditions d'acheminement rendent cette aide alimentaire très difficile à répartir. Et en attendant, l'Afrique a toujours faim !

Le Parlement européen autorise la culture des OGM

Le Parlement européen de Strasbourg a adopté, le 12 avril, une nouvelle directive relative aux organismes génétiquement modifiés (OGM) qui autorise leur culture, non sans avoir toutefois exigé certaines précautions. Les cultures transgéniques seront régulièrement soumises, par les autorités compétentes, à l'examen des risques qu'elles comportent pour l'environnement. Limitées à dix ans, les autorisations pourront être retirées si de nouvelles connaissances scientifiques le justifient. Enfin, l'étiquetage sera obligatoire à tous les stades de la mise sur le marché.

Le nouveau texte, qui avait été élaboré par la Commission européenne en 1998, remplace une directive de 1990 prise à une époque où les OGM n'en étaient qu'à leurs balbutiements et où ils n'étaient pas encore commercialisés à l'échelle mondiale. Dans l'ensemble, les groupes industriels se sont montrés satisfaits de ce vote en faveur duquel la nouvelle majorité de droite du Parlement européen a joué un rôle important, mais les écologistes et les mouvements qui se réclament de la protection de l'environnement auraient souhaité des contrôles bien plus sévères. Le débat reste donc largement ouvert au sein de l'opinion publique, généralement très réticente à l'égard de ces nouvelles technologies appliquées à l'agriculture dont elle ne perçoit pas l'intérêt.

Trois amendements qui n'ont pas été retenus

Les adversaires des OGM espéraient obtenir trois mesures qui n'ont finalement pas été prises en considération. Ils voulaient interdire les organismes contenant des gènes résistant aux antibiotiques, vestiges de la première génération des OGM, car le risque sur le plan thérapeutique est réel et a d'ailleurs été mesuré scientifiquement. Ils n'ont pas obtenu satisfaction. Les raisons en sont que l'industrie agroalimentaire ne dispose pas de produits de substitution et que les pertes auraient été considérables pour les grandes firmes.

La deuxième mesure visait à rendre civilement responsables ces entreprises "pour tous les risques et dommages qui concernent la santé publique et la protection de l'environnement". Elle n'a pas été retenue sous le prétexte que, dans l'état actuel, on ne sait pas exactement quels seront les effets indirects de ces cultures. Bien entendu, ce point avait aussi un aspect politique. Certains mouvements dont l'expression se fait de plus en plus énergique – on se souvient de Seattle en 1999 – ne cachent pas leurs craintes de voir la flore et la faune de la planète devenir la propriété de quelques puissantes multinationales. Ils n'ont pas été entendus à Strasbourg où l'ont emporté les partisans de la libre concurrence et de la libéralisation des marchés.

Depuis plusieurs années, les grandes multinationales travaillent en laboratoire à la modification génétique de certaines plantes. Parmi la première génération des OGM arrivés sur le marché figuraient les plantes résistant aux herbicides. ▽

Enfin, la troisième mesure entendait imposer un efficace réseau de protection vis-à-vis des plantes issues de cultures traditionnelles et non génétiquement modifiées. Une énorme abeille, symbole de ce phénomène naturel de l'intercommunication entre les végétaux, avait même été installée par les Amis de la Terre dans la cour du Parlement de Strasbourg. La majorité des députés n'y ont prêté qu'une attention distraite, se disant que c'était le prix à payer au progrès. Tout comme pour le nucléaire...

OGM : 40 millions d'hectares dans le monde

Aujourd'hui, l'agriculture européenne demeure encore généralement allergique à la culture de plantes génétiquement modifiées. Les dernières statistiques, qui remontent à 1999, estiment que, sans compter la Chine, 40 millions d'hectares dans le monde sont plantés d'OGM, dont les trois quarts sont localisés aux Etats-Unis. Viennent ensuite l'Argentine, le Canada, le Mexique et l'Afrique du Sud. Mais le marché européen, s'il s'ouvre définitivement, pourrait représenter un

Qu'est-ce qu'un OGM ?

Un organisme génétiquement modifié (OGM) est un organisme vivant dont on a modifié le patrimoine génétique en y insérant un ou plusieurs gènes issus d'un autre organisme vivant. Cette transgenèse permet de transférer des gènes d'une espèce à une autre, par exemple des gènes d'une bactérie à une plante.

En agriculture, les premiers produits commercialisés, mis sur le marché aux Etats-Unis en 1995, contenaient des gènes de résistance à des herbicides et des pesticides. En présence de ces produits, toutes les mauvaises herbes disparaissent, permettant à la plante cultivée, généralement le soja et le maïs, de se développer dans les meilleures conditions. Afin de vérifier la présence du gène désiré dans la plante traitée, on introduit aussi des gènes marqueurs qui sont souvent des gènes de résistance à certains antibiotiques. Une autre innovation biotechnologique est constituée par la mise au point de plantes résistant aux agressions des insecticides. Le maïs ainsi traité est capable de se protéger contre les chenilles de lépidoptères.

Les plantes transgéniques améliorent sans aucun doute le rendement des cultures et permettent d'éliminer plusieurs étapes polluantes, d'où l'intérêt que leur ont accordé aussitôt les grands groupes agrochimiques (les américains Monsanto, DuPont et Dow, le suisse Novartis, l'allemand Agevo, le britannique Zeneca et le français Rhône-Poulenc-Agro), mais elles ne paraissent pas sans risques.

Les gènes introduits dans les OGM pourraient se transmettre à d'autres plantes. Les gènes de résistance aux antibiotiques accroîtraient la capacité des organismes infectieux à survivre aux antibiotiques, entraînant ainsi un grave problème médical. Enfin, sur le plan écologique, en renforçant la résistance aux pesticides, la transmission de ces gènes risque de favoriser d'autres plantes que celles cultivées.

Par ailleurs, nul n'est en mesure de nier que les OGM ont aussi des avantages. Ils permettent d'augmenter considérablement la productivité des espèces modifiées et ils peuvent ainsi contribuer à répondre aux besoins alimentaires d'une population planétaire qui dépasse déjà les six milliards d'êtres humains.

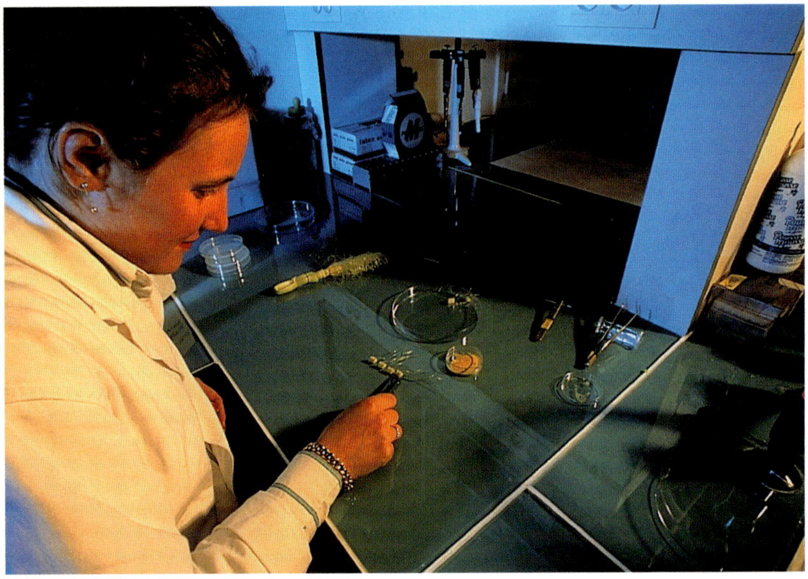

A l'école normale supérieure de Lyon, une scientifique se penche sur la fécondation in vitro du maïs. Avec le soja, le maïs a fait l'objet de recherches particulières pour résister à un insecte ravageur, la pyrale. △

potentiel de plusieurs milliards de dollars par an. Aux Etats-Unis, le chiffre d'affaires des produits transgéniques destinés à l'agriculture et à l'alimentation dépasse les 4 milliards de dollars (plus de 175 milliards de francs) et il devrait passer en cinq ans à 20 milliards de dollars. Mais l'objectif des géants américains de l'agrochimie va bien au-delà du marché agricole qui pèse de toute façon beaucoup moins lourd que le marché pharmaceutique, en continuelle croissance au cours des dernières années. Là, la bataille s'annonce encore plus impitoyable.

Les étonnants progrès de la biotechnologie associés à ceux de l'informatique et aux manipulations de plus en plus sophistiquées des praticiens de la procréation sont décidément en train de bouleverser notre rapport avec le vivant. Le débat est fondamental pour l'avenir de l'espèce humaine.

Après deux siècles, l'énigme Louis XVII résolue par l'ADN

L'enfant de dix ans, mort dans la prison du Temple, à Paris, le 8 juin 1795, était bien le petit Louis XVII. L'une des énigmes les plus troublantes de l'histoire de France a été définitivement résolue par la science moderne. Après quatre mois d'études, les spécialistes de génétique humaine, le professeur Jean-Jacques Cassiman de l'Université catholique de Louvain et le directeur de l'institut de médecine légale de Münster Bernd Brinkmann, ont rendu leur verdict, le 21 avril, à Paris: les analyses de l'ADN mitochondrial du cœur de cet enfant sont identiques à celles de la reine Marie-Antoinette. L'affaire Louis XVII aura duré plus de deux siècles!

Né le 27 mars 1785, le petit Louis-Charles n'a que quatre ans quand il devient Dauphin de France à la mort de son frère aîné, Louis-Joseph. On est en juin 1789. Un mois plus tard, Paris est la proie de l'émeute et la foule s'empare de la Bastille. C'est le début de la Révolution française.

Le cœur momifié du Dauphin avait été remis en 1975 au duc de Bauffremont, président du Mémorial de France à Saint-Denis. C'est lui qui en a autorisé l'analyse par l'ADN. ▽

Pendant deux siècles, le destin tragique de cet enfant a ému l'opinion publique. On est certain désormais que le petit Louis XVII est mort dans la prison du Temple deux ans après que ses parents eurent été guillotinés. △

Après une tentative de fuite avortée, la famille royale est incarcérée au Temple en août 1792. Louis XVI est condamné à mort et décapité le 21 janvier 1793. Le 16 octobre de la même année, Marie-Antoinette monte à son tour sur l'échafaud.

Qu'est devenu l'orphelin après la mort tragique de ses parents ? Officiellement, il est mort de tuberculose le 8 juin 1795. L'acte de décès a été dressé le 24 prairial de l'an III (12 juin 1795). Mais n'avait-on pas substitué au petit prisonnier un enfant du même âge et Louis XVII n'aurait-il pas poursuivi sa vie à l'étranger ? Pendant toute la première moitié du XIXe siècle, des dizaines de prétendus Dauphins surgiront. Sans toutefois vraiment convaincre les légitimistes...

Il ne restait à ceux-ci qu'un symbole : le cœur de l'enfant royal. Lors de l'autopsie, l'un des quatre médecins, le docteur Pelletan, avait prélevé l'organe, le roulant dans du son et l'enveloppant dans un mouchoir. Rentré chez lui, il l'avait plongé dans un vase rempli d'alcool éthylique. La relique fut d'abord déposée à l'archevêché de Paris, puis au terme d'une succession d'héritages, elle aboutit, cent ans plus tard, entre les mains de don Carlos, duc de Madrid et prétendant au trône de France. Ce sont ses petites-filles qui, en 1975, le firent placer dans la nécropole des rois, à Saint-Denis.

C'est là que des médecins biologistes furent autorisés, le 15 décembre 1999, à découper à la scie des morceaux de l'organe momifié, devenu dur comme un bout de bois. Il fallut ensuite retrouver les empreintes génétiques de Marie-Antoinette. On utilisa des mèches de cheveux de la reine et de deux de ses sœurs. Toutes ces données furent également confrontées à celles obtenues sur des descendants encore en vie de l'impératrice d'Autriche Marie-Thérèse, grand-mère de l'enfant..

Particulièrement rigoureux, les tests effectués dans les laboratoires belge et allemand ont chassé les derniers doutes : le prisonnier du Temple était bien le fils de l'infortunée Marie-Antoinette. Les empreintes génétiques, ces "codes-barres" qui s'appuient sur l'analyse de petits fragments d'ADN si polymorphes qu'ils forment une véritable carte d'identité biologique, l'ont confirmé avec un risque d'erreur pratiquement nul : une sur plus de six milliards. En 1998, l'ADN avait déjà permis d'identifier les corps de la famille impériale russe, enterrés dans une fosse commune de la forêt d'Ekaterinbourg en 1917.

Le vingt-cinquième titre d'Anderlecht

Les joueurs d'Anderlecht ont fêté le vingt-cinquième titre de leur club, le 21 avril, avant même d'affronter le RC Genk à l'occasion de la trente-deuxième journée du championnat de Belgique. La défaite du FC Brugeois au Lierse leur a permis de sabler le champagne dans leur retraite de Grimbergen où ils préparaient ce déplacement en terre limbourgeoise. Ils devaient y rencontrer (et battre) le champion sortant. En vérité toutefois, il y avait plusieurs semaines que personne ne doutait de leur victoire finale.

Très vite, en effet, grâce à trois succès d'affilée, les Mauves d'Aimé Anthuenis prirent le commandement et, sans le match remis à Bruges pour des raisons de sécurité, lors de la cinquième journée, ils eussent peut-être compté plus rapidement une avance décisive. Le 22 janvier, en tout cas, après la victoire sur le Lierse, l'écart était déjà monté à huit points et, pour tous les spécialistes, la cause était entendue...

En fin de compétition, le Sporting se déconcentra parfois, comme en témoignent son humiliante défaite à Westerlo (5-0) et son étonnant faux pas devant La Gantoise (1-2), mais le titre ne fut pas vraiment remis en balance. Le FC Brugeois manquait de constance malgré quelques bonnes performances à la fin de l'hiver et le Standard craqua d'une pièce après avoir gagné dix matches de suite.

Il est permis d'affirmer qu'Anderlecht a dominé le football de l'après-guerre comme aucun autre club. Il remporta son premier titre en 1947, il fut ensuite champion cinq fois consécutivement de 1963 à 1968 et il connut la grande consécration internationale sous la présidence de Constant Vanden Stock, inscrivant trois fois son nom au palmarès d'une coupe européenne (Coupe des coupes en 1976 et 1978, coupe de l'UEFA en 1983).

Ce titre 1999-2000, qui a été obtenu après cinq années creuses, est le premier du nouveau président Roger Vanden Stock, mais il est le deuxième d'affilée pour l'entraîneur Aimé Anthuenis qui avait également conduit Genk à la victoire un an plus tôt.

Moins heureux en coupe de Belgique, le Sporting a été éliminé à la surprise générale, dès les trente-deuxièmes de finale, par l'équipe de division II, Ingelmunster. En coupe de l'UEFA, les Mauves ont aussi quelque peu déçu, éliminés sans discussion en seizièmes de finale par Bologne, en raison surtout d'une fin de partie malheureuse au match aller.

En fêtant ce vingt-cinquième titre, Anderlecht a par ailleurs tourné une page de son histoire. C'était la dernière saison, en effet, d'Enzo Scifo sous le maillot mauve. Révélé au parc Astrid, l'ancien capitaine des Diables rouges a connu une carrière en dents de scie, passant par plusieurs grandes équipes européennes, l'Inter, Bordeaux, Auxerre, Torino et Monaco, avant de revenir dans le club de ses débuts professionnels. Les supporters anderlechtois lui ont fait des adieux émouvants.

Vingt-cinquième titre de champion pour Anderlecht. Les Mauves sont réunis autour de leur nouveau capitaine, Lorenzo Staelens, pour la traditionnelle photo-souvenir. Après cinq années creuses, ils ont dominé la compétition nationale. Ils étaient déjà assurés de la victoire finale avant de disputer la trente-deuxième journée. △

AICHA BAH DIALLO

Ancien ministre de l'Education de Guinée, directrice de l'Education de base à l'Unesco.

Le Forum de Dakar consacré à l'éducation

Artis-Historia : En 1990, lors de la conférence de Jomtien, en Thaïlande, la communauté internationale s'était fixé comme but de voir tous les enfants du monde accéder à une éducation de base en 2000. On en est loin. Selon les estimations de l'Unesco, il y a actuellement 875 millions d'analphabètes, dont une majorité de femmes, sur les 6 milliards d'habitants de la planète. Pourquoi ?

Aïcha Bah Diallo : Il est difficile de donner une réponse globale à cette question à cause de la diversité des contextes. La situation varie selon les régions et les pays et, à l'intérieur des pays, selon les zones considérées, urbaines ou rurales, quartiers aisés ou poches de pauvreté. Mais il existe une combinaison de facteurs défavorables parmi lesquels la pauvreté, le manque d'une réelle volonté politique, des lacunes dans la formation des enseignants, des insuffisances dans les méthodes pédagogiques et dans les infrastructures scolaires, l'accès dérisoire aux nouvelles technologies de l'information et de la communication, etc. Le facteur le plus déterminant toutefois reste la pauvreté qui constitue, dans bien des pays, le principal frein à la scolarisation universelle.

A.-H. : La situation s'est améliorée en Amérique latine et en Asie de l'Est, mais l'Afrique subsaharienne et l'Asie du Sud restent, en revanche, très en retard. Que faudrait-il faire pour y remédier ?

A.B.D.: Parmi les problèmes rencontrés en Afrique subsaharienne et en Asie du Sud figurent la forte poussée démographique, l'urbanisation accélérée et l'exode massif vers les villes, des transitions économiques difficiles, un accroissement sensible de la dette extérieure, la mauvaise gouvernance dans de nombeux pays, de multiples conflits armés, la pandémie du sida et, enfin, une culture et une économie mondiales qui tendent à marginaliser ces deux régions. Pourtant, il faut noter que des progrès extraordinaires ont pu être accomplis dans les années 90. En Afrique subsaharienne, par exemple, malgré toutes ces difficultés, le taux de scolarisation des garçons a progressé de 9% et celui des filles de 7% entre 1990 et 1998. Pour que de tels résultats puissent continuer, il faut développer une réelle vision au niveau national et international.

A.-H. : Sachant que le taux d'alphabétisation global est de 85% pour les hommes et de 74% pour les femmes, quelles mesures pourrait-on envisager pour réduire la grande inégalité entre filles et garçons dans l'accès à l'éducation ?

A.B.D.: Les disparités entre les sexes en matière d'éducation sont souvent dues à des raisons culturelles et économiques. Dans certaines sociétés où les activités économiques et sociales sont encore fondamentalement discriminées en fonction des genres, la fille est toujours perçue comme une future mère et préparée, en conséquence, au rôle d'épouse et de maîtresse de maison. Au même moment, le garçon est préparé à assumer des fonctions extérieures au domicile, telles que celles relatives aux grands travaux champêtres, à la chasse, à la pêche en hautes eaux, à la protection du terroir, etc. L'effet de cette discrimination à caractère traditionnel est de voir plus fréquemment la fille rester au domicile alors que le garçon fréquente l'école. Pour changer cette tendance, il est nécessaire d'avoir une approche liée aux Droits de l'Homme. En effet, ceux-ci stipulent clairement que l'"éducation est un droit fondamental". Or, actuellement les deux tiers des enfants n'ayant pas accès à l'école sont des filles.

A.-H. : Peut-on évaluer l'effort financier qui devrait être consenti par les pays et les organismes donateurs pour atteindre l'universalisme de l'alphabétisation?

A.B.D. : En dehors des pays nordiques, la plupart des bailleurs de fonds n'ont pas respecté les engagements pris à Jomtien en 1990, à savoir consacrer 0,7% de leur PNB à l'aide internationale pour le développement dont 20% reviendraient aux secteurs sociaux. L'aide internationale a plutôt diminué en valeur. A titre d'illustration, l'aide de la Banque mondiale est passée de 1487 millions de dollars à 880 millions pendant la période 1990-1997. Au même moment l'aide bilatérale se réduisait de 3,64 à 3,55 milliards de dollars. Le chiffre de 8 milliards de dollars par an pendant une décennie a été avancé pour réaliser l'éducation pour tous d'ici à 2015. Cette somme représente à peine quatre jours de dépenses militaires des pays industrialisés!

A.-H. : Le Forum de Dakar a reculé de quinze ans la promesse de réaliser l'éducation pour tous. N'est-ce qu'un vœu pieux?

A.B.D. : Les vœux formulés à Dakar sont, au contraire, parfaitement réalisables pour peu que la communauté internationale se donne les moyens de tenir ses promesses. Ceci implique une volonté politique au niveau des gouvernements et la mise en œuvre d'actions concrètes. Or, à Dakar, il a été affirmé qu'"aucun pays, qui a pris un engagement sérieux en faveur de l'éducation de base, ne verra ses efforts contrariés par le manque de ressources".

MAI

CHRONOLOGIE

DOSSIERS

L'AVIS D'UN EXPERT

Depuis près d'un demi-siècle, le concours Reine Elisabeth constitue l'un des événements majeurs de la saison musicale en Belgique. En 2000, il était consacré pour la quatrième fois au chant. Cinquante concurrents du monde entier participèrent aux épreuves.

Lu	Ma	Me	Je	Ve	Sa	Di
1	2	3	4	5	6	7
8	9	10	11	12	13	14
15	16	17	18	19	20	21
22	23	24	25	26	27	28
29	30	31				

MONDE

3

* ALGERIE - Après avoir dressé un faux barrage près de Médéa, à quelques dizaines de kilomètres d'Alger, des terroristes ouvrent le feu sur les passagers d'un bus qu'ils incendient ensuite. Vingt-trois civils périssent dans cet attentat, la plupart brûlés vifs.

4

* ANGLETERRE - Ken Livingstone est élu maire de Londres. L'ancien député travailliste, devenu candidat indépendant à la suite de son différend avec Tony Blair, a obtenu les suffrages de 49% des cinq millions d'électeurs londoniens. Dans le reste de l'Angleterre, le Labour perd 600 sièges de conseillers municipaux.

5

* TURQUIE - Le juge Ahmet Necdet Sezer, considéré comme un démocrate, mais sans expérience politique, est élu président de la République au troisième tour de scrutin.

7

* PAYS BASQUE - Le journaliste de "El Mundo" José Luis Lopez de la Calle est assassiné, à Andoain, par un commando de l'ETA. L'émotion est profonde dans toute l'Espagne. Le premier ministre José Maria Aznar demande la tenue d'élections anticipées au Pays basque.

* RUSSIE - Vladimir Poutine est officiellement investi président de la fédération de Russie. Il nomme au poste de premier ministre Mikhaïl Kassianov, un spécialiste des questions financières.

8

* SIERRA LEONE - L'armée britannique entame les opérations d'évacuation des ressortissants étrangers alors que la guerre civile fait à nouveau rage. Cinq cents Casques bleus sont détenus par les rebelles du Front révolutionnaire uni (RUF) qui ont tiré sur la foule, à Freetown, tuant seize personnes. page 70

11

* INGOUCHIE - Plusieurs dizaines de militaires russes sont massacrés par la guérilla tchétchène infiltrée sur le

Après vingt-deux ans, l'armée israélienne quitte le Liban Sud

L'armée israélienne se retire dans une certaine précipitation, le 24 mai, de la zone qu'elle occupait depuis 1978 au sud du Liban. Cette évacuation avait été fixée au 7 juillet, mais le premier ministre israélien a été contraint d'accélérer les opérations de retrait en raison de la débandade de l'Armée du Liban Sud, milice pro-israélienne, dont les hommes avaient déposé les armes pour se réfugier à l'intérieur des frontières de l'Etat hébreu. Les combattants du Hezbollah ont aussitôt occupé les territoires (une bande de 850 km²) abandonnés par Tsahal. (Notre photo : des partisans sur un char israélien.)

C'est le 14 mars 1978, après une attaque d'un commando palestinien venu du Liban, que 25 000 soldats israéliens avaient envahi cette zone. Quelques jours plus tard, le Conseil de Sécurité de l'ONU votait la résolution 425 qui imposait à Israël un retrait immédiat, mais qui allait rester lettre morte.

La "zone de sécurité" du Liban Sud, perpétuellement troublée par des actes de guerre, était devenue un cauchemar pour Israël qui y a perdu environ 1200 hommes en vingt-deux ans. En accédant au pouvoir en mai 1999, Ehoud Barak avait promis un retrait des troupes israéliennes.

territoire de la république voisine d'Ingouchie. Les informations concernant les victimes apparaissent contradictoires, quarante selon les indépendantistes, dix-huit selon le porte-parole du Kremlin.

12

* EUROPE - Dans un discours prononcé à l'université de Humboldt de Berlin, le ministre allemand des Affaires étrangères, Joschka Fischer, lance l'idée d'une Europe fédérale, dotée d'une Constitution, d'un gouvernement et d'un parlement. **page 76**

* ETHIOPIE-ERYTHREE - Après plusieurs mois de trêve, les combats reprennent entre les deux pays de la Corne de l'Afrique qui se disputent une zone frontalière de quelques kilomètres carrés.

15

* PROCHE-ORIENT - De violents affrontements opposent, en Cisjordanie et dans la bande de Gaza, l'armée israélienne à des Palestiniens dont des policiers. Le bilan est de cinq morts.

* GRECE - Afin de gommer le dernier point de désaccord avec les autres capitales européennes, le gouvernement accepte de supprimer la mention de la religion, jusque-là obligatoire, sur les cartes d'identité nationales.

17

* SIERRA LEONE - Foday Sankoh, le chef de la rébellion, considéré comme le principal responsable de la guerre civile, est arrêté à Freetown et consigné aux forces britanniques. **page 70**

21

* SUISSE - Les sept accords sectoriels bilatéraux avec l'Union européenne sont largement approuvés par référendum. L'une des conséquences de ce vote est la confirmation de l'accord conclu entre SairGroup (Swissair) et l'Etat belge.

* ITALIE - Les électeurs boudent les référendums sur plusieurs projets de réforme de la Constitution, dont celui du système électoral. Le quorum n'ayant pas été atteint (32% de participation seulement), le scrutin est annulé. Le leader de l'opposition Silvio Berlusconi réclame des élections anticipées.

23

* BELGIQUE-AUTRICHE - Le ministre des Affaires étrangères belge, Louis Michel, reçoit à Bruxelles deux des chefs de l'opposition autrichienne, Alfred Gusenbauer, leader du Parti social-démocrate, et Christian Köck, leader du Forum libéral.

24

* SIERRA LEONE - Deux journalistes, l'Américain Kurt Schork et l'Espagnol Miguel Gil Moreno, sont tués dans une embuscade tendue par les rebelles. **page 70**

28

* ISRAEL - Le président Ezer Weizman, compromis dans un scandale financier, annonce qu'il quittera ses fonctions le 10 juillet.

* PEROU - Alberto Fujimori est élu pour la troisième fois consécutive à la présidence, mais la validité du scrutin est vivement contestée.

29

* IRLANDE DU NORD - Tenant compte des promesses de désarmement de l'IRA, David Trimble, président du parti unioniste, accepte de reprendre sa place à la tête du gouvernement autonome biconfessionnel suspendu par Londres le 11 février.

<u>Londres inaugure un musée d'art moderne et international : la Tate Modern</u>

Inaugurée le 11 mai par la reine Elisabeth, la nouvelle "Tate Modern" ouvre aussitôt ses portes à des dizaines de milliers de visiteurs qui se précipitent, dès les premiers jours, dans ce musée d'art moderne et contemporain, installé dans un monument de l'industrie, la centrale électrique de Bankside, sur les bords de la Tamise.

En vérité, la vénérable "Tate Gallery" s'est scindée en deux. L'opération avait été préparée pendant près de dix ans par les architectes suisses Jacques Herzog et Pierre de Meuron, chargés de reconvertir l'ancienne usine en un musée aux vastes espaces et au confort moderne. De l'avis unanime, c'est une réussite. Le coût de l'opération a été, il est vrai, énorme : 135 millions de livres, soit plus de 9 milliards de francs.

La "Tate Modern" abrite désormais les collections internationales du XXe siècle, de Duchamp à Tony Cragg, de Picasso à Pollock, de Matisse à Marlène Dumas, de Mondrian à Dan Flavin, au total environ six cents œuvres. Mais des espaces sont déjà prévus pour le XXIe siècle.

BELGIQUE

2
* COMMISSION LUMUMBA - La commission parlementaire chargée de faire la lumière sur l'assassinat de l'ancien premier ministre congolais en janvier 1961 entame ses travaux sous la présidence de Geert Vernisck (VLD). Elle se donne un an pour tenter d'établir la vérité.

27
* FDF - Olivier Maingain est réélu pour la deuxième fois à la présidence du parti qu'il dirige depuis 1995.

31
* PRINCE LAURENT - Sénateur de droit, le prince Laurent prête serment et prononce un discours qualifié d'"arc-en-ciel" où il aborde ses thèmes préférés : l'écologie, le social et l'économie.

ÉCONOMIE

3
* EURO - Malgré les mesures prises par la Banque centrale européenne, l'euro dégringole encore : il ne vaut plus que 0,894 dollar.
* NOUVELLE FUSION EN BOURSE - Après l'alliance des Bourses de Bruxelles, Paris et Amsterdam regroupées sous le nom d'Euronext, la London Stock Exchange (Londres) et la Deutsche Börse (Francfort) annoncent également leur intention de fusionner. La nouvelle société, de droit britannique, sera baptisée "iX" et disposera d'une capitalisation de 4500 milliards d'euros.

9
* ROVER - BMW reconnaît la vente de Rovers Cars, filiale britannique du groupe automobile allemand, pour la somme symbolique de 10 livres sterling, soit environ 600 francs belges. Le but de l'acheteur, le consortium britannique Phoenix, est d'éviter la perte de milliers d'emplois à l'usine de Birmingham.

18
* PRIX DE L'ESSENCE - Pris dans une véritable spirale, les carburants coûtent de plus en plus cher. La super sans plomb 95 vaut désormais 44,40 francs.

19
* DEXIA BANQUE - Les regroupements et les restructurations se succèdent dans le secteur bancaire. Le Crédit Communal de Belgique devient la Dexia Banque. "Jef", le soldat de la milice municipale du Moyen Age, qui servit d'emblème au Crédit Communal pendant un demi-siècle, a été sacrifié sur l'autel de la rénovation.

23
* AVIATION - La première compagnie aérienne américaine, United Airlines (UAL), rachète sa concurrente US Airways pour 11,6 milliards de dollars, soit 510 milliards de francs. La nouvelle compagnie assurera 6500 vols par jour.

Un milliard d'Indiens

Le sixième de l'humanité est indien. Le 12 octobre 1999, les démographes de l'ONU annonçaient que notre planète comptait désormais 6 milliards d'êtres humains. Selon les autorités de New Delhi, le milliardième habitant de l'Inde est né, le 11 mai, dans un hôpital de la capitale. C'est une petite fille qui se nomme Astha, ce qui signie "foi" en langue hindoue. Elle est née dans une famille pauvre où le père gagne l'équivalent de 2000 francs par mois.

L'Inde est le deuxième pays le plus peuplé du monde après la Chine. Sa démographie est explosive. En 1952, elle ne comptait que 360 millions d'habitants. Le choix de la petite Astha est d'ailleurs tout à fait arbitraire. Ce 11 mai, 42 000 autres bébés indiens sont nés également.

SOCIÉTÉ

1
* ANTIMONDIALISATION - La traditionnelle célébration du 1er mai est perturbée dans plusieurs villes européennes par le mouvement antimondialisation. Les manifestations les plus violentes ont lieu à Londres et à Zurich. A Rome, les syndicats acceptent de placer cette fête symbolique sous le signe de l'Eglise et du jubilé des travailleurs.

3
* LOCKERBIE - Le procès des deux Libyens, Amine Khalifa Fhimah et Abdel Basset Ali al-Megrabi, accusés d'avoir perpétré l'attentat contre le Boeing 747 de la Pan Am qui s'est désintégré au sud du village écossais de Lockerbie le 21 décembre 1988, causant la mort de 270 personnes, s'ouvre près de La Haye, aux Pays-Bas.

9
* PRISE D'OTAGES AUX PHILIPPINES - Javier Solana, le haut représentant de l'Union européenne pour la politique extérieure, débarque à Manille pour tenter de trouver une solution pacifique à la prise des 21 otages, dont 7 ressortissants de l'UE, détenus par le groupe Abu Sayyaf depuis le 24 avril.

13
* BEATIFICATION - A Fatima, le pape béatifie Jacinta et Francisco, deux des trois témoins de l'apparition de la Vierge en 1917. Il s'entretient ensuite avec la sœur carmélite Lucia, dernier témoin survivant.

14
* ARMES A FEU - A l'occasion de la fête des mères, un million de femmes manifestent dans septante villes des Etats-Unis pour réclamer des mesures de contrôle des armes à feu. A Washington, cinq cent mille personnes défilent devant la Maison-Blanche. Chaque jour, en

Dramatique explosion à Enschede

Il est 15 heures, le samedi 13 mai, lorsque les pompiers d'Enschede, petite ville de l'est des Pays-Bas, reçoivent une alerte au feu sur le terrain de la firme SE Fireworks, une société de spectacles pyrotechniques. Plusieurs déflagrations déchirent le ciel, dont l'une plus forte que les autres. L'entrepôt de feux d'artifice explose en détruisant des centaines de maisons aux alentours. Le chaos est complet quand les secours arrivent (notre photo).

Une semaine après la tragédie, les autorités néerlandaises font état d'un bilan de dix-huit morts et de quatre disparus ainsi que de vingt blessés graves, toujours hospitalisés.

La presse n'a pas manqué de se poser des questions sur les responsabilités de ce drame. "Personne ne semblait au courant de l'existence du dépôt, a noté le "Volkskrant". Les riverains et une bonne partie du conseil municipal croyaient qu'il abritait de vieux papiers." Les deux propriétaires-gérants du dépôt se sont livrés à la police.

moyenne, treize enfants sont tués par balles aux Etats-Unis.

28
* TEMPETE - La Belgique est balayée par des vents violents dont certaines rafales dépassent les 100 km/heure, causant de nombreux accidents de la route et d'importants dégâts. Près de Gand, une jeune femme est tuée à la suite de la sortie de route de sa voiture, poussée par le vent.

SCIENCES ET TECHNIQUES

4
* VIRUS INFORMATIQUE - Des centaines de milliers d'ordinateurs sont infectés par le virus "ILOVEYOU". Lancé depuis les Philippines, celui-ci s'est propagé comme une traînée de poudre, contaminant le courrier électronique de nombreuses entreprises. La Belgique n'a pas été épargnée. L'ensemble des dégâts causés dans le monde est estimé à près de 5 milliards de dollars. **page 72**

CULTURE

8
* THEATRE - A l'Opéra-Comique de Paris, l'acteur belge Christian Hecq reçoit le Molière de la Révélation masculine pour son interprétation dans "La main passe" de Feydeau au théâtre Comedia.

13
* EUROVISION - A Stockholm, le Danemark remporte le concours Eurovision de la chanson avec "Fly on the Wings of Love", interprété par les deux frères Olsen. La candidate belge, Nathalie Sorce, s'est classée à la dernière place.

20
* CINEMA - Au Festival de Cannes, la Palme d'Or est attribuée au film danois "Dancer in the Dark" du réalisateur Lars von Trier qui l'avait déjà remportée avec "Breaking the Waves". La chanteuse islandaise Björk, vedette de cette comédie musicale, obtient le prix d'interprétation féminine.

27
* MUSIQUE - La contralto canadienne Marie-Nicole Lemieux remporte le concours Reine Elisabeth qui était consacré au chant. **page 75**

SPORTS

14
* FOOTBALL - Le RC Genk remporte pour la deuxième fois la coupe de Belgique en battant le Standard par 4-1. Le club limbourgeois avait déjà enlevé l'épreuve en 1998 aux dépens du FC Brugeois. Entre-temps, il avait été sacré champion de Belgique.

24
* FOOTBALL - A Paris, le Real Madrid s'impose en finale de la Ligue des Champions, battant Valence par 3-0. Les buts ont été marqués par Morientes, McManaman et Raul.

Les "diamants du sang" plongent la Sierra Leone dans le chaos

Les rebelles du RUF font régner la terreur dans les villages qu'ils contrôlent. La guerre civile en Sierra Leone est l'une des plus cruelles du continent africain. △

Depuis 1991, la Sierra Leone a été continuellement déchirée par une sanglante guerre civile qui a fait vingt mille morts et poussé à l'exode la moitié de sa population (4,5 millions d'habitants). Souvent ignoré, ce conflit ne fut pas moins cruel que les autres guerres qui ont meurtri les populations du continent noir : exactions contre les civils, embrigadement de force d'enfants et d'adolescents, viols, mutilations volontaires...

C'est dans l'espoir de mettre fin à ces horreurs que le président élu Ahmad Tejan Kabbah, se voulant pragmatique, accepta en 1999 de s'entendre avec le chef rebelle Foday Sankoh, condamné à mort un an plus tôt. En échange d'une promesse de désarmement du RUF, ce redoutable criminel de guerre fut même élevé au poste de vice-président. L'accord, conclu sous l'égide de l'ONU, témoignait malheureusement d'une coupable naïveté. Foday Sankoh entendait s'emparer d'un pouvoir sans partage et contrôler ainsi les importantes richesses minières du pays, la bauxite, le titane et sur-

L'accord de paix, signé à Lomé en juillet 1999, n'a pas tenu un an. La Sierra Leone a sombré à nouveau dans le chaos au mois de mai. Alors que cinq cents Casques bleus appartenant à la Minusil étaient pris en otages par les rebelles du Front révolutionnaire uni (RUF), l'armée britannique organisait l'évacuation des ressortissants étrangers. C'était un nouvel échec pour les Nations unies qui avaient confié les opérations de maintien de la paix à une force de huit mille hommes, mal préparés et mal équipés, provenant de sept pays du tiers-monde.

Comme le Liberia, son voisin, la Sierra Leone, petit pays d'Afrique occidentale sur l'océan Atlantique, fut créée à la fin du XVIIIe siècle par les Anglais pour y réinstaller des esclaves affranchis d'Amérique du Nord. En 1961, elle accédait à l'indépendance sans parvenir, en dépit de multiples changements de régime, à instaurer une véritable démocratie.

Des militaires britanniques participent à l'évacuation de civils sénégalais. ▽

tout le diamant dont la Sierra Leone, malgré l'étroitesse de son territoire, est le dixième producteur mondial, pour une valeur de 70 millions de dollars par an.

Le trafic du diamant est devenu l'une des plaies de l'Afrique qui alimente la guerre non seulement en Sierra Leone, mais en Angola et en République démocratique du Congo, respectivement quatrième et septième producteurs mondiaux. Car le diamant, élément extrêmement facile à frauder, attire les économies mafieuses et suscite la convoitise de nombreuses bandes armées pour qui les exactions et les meurtres font partie du quotidien. Ces "diamants du sang", comme on appelle ces pierres maudites, leur permettent d'acheter du carburant et des armes, souvent en provenance d'Europe de l'Est.

Une partie importante des "diamants sales" aboutit d'ailleurs à Anvers, premier centre mondial de commercialisation des pierres précieuses. Au cours des dernières années, la Belgique a été l'objet de vives critiques pour son laxisme en matière de contrôle sur les importations, mais les autorités anversoises affirment qu'il n'existe aucun moyen scientifique qui certifierait l'origine d'un diamant brut. En plus, il est pratiquement impossible de séparer la production officielle d'un pays de celle provenant des zones tenues par les rebelles. L'arrestation le 17 mai de Foday Sankoh, qui s'était réfugié dans les collines de Freetown, la capitale de la Sierra Leone, a porté un coup dur au RUF. Cet ancien caporal de l'armée britannique, qui cache sous l'apparence d'un grand-père jovial un cynisme et une cupidité peu communs, portait la plus grande responsabilité d'une guerre qui a dévasté son petit pays et traumatisé une population, réduite aujourd'hui à la misère (le revenu annuel par habitant est de 5500 francs). La capture du chef rebelle n'a cependant pas suffi à ramener la paix dans la région. Quoique décapité, le RUF n'a pas désarmé. Car la guerre civile en Sierra Leone n'est ni idéologique ni tribale ni régionale, c'est plus prosaïquement une lutte sans pitié entre chefs de bande pour s'assurer le contrôle sur les mines de diamant du pays, souvent avec la complicité des voisins libériens ou guinéens. On parle de la malédiction de ces matières premières qui, comme le pétrole au Venezuela et en Algérie, ne profitent qu'à des réseaux mafieux ou à des chefs de guerre. La Banque mondiale a publié récemment une étude qui montre que, sur quarante-sept guerres civiles entre 1967 et 1999, l'origine des conflits était aussi souvent le contrôle des ressources naturelles que les tensions ethniques ou religieuses.

Les mutilations de civils sont monnaie courante en Sierra Leone. ▽

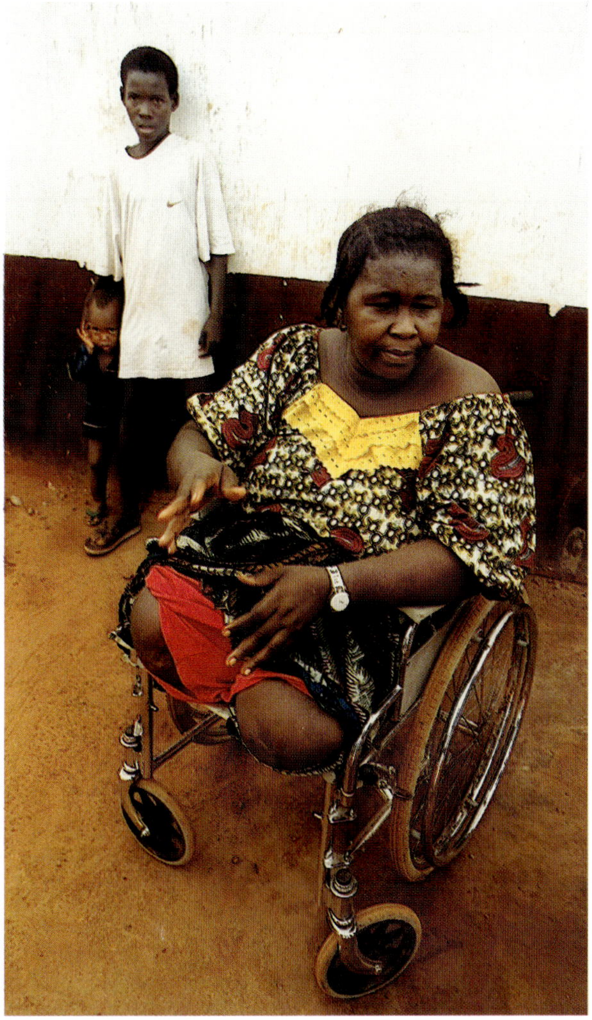

La communauté internationale ne peut ignorer qu'une réglementation drastique du commerce du diamant serait une véritable action de paix. A la demande de la Grande-Bretagne et sous la pression d'ONG comme Global Witness, le Conseil de Sécurité a d'ailleurs adopté, le 5 juillet, la résolution 1306 qui impose un embargo sur les exportations de diamants en provenance de la Sierra Leone, mais celle-ci risque de n'être qu'une décision pieuse si l'on ne parvient pas à contrôler les filières qui partent du Liberia ou d'autres pays africains voisins pour aboutir généralement en Europe et au Proche-Orient.

I LOVE YOU : pas de vaccin pour les virus logiques

Vincent Genot

Le jeudi 4 mai 2000 a marqué d'une pierre noire la courte mais déjà dense et savoureuse histoire de la micro-informatique. Celui que l'on attendait avec une certaine appréhension la nuit de la Saint-Sylvestre a déferlé cinq mois plus tard sous le doux couvert d'une déclaration d'amour. Ce ne fut certes pas "le" bogue que tout le monde appréhendait, mais sa vitesse de propagation a tout de même fait du virus I LOVE YOU une vedette planétaire.

Assez paradoxalement ce gêneur, qui a pris d'assaut les messageries électroniques du monde entier, paraît bien moins élaboré que de nombreuses bestioles qui l'ont précédé. Pourquoi dès lors a-t-il semé une si grande panique ? Petit retour dans le temps...

Le virus informatique "I LOVE YOU", caché dans un e-mail, s'est répandu avec une vitesse extraordinaire dans le monde entier et a contaminé le courrier électronique de milliers d'entreprises. △

Courte histoire des virus informatiques.

Difficile de dater précisément l'apparition du premier virus, dont la définition pourrait se présenter comme suit : "programme conçu pour modifier à l'insu de l'utilisateur le fonctionnement de son ordinateur". A ce petit jeu, si on exclut la définition du concept donnée dès 1949 par John Von Neumann, un pionnier de l'informatique, de nombreux spécialistes accordent la paternité à trois ingénieurs des laboratoires Bell. En 1960, ceux-ci mettent au point un passe-temps baptisé "Core War" (guerre des noyaux), dont le principe est l'élaboration d'un programme ayant la capacité d'en détruire un autre.
En 1983, la publication de "Computer Viruses : Theory and Experiments" du docteur Frédérik Cohen, qui décrit plusieurs prototypes de virus, attire l'attention sur le danger potentiel qui pèse sur l'informatique. Ensuite, ce qui n'était jusque-là que recherches et études se transforme en plaie. En 1986, deux Pakistanais, les frères Alvi, fournissent à des touristes des copies de logiciels pirates porteuses du virus Brain. Dans l'année qui suivit, Brain fait de nombreux dégâts dans des universités américaines et israéliennes.
Début 1988, un virus est introduit par erreur dans un logiciel commercial destiné aux utilisateurs de Macintosh. Mac/Mag s'étend rapidement au Canada, aux Etats-Unis, puis en Europe. Enfin, en novembre 1988 déjà, un ver paralyse complètement le réseau Internet durant plusieurs semaines. L'auteur de cette contamination, Robert T. Morris, un étudiant en informatique, est arrêté pour fraude informatique... De 18 virus connus en 1989, 17 750 sont répertoriés en 1998, et le logiciel antivirus qui protège la machine sur laquelle ce texte fut rédigé en reconnaît plus de 53 000. Quoique impressionnant, ce nombre ne reflète toutefois pas la réalité. A l'instar des virus biologiques, de nombreuses variantes émanent d'une même souche. Ainsi, le virus Brain de 1986 en compte actuellement six.

Le cas LoveLetter.

Jusqu'il y a peu, la conception d'un virus nécessitait un réel savoir-faire. Développé à l'aide de langages de programmation sophistiqués voire en assembleur, l'auteur devait posséder un bagage certain. Mais depuis 1995 sont apparus les macro-virus, famille dont I LOVE YOU constitue le dernier avatar. Une macro est une suite d'instructions simples permettant d'automatiser certaines tâches dans une application préexistante. LoveLetter utilise quant à lui un script possédant des caractéristiques identiques à celles d'une macro. Son champ d'action n'est cependant pas limité à une application (comme Word), ni même à une suite d'applications (comme Office), mais bien à l'ensemble du système. Prenons le cas d'un administrateur qui doit installer Windows sur vingt ordinateurs. Il peut, pour chaque machine, lancer le CD d'installation et introduire les paramètres qu'exige la procédure. Laborieux, ce travail l'occupera une journée entière. Solution: créer un script contenant tous ces paramètres. Lancé sur chaque machine ou mieux encore depuis un serveur sur le réseau, le script accélérera l'installation en fournissant automatiquement les réponses. Relativement simple à assimiler, c'est donc cette technique de script attaché à un message électronique que l'auteur d'I LOVE YOU a utilisée. Le simple fait d'ouvrir la pseudo-lettre d'amour jointe au message déclenche tout un processus. A la barbe du propriétaire, le virus commence par se copier, sous différents noms, à plusieurs endroits du disque dur. Il manipule la base de registre (fichiers où sont stockés les paramètres de Windows) afin d'être activé lors de chaque démarrage de la machine. Il répertorie ensuite la totalité des personnes contenues dans le carnet d'adresses électronique et leur envoie une copie du message ravageur, se propageant ainsi à une vitesse fulgurante sur le réseau. Enfin, le script fait la liste de tous les disques durs de l'ordinateur ainsi que des unités réseaux et remplace sur ceux-ci le contenu des fichiers ayant pour extensions .vbs, .jpg, .mp3, .css... (images, sons, configurations Internet...) par son propre code. Soit une soixantaine de lignes d'instructions qui auront suffi à mettre à mal des dizaines de millions d'ordinateurs de par le monde. Emanant de sociétés spécialisées dans la lutte antivirale ou de consultants en sécurité, ce chiffre, qui a fait le tour des médias, nous paraît difficilement vérifiable et semble pour le moins gonflé. Quoi qu'il en soit, vu le nombre d'entreprises ou de connaissances ayant reçu la missive en Belgique, on peut dire qu'I LOVE YOU a mené à bien sa besogne.

Plus c'est simple, plus c'est dangereux.

Le responsable de la diffusion du virus est un étudiant en informatique philippin, Onel De Guzman, que l'on voit avec sa sœur sur notre photo. Il avait passé de longues heures à mettre au point son programme dévastateur. △

Outre la relative simplicité du langage script qui facilite le travail des apprentis vandales, d'autres facteurs entrent en jeu dans la propagation foudroyante des derniers types de virus : le vecteur de transmission, le manque de connaissances des utilisateurs, la cible visée, la simplification des applications ainsi que l'inadéquation du mode de fonctionnement des antivirus.

Avant l'Internet pour tous, avant les BBS (service télématique accessible par modem), les virus ne disposaient pour se propager que de la disquette. Leur mode de transmission était donc relativement lent. Un ordinateur qui détectait un virus suffisait à supprimer un chemin de transmission. A part les bombes logicielles difficiles à détecter (elles se déclenchent à une date précise) ou les disquettes contaminées accompagnant des revues informatiques, les risques d'infection massive étaient limités. Avec le Net, il en va tout autrement, le réseau favorisant l'effet boule de neige.

Plusieurs chercheurs, dont le Belge Robert Cailliau, inventeur avec l'Anglais Tim Berners-Lee du World Wide Web, plaident pour l'instauration d'un permis de surfer. Le meilleur moyen, selon eux, de responsabiliser les utilisateurs. Si l'idée paraît

Le collège informatique AMA, à Mataki City, où Onel De Guzman a parfait ses connaissances. △

rébarbative, l'actualité finirait peut-être par leur donner raison. Ainsi, dans le cas d'I LOVE YOU, le virus portait l'extension .VBS (Visual Basic Script). Pas besoin d'une licence en informatique pour savoir qu'en ouvrant un fichier de ce type, on prend le risque de provoquer des dégâts. On parle souvent du danger engendré par le monopole de Microsoft. Sans vouloir hurler avec les loups, on constate qu'un virus prenant pour cible le client mail de Microsoft (Outlook) peut théoriquement atteindre 85% des PC de la planète. Tant qu'à lâcher un virus pour ennuyer du monde, autant viser large...

Tout le monde doit se mettre à l'informatique, si on n'est pas cyber, on est out... A force de nous rebattre les oreilles, on finirait par y croire. Malheureusement, tout le monde n'a pas la fibre technique et la curiosité de s'intéresser à ce qui se passe derrière l'interface graphique. Résultat : on n'apprend pas à utiliser l'informatique, c'est l'informatique qui apprend à nous connaître. A grand coup de wizards, d'ActiveX, de DLL ... les éditeurs empilent des gadgets censés nous simplifier la vie. De standards trop rapidement sortis en produits mal finis, ce sont les failles dans la sécurité qui surgissent... Enfin, derrière un antivirus on se sent protégé. Or les derniers types de parasites (Melissa, Papa, I LOVE YOU...) ont montré que ces produits ne sont pas capables de détecter correctement une activité suspecte.

Impossible parade

Alors quoi? L'informatique mondiale serait-elle à la merci du premier docteur Folamour venu? Si du côté des éditeurs d'antivirus on planche pour trouver des parades un peu plus intelligentes que les solutions actuelles, d'un autre côté on continue à nous vendre des logiciels mal dégrossis. Sous la pression de la concurrence, les codes des programmes sont de plus en plus complexes, difficiles à déboguer et trop rapidement lancés sur le marché. Le pessimisme n'est toutefois pas encore de mise. Moyennant deux ou trois règles simples, il est aisé de contourner la Berezina. Eviter d'installer des logiciels d'origine douteuse et particulièrement tout ce qui peut arriver par courrier électronique, même si l'envoyeur est connu. Bien qu'ils ne soient pas la panacée, installer un bon antivirus, sans oublier d'effectuer régulièrement des mises à jour. Enfin la troisième et la plus contraignante des règles, effectuer de manière systématique des backups de vos données personnelles. Le même graveur qui sert à pirater le dernier CD à la mode peut également servir à l'automatisation d'une sauvegarde régulière. Un chouia compliqué à mettre en œuvre, ce dernier conseil demeure la meilleure assurance.

Le Reine Elisabeth couronne la jeune Canadienne Marie-Nicole Lemieux

Le quatrième concours Reine Elisabeth consacré au chant, qui fut expérimenté pour la première fois en 1988, a couronné, le 27 mai, au Palais des Beaux-Arts de Bruxelles, la contralto canadienne Marie-Nicole Lemieux. C'est la consécration d'une jeune artiste de vingt-quatre ans, originaire de Montréal, qui a séduit le jury par l'authentique musicalité de sa voix, son chant profond et sa technique superbe.

Donnant le meilleur d'elle-même au cours de la dernière soirée, Marie-Nicole Lemieux fut surtout appréciée dans l'aria de concert "Ombra felice" de Mozart, où la souplesse et l'élégance de son chant firent merveille. Le plaisir de la musique l'habite : le public, porté vers des sommets d'émotion, ne s'y est pas trompé.

La gagnante de ce Reine Elisabeth semble destinée à une belle carrière, d'autant qu'elle est décidée à ne pas brûler les étapes. Elle affiche beaucoup de prudence en ce qui concerne le répertoire d'opéra, confessant que sa voix n'est pas encore mûre pour certains rôles. Elle veut continuer à chanter surtout le lied et la mélodie. A la première place du concours général, elle a d'ailleurs ajouté le prix spécial du lied.

La reine Fabiola remet un prix à la jeune artiste canadienne Marie-Nicole Lemieux, qui vient de remporter ce quatrième concours réservé au chant. △

La finaliste belge Véronique Solhosse (à droite) en compagnie d'Olga Pasichnyk et de Marius Brenciu. ▽

Le jury a classé à la deuxième place le ténor roumain Marius Brenciu, lui décernant, en outre, le prix de l'opéra, tandis qu'il attribuait la troisième place à la soprano ukrainienne Olga Pasichnyk, également prix de l'oratorio.

Comme le veut le règlement, six concurrents seulement ont été classés, le baryton français Pierre-Yves Pruvot, quatrième, la soprano syrienne Lubana Al Quntar, cinquième, et la contralto néerlandaise Margriet Van Reinsen, sixième.

Une artiste belge a atteint la finale de ce Reine Elisabeth, la soprano liégeoise Véronique Solhosse dont la sélection au dernier stade de l'épreuve a constitué une agréable surprise. Issue des conservatoires de Liège et de Paris, elle a témoigné d'un lyrisme sobre qui s'est exprimé dans Mozart, Verdi, Duparc et Dvorak.

On a encore entendu quatre autres espoirs de l'art lyrique belge – dont aucun n'a démérité sans pouvoir prétendre au même niveau : Els Cromment de Tongres, Annelies Meskens de Termonde, Lien Haegeman de Hasselt et Marc Claessens de Tongres.

Au total, cent quarante-quatre concurrents s'étaient inscrits pour participer au concours, mais cinquante seulement se présentèrent pour les premières épreuves au Conservatoire de Bruxelles entre le 9 et le 12 mai.

Joschka Fischer relance le débat sur l'avenir de l'Europe

Joschka Fischer a brutalement relancé, le 12 mai, l'éternel débat sur l'avenir de l'Europe. Dans un long discours prononcé à l'université de Humboldt de Berlin, le ministre des Affaires étangères allemand a proposé la réalisation d'une fédération européenne, dotée d'une Constitution, d'un gouvernement, d'un Parlement de deux chambres et d'un président élu au suffrage universel. Son projet, qu'il exposait "à titre personnel", a provoqué l'effet d'un pavé dans la mare, suscitant à la fois intérêt et réticences.

Chef de file des Verts allemands, Joschka Fischer est devenu ministre des Affaires étrangères après la victoire de son parti et des sociaux-démocrates en septembre 1998. C'est un Européen convaincu dont le rêve - utopique diront certains - est de fédérer durablement les quinze Etats-nations qui constituent actuellement l'Union avant de poursuivre l'élargissement.

Se recommandant de la pensée de Robert Schuman, Joschka Fischer suggère "le passage d'une alliance d'Etats à une parlementarisation complète au sein d'une fédération européenne". Les deux chambres seraient, l'une, composée de députés membres des Parlements nationaux, l'autre, constituée de représentants élus directement par les citoyens, comme le Sénat américain ou... le Bundesrat allemand. Pour l'exécutif, le ministre écologiste envisage deux solutions : "Soit l'on décide de continuer la transformation du Conseil européen en un gouvernement européen, c'est-à-dire que le gouvernement européen sera composé par les gouvernements nationaux, soit l'on part de la structure de la Commission actuelle vers l'élection directe d'un président avec de larges compétences exécutives." Joschka Fischer préconise un processus en deux ou trois étapes. Il n'en ignore pas les difficultés : "L'Europe n'est pas un continent nouveau, dit-il, mais un continent rempli de peuples, de cultures, de langues et d'histoires différents. Les Etats-nations sont des réalités indispensables. Plus la mondialisation et l'européanisation créent des superstructures éloignées du citoyen et des acteurs anonymes, plus les êtres humains s'accrocheront à la sécurité et à l'abri moral que leur apportent les Etats-nations. Ce serait donc une irréparable erreur de conception que de tenter de parachever l'intégration politique contre des institutions et des traditions nationales existantes et non en cherchant à les associer au processus." Pour ne pas brusquer les choses, le ministre allemand a évoqué, à Berlin, la formation d'un centre de gravité qui pourrait constituer plus tard une étape intermédiaire sur la voie du parachèvement de l'intégration politique. Un tel groupe d'Etats conclurait un nouveau traité, noyau d'une Constitution de la Fédération.

Le discours de Joschka Fischer n'a évidemment pas convaincu tout le monde. Si les six pays fondateurs, ainsi que la Finlande, l'ont plutôt accueilli favorablement, la Grande-Bretagne, la Suède et le Danemark se sont montrés beaucoup plus réticents. Quant aux pays candidats, ils craignent que, à la veille de l'élargissement, ce projet ne leur réserve qu'un statut de seconde zone.

Le ministre des Affaires étrangères allemand Joschka Fischer est un Européen convaincu. Sa proposition de faire évoluer l'Union vers un système fédéral a suscité un large débat. ▽

KAREL VAN MIERT

Ancien commissaire européen

L'avenir de l'Union européenne

Artis-Historia : Le discours prononcé à Berlin par le ministre allemand des Affaires étrangères, Joschka Fischer, commençait par cette brève question : "Quo vadis Europa? "Qu'avez-vous eu envie de lui répondre ?

Karel Van Miert : Je dirais avant tout que l'on n'avait plus l'habitude d'entendre un homme politique important poser ce genre de question. On évitait le débat alors que l'on se trouve devant des choix extrêmement difficiles pour l'avenir de l'Europe. L'élargissement constitue un défi invraisemblable tel que l'on n'en a jamais connu dans le passé. Jusqu'à présent, on a procédé par vagues successives, de trois ou quatre pays au maximum. Désormais, on envisage une Union européenne avec une trentaine d'Etats membres, et même plus. Comment gérer cela ? Jusqu'à présent, on n'en parlait pas et chacun avait ses bonnes raisons. Joschka Fischer a eu au moins le courage de relancer le débat au plus haut niveau. Où va-t-on en effet? Je crois que l'on ne doit pas préciser uniquement les objectifs de l'Europe, mais surtout donner à l'Union une base plus solide. Du discours que Jacques Chirac a prononcé par la suite, je retiens l'idée d'un groupe pionnier. Elle n'est pas nouvelle, mais elle représente la sagesse même. Il faut que ceux qui veulent aller de l'avant aient les moyens de le faire. En revanche, je ne suis pas d'accord avec l'accroissement de l'intergouvernementalisme prôné par le président français. C'est à renforcer les institutions qu'il convient de songer.

A.-H. : Quelle est votre opinion sur les différentes suggestions faites par Joschka Fischer, sur une Constitution européenne par exemple ?

K.V.M. : Je crois que l'on a déjà presque une Constitution, mais le débat sur ce point reste nécessaire dans la mesure où il serait bon de clarifier un certain nombre de choses, notamment la subsidiarité. C'est un problème fort confus et qui n'est pas nouveau. Mme Thatcher poussait déjà la Commission à prendre des initiatives dont les autres ne voulaient pas. Vous souvenez-vous que les Britanniques entendaient que l'Europe s'occupât de la protection des animaux ? La subsidiarité a toujours été une notion extrêmement ambiguë. En général, chaque gouvernement prend position selon les circonstances ou selon son agenda politique. Il serait bon que certaines choses fussent précisées afin de savoir si l'Europe est responsable sur tel point ou si elle ne l'est pas. Prenons l'exemple de la crise du pétrole. Qu'a fait la présidence française ? Rien. Personnellement, j'estime qu'elle aurait dû avoir l'initiative de réunir ses partenaires afin d'établir une ligne de conduite au niveau de l'Union européenne.

A.-H. : Joschka Fischer a évoqué aussi l'idée d'un président élu au suffrage universel. Qu'en pensez-vous ?

K.V.M. : Nous n'en sommes pas encore là. Nous avons actuellement quinze pays différents et onze langues différentes. En outre, il n'y a pas d'opinion publique européenne. L'Union n'est pas encore assez loin pour s'engager dans une telle direction. En revanche, Jacques Delors avait fait une suggestion qui m'avait paru intéressante, à savoir que, au lendemain des élections européennes, les grandes familles politiques proposent au Parlement un candidat à la présidence de la Commission, ce qui aurait donné à la fonction une plus grande légitimité.

A.-H. : Quelle est votre position par rapport au projet d'élargissement progressif de l'Union vers l'Est ?

K.V.M. : Cet élargissement me semble une mission historique. L'Europe a été divisée artificiellement après la guerre. Des villes comme Prague, Varsovie ou Budapest sont des villes européennes comme Paris, Rome ou Bruxelles. C'est la meilleure politique de paix que l'on puisse concevoir. A long terme, c'est dans l'intérêt économique de tout le monde. Mais il faut, là aussi, procéder de façon claire, réaliste et pragmatique. On oublie toujours qu'il a fallu négocier sept ans avec l'Espagne avant d'être en mesure de l'intégrer. Il y a eu parfois des périodes de transition très longues. Il faut faire accepter cette notion par les pays candidats en tenant compte de leur situation respective parce qu'il existe entre eux de grandes différences. Pour citer un exemple, il est évident que la Bulgarie n'est pas au niveau de la Hongrie. Malheureusement, beaucoup d'hommes politiques n'ont pas le courage de dire cela avec honnêteté. On crée ainsi des malentendus et des désillusions.

A.-H. : Quelles sont les limites géographiques que vous donnez à l'Europe ?

K.V.M. : Certains parlent de l'Union européenne jusqu'à Vladivostok. C'est complètement aberrant. Il faut avoir le courage de dire que, sauf pour les pays baltes, on s'arrête aux frontières de l'ex-Union soviétique, tout en entretenant de bonnes relations avec chacun. Quant à la Turquie, il y aurait d'abord pas mal de choses à mettre au point en ce qui concerne les minorités. Mais encore une fois, n'allons pas trop vite. Intégrer les candidats qui sont aujourd'hui en attente nous prendra déjà vingt-cinq ans!

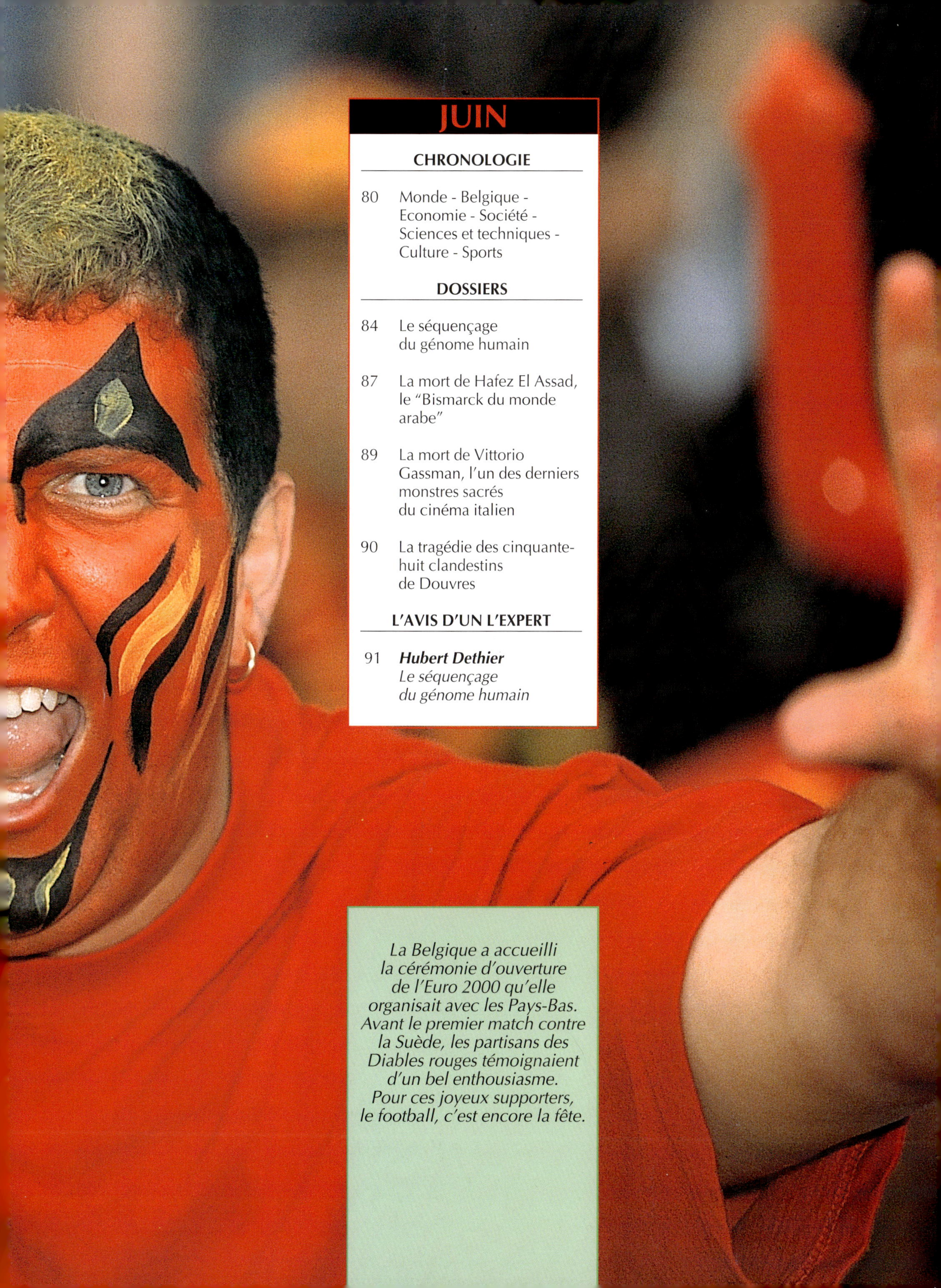

JUIN

CHRONOLOGIE

DOSSIERS

L'AVIS D'UN L'EXPERT

La Belgique a accueilli la cérémonie d'ouverture de l'Euro 2000 qu'elle organisait avec les Pays-Bas. Avant le premier match contre la Suède, les partisans des Diables rouges témoignaient d'un bel enthousiasme. Pour ces joyeux supporters, le football, c'est encore la fête.

Lu	Ma	Me	Je	Ve	Sa	Di
			1	2	3	4
5	6	7	8	9	10	11
12	13	14	15	16	17	18
19	20	21	22	23	24	25
26	27	28	29	30		

MONDE

1

* MONTENEGRO - Goran Zugic, l'un des proches conseillers du président monténégrin, Milo Djukanovic, est assassiné à Podgorica. Ce meurtre s'ajoute à une longue série de crimes politiques commis en Serbie au cours des derniers mois.

4

* PAYS BASQUE - L'ETA fait une cinquième victime depuis la fin de la trêve. A Durango, en Biscaye, le conseiller municipal du Parti populaire Jesus Maria Pedrosa Urkiza est abattu par des tueurs d'une balle dans la nuque.

5

* AFFAIRE PINOCHET - La cour d'appel de Santiago reconnaît qu'elle a décidé de lever l'immunité parlementaire de l'ancien dictateur. Cette résolution, qui avait été prise le 23 mai, mais qui avait été tenue secrète, doit encore être approuvée par la Cour suprême du Chili.
* ETATS-UNIS - RUSSIE - En visite à Moscou, au terme de son voyage en Europe, Bill Clinton ne parvient pas à convaincre Vladimir Poutine d'accepter la révision du traité de désarmement ABM de 1972. Un accord était nécessaire pour permettre aux Etats-Unis d'installer un système de défense antimissiles face aux "Etats-parias" qui possèdent des moyens de destruction massive.

7

* CONGO - Malgré la signature d'un cessez-le-feu, de violents combats continuent d'opposer soldats rwandais et ougandais à Kisangani. Selon la Croix-Rouge, ils ont fait plus de cinquante morts en trois jours.
* SRI LANKA - Un attentat suicide, attribué au mouvement séparatiste des Tigres de libération de l'Eelam tamoul, cause la mort de vingt et une personnes, dont un ministre, près de Colombo.

8

* GRECE - A Athènes, l'attaché militaire britannique, le général Stephen Saunders, est tué dans sa voiture par deux inconnus à moto. Ce meurtre est attribué au groupe terroriste du "17 novembre", mystérieuse organisation à la fois marxiste et ultranationaliste.

10

* SYRIE - A Damas, le président Hafez El Assad succombe à une crise cardiaque. Il avait soixante-neuf ans. Son fils Bachar lui succède à la tête de l'Etat syrien.
page 87

12

* TCHETCHENIE - Après avoir été détenu en otage pendant huit mois par des rebelles tchétchènes, le photographe français Brice Fleutiaux est libéré.

18

* CORNE DE L'AFRIQUE - Après vingt-cinq mois d'une guerre dont les buts apparaissent futiles,l'Ethiopie et l'Erythrée signent à Alger, sous l'égide de l'Organisation pour l'unité africaine, un accord de paix.

Les Coréens se parlent à nouveau

Pour la première fois après un demi-siècle d'hostilité, les dirigeants des deux Corées, le leader du Nord, Kim Jung-il, et le président du Sud, Kim Dae-jung, se rencontrent, le 13 juin, à Pyongyang. (Notre photo.) Les entretiens sont jugés positifs, le communiqué final allant même jusqu'à évoquer les perspectives de "réunification nationale". De l'avis des observateurs neutres, le chemin risque cependant d'être encore long. Officiellement, les deux Corées sont toujours en guerre depuis le 25 juin 1950 lorsque les troupes nord-coréennes envahirent la Corée du Sud, ce qui provoqua une réaction des Nations unies. Particulièrement meurtriers, les combats se poursuivirent pendant trois ans. Le 27 juillet 1953, un armistice fut signé à Panmunjon.

Séparés par une zone démilitarisée de 248 kilomètres, le long du 38e parallèle, les deux pays connurent ensuite des destins très différents. Alors que la Corée du Sud, soutenue par les Etats-Unis, évoluait vers une démocratie qui allait lui apporter une relative prospérité, la Corée du Nord maintenait, envers et contre tout, un régime de type stalinien. Toutefois, depuis qu'elle a perdu le soutien soviétique, l'économie nord-coréenne est en chute libre et les famines se succèdent au sein d'une population qui figure parmi les plus déshéritées du monde.

19
* INDONESIE - De violents affrontements entre chrétiens et musulmans font cent quatorze morts dans les Moluques.

30
* CONGO - Toujours partiellement occupé par les troupes rwandaises et ougandaises, le Congo fête ses quarante ans d'indépendance dans une atmosphère morose. A Kinshasa, le ministre des Affaires étrangères belge, Louis Michel, assiste au défilé en compagnie du président Laurent-Désiré Kabila.

Découverte de deux villes antiques sur la côte égyptienne

Un groupe d'archéologues français et égyptiens a découvert à la hauteur d'Alexandrie deux villes englouties au large de la côte. Ces chercheurs ont trouvé, à moins de dix mètres sous le niveau de la mer, les ruines presque complètes de la ville pharaonique de Menouthis et de la ville grecque d'Herakleion.

D'après Franck Goddio, chef de l'Institut européen d'archéologie marine de Paris, les deux villes ont été submergées à la suite d'un tremblement de terre ou d'un changement de climat.

Durant les deux années de recherches, une statue d'Isis, la tête d'un sphinx, des bijoux et des monnaies provenant du royaume byzantin et islamique des Omeyyades ont été ramenés à la surface.

Les monnaies prouvent que la région n'a été engloutie que vers le VIIIe siècle alors que les villes avaient été fondées plusieurs centaines d'années auparavant. Leur existence était connue grâce à des textes gréco-romains. L'exacte localisation n'en avait cependant jamais été déterminée.

BELGIQUE

9
* ASSURANCE-SANTE - Le gouvernement flamand adopte un projet de décret instaurant progressivement une assurance-santé particulière à la Flandre.

15
* SURETE DE L'ETAT - Le ministre de la Justice place une femme à la tête de la Sûreté de l'Etat, Godelieve Timmermans, qui est nommée administrateur général. Celle-ci fait part aussitôt de sa demande d'une légalisation des écoutes téléphoniques.

21
* LA POSTE - Frans Rombouts, administrateur-délégué de La Poste, annonce que La Poste, appelée désormais Belgian Post Group, coordonnera les activités d'une dizaine de sociétés filiales.

Installé dans les anciens magasins de l'Old England, à Bruxelles, le nouveau musée des instruments de musique contient quelque sept mille pièces dont certaines sont uniques en leur genre. △

ECONOMIE

7
* MICROSOFT - Le juge américain Thomas Jackson condamne Microsoft, coupable d'avoir violé la loi antitrust, à être démantelé en deux entités, l'une ayant en charge la famille des systèmes d'exploitation Windows, l'autre les logiciels. Bill Gates annonce aussitôt sa décision d'aller en appel.

9
* BOMBARDIER - La multinationale canadienne Bombardier, le groupe sidérurgique italo-suisse Duferco et le ministre wallon de l'Economie, Serge Kubla, signent un accord permettant de maintenir une activité industrielle dans le site de Bombardier à Manage.

14
* MARCHE DE LA BIERE - Interbrew prend le contrôle des activités brassicoles du groupe britannique Bass pour une somme de 146 milliards de francs. Il se hisse ainsi à la deuxième place du marché mondial de la bière derrière l'américain Busch-Anhauser.

SOCIETE

1

* PRISE D'OTAGES AU LUXEMBOURG - Vingt-cinq enfants et trois puéricultrices sont pris en otage par un homme de trente-cinq ans d'origine tunisienne. Se présentant comme une équipe de la télévision, des policiers luxembourgeois pénètrent dans la crèche et tirent sur le forcené qui est blessé. Tous les otages sont libérés, sains et saufs.

* LE PETIT ELIAN - La cour d'appel d'Atlanta rejette la demande d'asile formulée par la famille cubaine de Miami du petit Elian Gonzalez. En attendant la décision finale de la Cour suprême des Etats-Unis, celui-ci séjourne toujours à Washington en compagnie de son père.

* EXPO 2000 - L'Exposition universelle de Hanovre est inaugurée par le chancelier Gerhard Schröder en présence de trois mille invités. Un grand absent : les Etats-Unis.

3

* DOYENNE DE BELGIQUE - A Machelen, Joanna Turcksin fête ses cent dix ans. Elle est l'habitante la plus âgée de Belgique.

5

* FEMMES 2000 - Le secrétaire général, Kofi Annan, et Hillary Clinton inaugurent la cinquième session de l'Assemblée générale des Nations unies consacrée aux femmes. Le thème en est "Femmes 2000 : égalité entre les sexes, développement et paix pour le XXIe siècle".

7

* AUTOROUTES - Après quinze ans de travaux, le tronçon de 3,8 km, qui relie l'E 40 à l'E 25 en contournant Liège, est ouvert à la circulation. La réalisation de ce chaînon manquant de la liaison Amsterdam-Milan a coûté vingt milliards de francs.

13

* ALI AGCA GRACIE - Le président italien Carlo Azeglio Ciampi signe la grâce du Turc Mehmet Ali Agca qui avait tenté d'assassiner le pape Jean-Paul II le 13 mai 1981, à Rome. Ali Agca, qui a passé plus de dix-neuf ans en prison, est aussitôt extradé vers la Turquie où il a déjà été condamné pour meurtre en 1979.

19

* DRAME DE L'IMMIGRATION CLANDESTINE - Les corps de 58 immigrants clandestins d'origine asiatique sont découverts, à Douvres, dans le conteneur à l'arrière d'un camion néerlandais en provenance de Zeebrugge.

page 90

* L'EVASION DE DUTROUX - Le tribunal de première instance de Neufchâteau condamne Marc

CNN a vingt ans

CNN, la célèbre chaîne américaine d'informations en continu, fête le 1er juin à Atlanta ses vingt ans d'existence. Quinze mille invités parmi lesquels Mikhaïl Gorbatchev, Jimmy Carter et Al Gore, le candidat démocrate à la succession de Bill Clinton, avaient été conviés à célébrer cet anniversaire au Philips Arena.

C'est le 1er juin 1980, en effet, que Ted Turner créa CNN. Le pari ne semblait pas gagné d'avance. A l'époque, aucune chaîne ne diffusait de l'information vingt-quatre heures sur vingt-quatre. Au début, les pertes de CNN atteignirent 2 millions de dollars par mois. L'actualité allait venir au secours de Ted Turner. En 1986, CNN fut la seule chaîne à retransmettre en direct les images de l'explosion de la navette spatiale Challenger. C'est la guerre du Golfe toutefois qui fit de CNN le premier média de la mondialisation. Le 16 janvier 1991, alors que tous les journaux télévisés annonçaient une nuit calme à Bagdad, les trois reporters de la chaîne d'Atlanta, depuis le neuvième étage de l'hôtel Al Rashid, décrivaient l'attaque des Alliés. Pour la première fois, une chaîne de télévision couvrait le début d'une guerre en direct derrière les lignes ennemies.

Aujourd'hui, le groupe CNN emploie 4000 personnes et gère 37 bureaux et 800 filiales de diffusion dans le monde. Avec ses chaînes de télévision, ses réseaux radiophoniques et ses sites Internet, il représente une audience potentielle de 1 milliard de personnes. (Notre photo : le présentateur vedette Larry King.)

Dutroux à cinq ans de prison pour les faits entourant son évasion d'avril 1998.

22
* L'AFFAIRE INUSOP - La Cour européenne des droits de l'homme de Strasbourg condamne l'Etat belge pour procès inéquitable dans l'affaire INUSOP dont l'arrêt fut rendu en avril 1996 par la Cour de cassation.

28
* LE PETIT ELIAN - Après un long feuilleton politico-judiciaire, le petit Elian Gonzalez rentre à La Havane avec son père, ainsi que l'avait décidé la Cour suprême américaine.

29
* NAUFRAGE - Un bateau transportant plusieurs centaines de réfugiés fuyant les violences interreligieuses aux Moluques fait naufrage. Plus de quatre cents personnes perdent la vie dans la catastrophe.

30
* ANTIMONDIALISATION - Le procès de José Bové et de ses neuf coïnculpés, accusés d'avoir "démonté" un McDonald en construction à Millau, s'ouvre dans la sous-préfecture de l'Aveyron où les représentants de nombreux mouvements opposés à la mondialisation se sont rassemblés.
* CONCERT TRAGIQUE - A Roskilde, à l'ouest de Copenhague, lors d'un festival où se produisait le groupe américain Pearl Jam, un mouvement de panique provoque la mort de huit hommes, écrasés ou piétinés, devant la scène.

SCIENCES ET TECHNIQUES

13
* SECRETS ATOMIQUES - Des disques d'ordinateur contenant des secrets atomiques américains disparaissent d'un coffre-fort au centre nucléaire de Los Alamos.

21
* MARS - Des chercheurs de la NASA auraient les preuves de l'existence d'eau sur Mars. Cette information suscite de nouvelles spéculations à propos de la présence de la vie sur la planète rouge.

26
* GENOME HUMAIN - Les scientifiques, impliqués dans le consortium public "Projet du génome humain" (HGP) annoncent, dans les différentes villes où eurent lieu les recherches, que les trois milliards de bases, maillons élémentaires de notre patrimoine génétique, ont été décryptées. **pages 84 / 91**

28
* LE PRIX FRANCQUI - Le roi remet le prix Francqui, la plus haute distinction scientifique belge, au physicien Marc Henneaux, professeur à l'ULB, "pour ses travaux théoriques sur la compréhension des forces fondamentales de la nature, en particulier la force gravitationnelle".

SPORTS

3
* FOOTBALL - A l'occasion de sa dernière rencontre de préparation avant l'Euro 2000, la Belgique a fait match nul avec le Danemark, à Copenhague (2-2). Les buts belges ont été inscrits par Lorenzo Staelens sur coup de réparation et par Marc Wilmots.

10
* FOOTBALL - A Bruxelles, lors du match d'ouverture de l'Euro 2000, la Belgique bat la Suède par 2-1. Les buts belges ont été inscrits par Bart Goor et Emile Mpenza. Après la rencontre, la police bruxelloise réprime sans ménagement des manifestations de supporters au centre de la capitale.

14
* FOOTBALL - A Bruxelles encore, la Belgique perd son deuxième match de l'Euro 2000, s'inclinant devant l'Italie (0-2).

19
* FOOTBALL - Battue par la Turquie (0-2), toujours à Bruxelles, la Belgique est éliminée dès le premier tour de ce championnat d'Europe.

Axel Merckx, champion de Belgique, trente ans après son père

Trente ans après son père qui a assisté avec une émotion non dissimulée à son triomphe, Axel Merckx remporte, le 25 juin, à Rochefort, le titre de champion de Belgique des routiers professionnels. (Notre photo.) C'est en 1970, à Yvoir, qu'Eddy Merckx avait conquis son seul maillot tricolore. Pour sa part, Axel s'est imposé au terme d'une attaque lancée de loin qui lui permit de conserver 32 secondes sur la ligne d'arrivée. Né le 8 août 1972, alors que son père venait d'enlever son quatrième Tour de France, le jeune Merckx ne s'est vraiment imposé qu'au cours de cette saison 2000. Après avoir animé les classiques ardennaises, il remporta une grande étape au Tour d'Italie. Au mois d'août, il a ajouté à son palmarès un beau succès dans le Tour de Wallonie.

Le séquençage du génome humain

L'histoire retiendra peut-être la date du 26 juin 2000 comme celle choisie par les chercheurs du Human Genome Project (HGP) pour annoncer qu'ils avaient achevé le séquençage du brouillon du génome humain.
A vrai dire, l'événement était un peu fabriqué dans la mesure où ce brouillon n'est pas tout à fait complet (il couvre environ 85 % du génome) et qu'il est, comme son nom le suggère, rempli de fautes de frappe, de pages mal imprimées, de paragraphes inversés... Bref, un livre inachevé. Mais quel livre ! Trois milliards de caractères. Un million de pages... (voir encadré page 86).

Il aura fallu une bonne dizaine d'années à un consortium international regroupant plusieurs milliers de chercheurs pour arriver à cette première ébauche. Six pays se sont associés dans cette entreprise titanesque : les Etats-Unis, tout d'abord, où est née l'idée du projet au milieu des années 80 et qui prendront finalement en charge 55% du séquençage; suivis bientôt par la Grande-Bretagne (33%), le Japon (5%), la France (3%), l'Allemagne (2,5%) et la Chine (1%). A ce stade, on estime que le HGP a déjà requis un investissement de 3 milliards de dollars. Des sommes en partie investies dans l'achat et le fonctionnement de centaines de machines appelées "séquenceurs", dont la rapidité d'exécution n'a d'ailleurs cessé de progresser au fil des ans. L'accélération du décodage à partir de 1998 est notamment due à l'avènement de machines beaucoup plus performantes.

Mais la plupart des chercheurs reconnaissent que c'est surtout la concurrence du secteur privé qui a donné des ailes au HGP. En mai 1998, Craig Venter, un ancien chercheur du projet public, annonce qu'il va faire plus vite et mieux que le HGP avec des capitaux privés. Celera Genomics entre dans la course au séquençage et ne cache pas son ambition de protéger par des brevets les séquences génétiques décodées ou, à tout le moins, de rentabiliser ses investissements en monnayant un accès discrétionnaire à sa base de données auprès de l'industrie pharmaceutique et biotechnologique.
L'entrée tonitruante de Celera Genomics dans la course au séquençage fait planer le spectre d'une vaste appropriation privée des données génétiques humaines. A ce jour, d'ailleurs, la question de savoir si les gènes peuvent ou non être brevetés est toujours très controversée. Quoi qu'il en soit, la réaction des pouvoirs publics sera double. Les gouvernements décident de décupler les moyens de recherche. Et les chercheurs s'accordent pour publier toutes les 24 heures sur Internet les données récoltées de façon à empêcher Craig Venter, ou d'autres acteurs privés, de breveter les gènes (une fois rendues publiques, en effet, les séquences ne sont plus brevetables).

Dans ce contexte, l'annonce très médiatique du 26 juin 2000 était aussi une manière pour le HGP de répondre aux accusations d'inefficacité régulièrement proférées par Craig Venter. Celui-ci maintient toutefois être plus avancé que le HGP. Celera Genomics serait, depuis le printemps 2000, en possession d'un brouillon de 99% du génome. Mais il plane un doute sur le nombre d'erreurs que comporterait ce travail. Quoi qu'il en soit, les chercheurs du secteur public comme du privé entendent

Depuis des années, des chercheurs de nombreux pays ont travaillé sous la coordination du groupe Hugo (Human Genome Organization) pour décrypter la carte génétique de l'homme. △

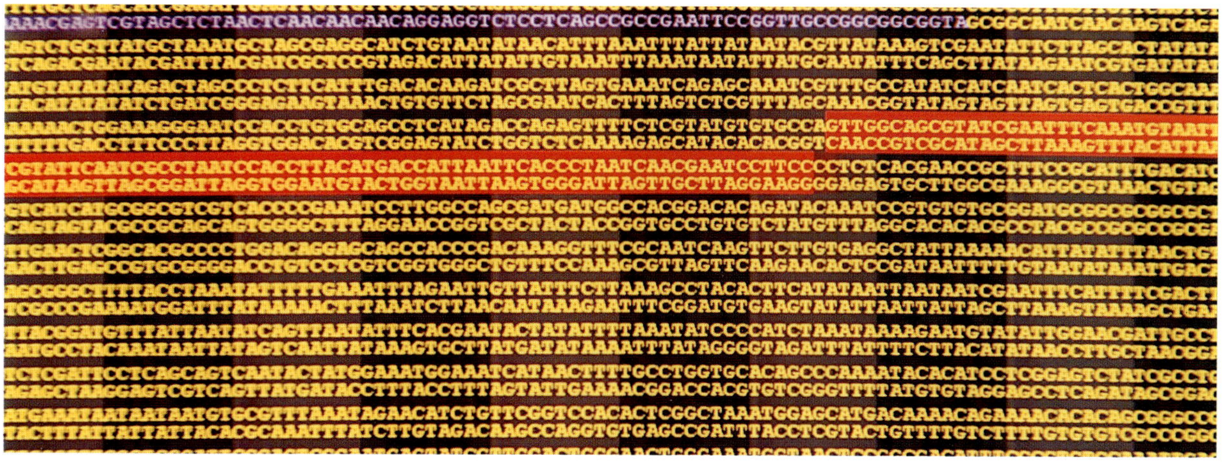

Selon les scientifiques, la molécule d'ADN constituant le génome humain est comme un long texte écrit avec quatre "lettres". Trois milliards de ces lettres se succèdent selon un ordre précis... △

mettre à profit les trois prochaines années pour affiner leur travail, compléter les "trous", mettre les paragraphes dans le bon ordre et corriger les innombrables petites "fautes de frappe".

Mais déjà, les laboratoires sont entrés dans l'ère de "l'après-séquençage". Le nouvel objectif des chercheurs est d'identifier dans le long texte du génome les fragments qui donnent les instructions à la cellule pour la fabrication des protéines, c'est-à-dire les gènes. Ceux-ci ne représenteraient qu'un petit pour cent du génome, noyé dans un océan de caractères insignifiants. A vrai dire, cette tâche d'identification est déjà en cours depuis plusieurs années, mais le séquençage du génome va grandement faciliter le travail. On estime à 10 000 ou 15 000 le nombre de gènes humains déjà identifiés. Notre génome en comprendrait entre 30 000 et... 120 000. Pour la petite histoire, l'incertitude qui continue de planer sur le nombre de gènes a donné des idées à des bookmakers très inspirés. Des paris ont été lancés sur Internet !

Plus sérieux sont les objectifs médicaux qui sous-tendent ces recherches. Identifier les gènes permet d'abord de diagnostiquer des maladies monogéniques héréditaires. C'est probablement dans ce domaine de la médecine que les fruits de la génomique sont les plus faciles à cueillir. A ce jour, il existe déjà des tests de diagnostic pour un bon millier de ces maladies. On estime qu'il en reste quatre à cinq mille à découvrir.

La génomique pourrait aussi déboucher sur une petite révolution dans le domaine pharmacologique. Il est en effet de plus en plus admis que la variabilité individuelle de réponses aux médicaments est largement génétiquement déterminée. Cette variabilité tiendrait le plus souvent à

Craig Venter est le fondateur et le président de la Celera Genomics, une société de biotechnologies établie dans la banlieue de Washington. On prétend qu'il a révolutionné la recherche génétique. △

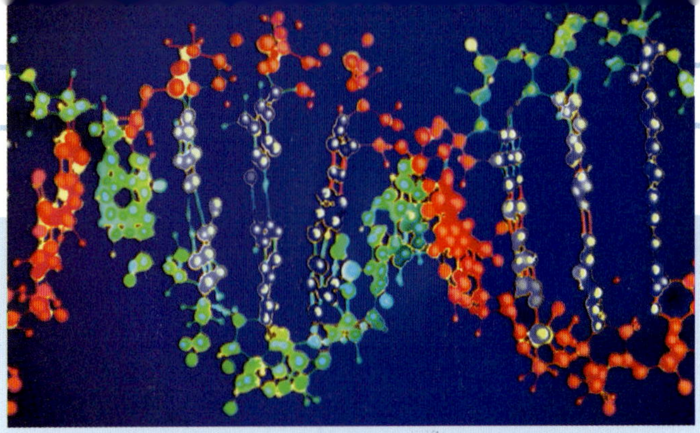

A première vue, cela pourrait être un bijou, c'est un fragment d'une molécule d'ADN.

quelques lettres seulement de l'alphabet génétique. Elle expliquerait que le même médicament produit des effets thérapeutiques chez telle personne et pas chez telle autre. Ou qu'un même médicament produit chez une personne des effets secondaires plus ou moins graves et pas chez une autre. La connaissance de ces variations génétiques individuelles devrait permettre de fabriquer et surtout de prescrire des médicaments taillés sur mesure, qui épouseraient les profils génétiques des patients.

En comparant le génome de populations souffrant de maladies multifactorielles plus ou moins graves (cancers, maladies cardiovasculaires, diabète, maladies neurologiques, etc.) avec celui de populations saines, les chercheurs espèrent aussi identifier des profils génétiques à risque. Et ainsi paver le chemin vers une médecine prédictive basée sur la prévention. La thérapie génique, enfin, qui consisterait à soigner des maladies monogéniques ou même multifactorielles en greffant de nouveaux gènes à l'intérieur même des cellules, soulève de grands espoirs. Même si depuis quelques années les chercheurs ont pris conscience qu'il ne s'agissait pas de la panacée et que les difficultés à surmonter demeuraient très nombreuses. Cette médecine du XXIe siècle supposera donc la constitution de cartes génétiques individuelles. Où seront stockées ces données ? Avec quelles garanties de confidentialité ? Faut-il interdire aux employeurs d'imposer des tests génétiques à l'embauche (ce qui se fait déjà fréquemment aux Etats-Unis) ? Les assureurs pourront-ils moduler leurs primes en fonction des profils génétiques ? Comment, enfin, éviter les risques de dérive eugénique ? Grâce à la technique du diagnostic préimplantatoire (en cas de fécondation in vitro), il est aujourd'hui possible de faire le tri, avant réimplantation dans l'utérus, entre des embryons sains et des embryons atteints par une maladie génétique. Immense progrès médical pour les familles à risque auxquelles on évite une terrible loterie. Mais déjà, ces tests ont été utilisés pour sélectionner le sexe de l'enfant à naître. Et demain, il sera certainement possible de faire des choix sur la base de critères tels que la couleur des yeux, la taille, les risques d'obésité, voire même l'intelligence... Jusqu'où peut-on aller ? Dans la communauté scientifique elle-même, des voix s'élèvent pour réclamer de toute urgence un débat éthique et politique sur la manière dont nous allons utiliser l'immense, mais ô combien délicat, potentiel de la génétique humaine.

La molécule humaine d'ADN (acide désoxyribonucléique), qui se loge au cœur de chacune de nos cellules, est composée d'environ 3,2 milliards de briques chimiques de base, les paires de nucléotides. Ces briques sont enchaînées les unes aux autres à la façon d'un interminable escalier en colimaçon et fragmentées en 46 parties appelées "chromosomes". En dépit de l'incroyable complexité du fonctionnement de l'appareil génétique, la nature a été particulièrement économe puisque, dans tout le règne du vivant, ces briques chimiques de base n'existent que sous quatre formes différentes : l'adénine, la thymine, la cytosine et la guanine (ATCG). Chaque échelon du colimaçon est formé d'une paire AT ou d'une paire CG. Ces quatre initiales ont fait le succès d'une des métaphores les plus populaires de l'histoire des sciences : celle de l'alphabet génétique, avec lequel la nature aurait écrit "le grand livre de la vie". Les chercheurs se sont même amusés à calculer qu'il faudrait 2000 livres de 500 pages pour imprimer l'ensemble du génome humain. Un million de pages !

Au nom de l'Institut for Genomic Sciences, Claire Fraser annonce, le 26 juin, le séquençage du génome humain qui n'est encore qu'un brouillon couvrant 85% du génome. Le but n'est cependant plus très loin. ▽

La mort de Hafez El Assad, le "Bismarck du monde arabe"

Hafez El Assad a disparu, mais son image gigantesque continue à planer sur la Syrie et son armée. Il avait dirigé le pays d'une main de fer pendant trente ans. △

Le président syrien Hafez El Assad est mort, le samedi 10 juin, à Damas, des suites d'un accident cardiaque. Il avait soixante-neuf ans et dirigeait son pays d'une main de fer depuis trente ans. C'est avec une "émotion" de circonstance que l'on a accueilli la nouvelle de son décès dans la plupart des capitales européennes. Il est d'ailleurs significatif de constater que le président français Jacques Chirac fut le seul chef d'Etat occidental à se déplacer pour assister aux funérailles du "Lion de Damas". Aux yeux de l'opinion internationale, Hafez El Assad fut, en effet, un dictateur sans scrupule qui n'hésita jamais à recourir aux moyens les plus énergiques, y compris le terrorisme, pour asseoir son pouvoir.

Hafez El Assad est né en 1930 dans une famille de paysans relativement aisée, appartenant à la minorité alaouite (12% seulement de la population syrienne). Ses origines vont marquer toute sa carrière. Car les Alaouites, de confession chiite, sont méprisés par la majorité sunnite du pays et, en retour, ils ont longtemps témoigné d'un lourd ressentiment à l'égard du pouvoir central. Pour se faire une place dans la société, le jeune Hafez qui a adhéré au Baas, le parti socialiste de la renaissance arabe, décide d'entrer à l'académie militaire à l'âge de vingt-deux ans.

Il devient officier pilote et effectue plusieurs stages en URSS. C'est là qu'il noue des contacts qui auront une influence considérable sur son itinéraire politique. Déçu par l'éphémère union syro-égyptienne (1958-1961) et surtout par les conceptions de Nasser, El Assad entre dans la clandestinité avec d'autres jeunes officiers baasistes.

En 1961, un coup d'Etat militaire entraîne la rupture au sein de la République arabe unie. C'est le début d'une longue période d'instabilité politique en Syrie. A Damas, la lutte pour le pouvoir est impitoyable. En 1963, un nouveau coup d'Etat donne la victoire au parti Baas. Dans l'ombre, El Assad écarte alors, un à un, tous ses rivaux avant d'être élu président de la République, le 12 mars 1971, avec 99,2% des suffrages!

Sur le plan extérieur, la politique syrienne a été plutôt chaotique. En 1967, la Syrie qui s'est rapprochée de l'Egypte a participé à la guerre des Six-Jours et y a perdu le plateau du Golan. Israël est désormais l'ennemi avec lequel tout compromis est inacceptable, ce qui implique un appui total à la résistance palestinienne, même contre le roi Hussein de Jordanie.

Devenu selon la nouvelle Constitution de 1973 un "Etat démocratique, populaire et socialiste", la Syrie bénéficie d'une alliance privilégiée avec l'URSS qui lui fournit le matériel le plus

Le cercueil du président syrien est conduit à sa dernière demeure. Seul parmi les chefs d'Etat occidentaux, Jacques Chirac s'était déplacé pour les funérailles. ▽

moderne. Alliée à l'Egypte, elle déclenche, le 6 octobre 1973, une nouvelle guerre israélo-arabe dans l'espoir de reconquérir les hauteurs du Golan. Quelques semaines plus tard, les troupes israéliennes sont toutefois aux portes de Damas et le secrétaire d'Etat américain, Henry Kissinger, propose sa médiation pour mettre fin au conflit.

Sa puissance militaire, Hafez El Assad va alors l'employer dans la guerre civile du Liban, d'abord contre les partisans palestiniens de Yasser Arafat qu'il abhorre, puis contre les chrétiens, mais il ne parvient pas à imposer son rôle d'arbitre dans un conflit qui offre l'image d'une confusion extrême.

El Assad est d'ailleurs loin d'avoir les mains libres dans son propre pays. Il doit faire face à un sanglant terrorisme interne mené par la confrérie des Frères musulmans qui cristallise contre les rouages de l'Etat le sentiment général antialaouite. En février 1982, le dictateur de Damas noie dans le sang le soulèvement populaire de la petite ville de Hama dont le centre sera entièrement rasé. Selon les sources, le nombre des victimes varie entre 5000 et 20 000 personnes.

Hafez El Assad se révèle un homme sans état d'âme. On ne lui connaît pas d'autre passion que le pouvoir. Il travaille quinze heures par jour et vit en reclus dans une austérité qui tranche avec les mœurs corrompues des militaires qui l'entourent. Une première attaque cardiaque l'atteint en 1983. Son frère Rifaat tente de prendre sa place. Mais Hafez se rétablit et Rifaat partira pour un long exil en Suisse.

Sur la scène internationale, le vent tourne. La Syrie ne peut espérer de Mikhaïl Gorbatchev l'aide qu'elle obtenait des maîtres précédents du Kremlin. L'effondrement du mur de Berlin et l'implosion de l'Union soviétique l'isolent encore davantage. Mais El Assad est habile. Kissinger l'avait décrit comme "un homme intelligent, doté d'un fort sens de l'humour et d'une infinie patience", l'appelant le "Bismarck du monde arabe". Damas se tourne vers Washington. En 1990, la crise du Golfe permet à El Assad d'effectuer une lucrative volte-face. Il se range aux côtés des Occidentaux, ce qui le rend plus fréquentable et lui laisse le loisir d'en finir à Beyrouth avec le général Aoun. Le Liban passe sous protectorat syrien!

Restent Israël et le Golan. Sur ses rapports avec l'Etat hébreu, El Assad n'a pas modifié sa position jusqu'à ses derniers jours, fidèle aux propos qu'il avait tenus à Kissinger en 1973 : "Quiconque fera la paix avec Israël sera maudit par le peuple syrien pour l'éternité." Quant au Golan, il avait dit : "Peut-être sera-t-il encore occupé à ma mort; peut-être le sera-t-il encore à la mort de mon fils. Mais finalement, nous le récupérerons..." La question demeure en suspens...

Partisan d'une dictature héréditaire, Hafez El Assad avait préparé son fils aîné, Bassel, à lui succéder, mais la mort accidentelle de celui-ci, en janvier 1994, l'a amené à modifier ses plans. Il a alors désigné son deuxième fils, Bachar, médecin ophtalmologue, formé en Occident. C'est lui qui a été investi des fonctions présidentielles, le 10 juillet, à la suite d'un référendum dont l'issue ne faisait aucun doute. Bachar El Assad a obtenu 97,29% des voix pour un mandat de sept ans. Seuls 22 439 électeurs, sur un total de près de 9,5 millions d'inscrits, ont voté contre le nouvel homme fort de Damas, qui a déjà été promu commandant en chef des forces armées.

Organisé au lendemain de la mort de Hafez El Assad, le référendum ne pouvait que consacrer la victoire du successeur désigné par le défunt président, son fils Bashar. Les électeurs n'avaient vraiment aucune excuse de l'ignorer... ▽

La mort de Vittorio Gassman, l'un des derniers monstres sacrés du cinéma italien

Dans le rôle du séducteur aveugle et cynique de "Parfum de femme", Vittorio Gassman avait réalisé une interprétation remarquable au côté d'Agostina Belli. Elle lui valut un prix au festival de Cannes en 1975. △

Vittorio Gassman est mort, à Rome, le 29 juin, d'une crise cardiaque. Il avait septante-sept ans et était l'un des derniers monstres sacrés du cinéma italien, capable de s'adapter à tous les registres, épique, comique ou dramatique. Il avait joué dans quelque cent quarante films et interprété au théâtre les auteurs les plus prestigieux, Sophocle, Shakespeare, Pirandello, Tennessee Williams et Cocteau. Pour la télévision italienne, il avait même lu, comme personne ne l'avait fait auparavant, l'"Enfer" de Dante...

Né à Gênes en 1922, d'un père d'origine autrichienne et d'une mère institutrice dont la vocation de comédienne avait été contrariée, il abandonne rapidement ses études de droit pour s'inscrire à l'Académie d'art dramatique de Rome où il découvre sa première passion, le théâtre de Shakespeare. Grand et sportif, il joue aussi au basket-ball et atteint même l'équipe nationale. Son physique d'athlète le conduira fatalement vers le cinéma, où il tourne dans quelques films d'aventures ou de cape et d'épée. "De mauvais mélodrames dont je ne veux même pas me souvenir..." dira-t-il plus tard.

Pourtant, l'un de ces "mélos" ne manque pas de valeur. C'est "Riz amer", qu'il tourne avec Silvana Mangano sous la direction de Giuseppe De Santis. Il part ensuite aux Etats-Unis pour suivre sa femme, Shelley Winters, qu'il a conquise... en lui offrant une glace place Navone. Mais son mariage sera bref et sa carrière hollywoodienne encore plus courte. Il n'apprécie que fort peu de devoir "sortir tout ruisselant d'une piscine en chantant pour Yvonne de Carlo...".

Sa carrière prend un virage décisif en 1958 lorsque Mario Monicelli lui propose le rôle d'un petit voleur dans "Le Pigeon". Gassman se découvre une vocation de comique à contre-emploi et obtient un énorme succès. Dino Risi le fait jouer ensuite dans "Le Fanfaron" (1962) où il campe un personnage sans scrupule lancé sur les routes d'Italie. Toujours avec Risi, il tourne encore "La Marche sur Rome", "Les Monstres", "Le Gaucho","Au nom du peuple italien" et surtout l'inoubliable "Parfum de femme" où il tient le rôle d'un séducteur aveugle et cynique qui lui vaut le prix d'interprétation à Cannes, en 1975.

On ne peut davantage passer sous silence sa collaboration avec Ettore Scola dont il fut l'ami intime. On retiendra "Nous nous sommes tant aimés", "La Terrasse" et "La Famille", qui sont des satires de la société italienne où Gassman s'exprime avec un merveilleux humour plein de désinvolture. "Oublier Palerme" est l'un des derniers grands films qu'il tourna, à nouveau sous la direction de Risi.

Les dernières années de l'acteur furent assombries par une dépression qu'il surmonta non sans peine. Il avait avoué un jour : "Oui, j'ai peur de la mort. Je trouve que c'est la seule erreur de la Création. Ou tout au moins, je trouve que la vie humaine est trop courte, décidément trop courte. Il en faudrait deux. Une pour répéter, et une pour jouer."

La tragédie des cinquante-huit clandestins de Douvres

L'Europe occidentale est devenue un mirage pour les déshérités du monde entier, souvent d'origine asiatique, ainsi qu'en témoigne la tragédie des cinquante-huit victimes de Douvres. Gérer ce flot d'immigration clandestine est une tâche ingrate et difficile. △

Les corps de cinquante-huit immigrants clandestins, cinquante-quatre hommes et quatre femmes d'origine chinoise, ont été découverts le 19 juin à Douvres, dans un conteneur, à l'arrière d'un camion néerlandais en provenance de Zeebrugge. Selon les médecins légistes, ils étaient morts par asphyxie. Deux rescapés, qui avaient miraculeusement survécu malgré des conditions infernales, ont été hospitalisés dans un "état grave".

Ce drame a posé une nouvelle fois le douloureux problème de l'immigration clandestine et de la lutte contre les gangs criminels de passeurs dont les réseaux sont devenus de plus en plus nombreux. Chaque année, en dépit de contrôles accrus, des dizaines de milliers d'hommes et de femmes tentent, en effet, de profiter de ces filières pour pénétrer, par mer ou par route, dans les pays les plus riches d'Europe. Ces immigrés clandestins viennent le plus souvent des pays européens de l'Est, de toute l'Asie, avec affluence de plus en plus grande de Chinois, de toute l'Afrique ainsi que du Proche-Orient, avec une majorité de Kurdes turcs ou irakiens.

Selon l'OCDE, "les exilés rêvent d'améliorer leurs conditions de vie, de trouver un emploi et de donner de meilleures chances à leurs enfants". Ils paient très cher pour s'assurer les services de passeurs sans scrupule. Pour reprendre l'exemple des victimes de la tragédie de Douvres, on sait que les Chinois dépensent 5000 dollars (plus de 200 000 francs) et parfois davantage afin de se rendre illégalement en Europe où ils sont pris généralement en charge par des communautés d'accueil de leur pays d'origine.

En raison du renforcement des contrôles dans tous les pays de l'Union européenne, les itinéraires sont devenus de plus en plus complexes. Certains Chinois arrivent par voie terrestre de Russie après avoir traversé la Biélorussie, la Pologne et l'Allemagne, d'autres par voie maritime, accostant soit en Espagne, soit en Italie.

Au cours des deux dernières années, la Grande-Bretagne a connu une augmentation importante du nombre d'immigrés clandestins. Plaque tournante des transports maritimes, Douvres est l'aboutissement de nombreuses filières. Pressé par l'opposition conservatrice et attaqué sans ménagement par une presse populaire, volontiers raciste, le gouvernement travailliste a été obligé de resserrer les boulons en matière de contrôle de ses voies d'accès.

Rappelons que le Royaume-Uni n'a pas souscrit à la convention de Schengen qui a supprimé les contrôles des personnes aux frontières intérieures, mais qui a aussi permis de mettre en place un réseau automatisé d'informations policières et une harmonisation des conditions de délivrance de visas pour les courts séjours.

Les ports sont les plaques tournantes du trafic des clandestins. Les camions sont sévèrement contrôlés. Ce qui n'empêche pas toujours les drames... ▽

Hubert Dethier
Professeur ordinaire de philosophie
à la VUB
(Vrije Universiteit Brussel)

Le séquençage du génome humain

Artis-Historia : A propos du séquençage du génome humain, le chercheur britannique John Stutson a déclaré se trouver devant la plus grande découverte de l'humanité depuis Darwin. Partagez-vous cet avis ?

Hubert Dethier : Je suis d'accord avec cette constatation, même si je préfère comparer une telle découverte à la fission de l'atome parce que nous allons là aussi vers l'infiniment petit. Ce sont, en fait, deux moments très importants dans le développement des sciences réductionnistes qui tentent de tout saisir à partir des éléments les plus petits. La comparaison avec Darwin me semble également évidente parce que le darwinisme a permis de comprendre le problème de la sélection naturelle. Or, la sélection naturelle est une manière d'expliquer le déroulement des scénarios naturels. La manipulation génétique grâce à laquelle nous pouvons intervenir à notre tour dans la nature s'ajoute maintenant à cela. C'est pourquoi le séquençage du génome humain se trouve bien dans le prolongement de la découverte de Darwin.

A.H. : Avez-vous le sentiment que le séquençage du code génétique de l'homme appartient au monde scientifique international, donc à l'humanité entière, comme l'ont déclaré Bill Clinton et Tony Blair ?

H.D. : S'il y a des avantages à cette pratique, il faut évidemment que le monde entier puisse en profiter. Nous ne parlons pas encore des dangers éventuels liés à la thérapie génétique si l'on passait au remplacement d'un matériel héréditaire moins bon par un meilleur, en intervenant directement dans le noyau cellulaire. Ceci peut mener à une médecine très complexe, mais aussi fort coûteuse, qui ne sera pas à la portée de tout le monde. Nous connaissons déjà l'existence d'une médecine à double vitesse, l'une pour les pauvres, l'autre pour les riches. Le fossé pourrait encore se creuser. Je ne sais donc pas si le monde entier en tirera profit. Mais nous saurons évidemment beaucoup mieux quelles sont les relations entre ce que nous appelons les "races". C'est là une chose qui intéresse l'humanité entière.

A.H. : Quels sont les problèmes éthiques que pose une telle découverte ?

H.D. : Un problème éthique s'est posé dès le début. Avons-nous le droit de tout faire? Il existe une autre attitude, l'attitude holiste envers la nature, selon laquelle nous ne voulons pas lui dérober ses derniers secrets. Il y a, comme disait Nietzsche, quelque chose de blâmable dans la manière obscène dont nous caressons la nature, dont nous la traitons en voulant lui arracher ses plus infimes secrets. Est-ce justifié ? Ne la mettons-nous pas en danger et, par conséquent, nous-mêmes en agissant de la sorte ? Nous avons vécu le même phénomène avec l'énergie nucléaire. Les physiciens nucléaires n'ont pas témoigné de prudence et l'atmosphère est désormais fortement polluée. Il y a dans l'air quantité de substances nocives que nous respirons et qui menacent la vie. Nous constatons, par exemple, qu'il y a une forte diminution du sperme humain. Ce sperme perd aussi en qualité et il n'existe pas d'explication concluante. Les physiciens nucléaires ont réalisé des choses qu'ils ne pouvaient pas prévoir parce qu'ils travaillaient dans l'inconnu. Les biologistes moléculaires, les généticiens ne peuvent suivre le même chemin. La recherche doit certes être poursuivie. Mais il faut bien cerner les difficultés du problème auquel nous sommes confrontés.

A.H. : Le séquençage du génome humain va permettre d'énormes progrès dans la lutte contre les maladies. Or, depuis qu'il est capable de penser, l'homme a rêvé d'être immortel. Est-ce encore une utopie ?

H.D. : On va faire évidemment des progrès considérables dans la lutte contre les maladies. Que l'homme ait toujours pensé à l'immortalité, cela ne fait aucun doute. La première étape est évidemment l'accroissement de la durée de la vie. L'espérance moyenne peut aller certainement jusqu'à cent trente ans. Mais je ne sais pas quelle sera la solution concernant le vieillissement de la population qui pose déjà de gros problèmes techniques, sociaux et éthiques. On parle également de la "télécharge" de la conscience. De nombreux philosophes se penchent déjà sur cette question. Mettre sur ordinateur toute notre vie, toutes nos connaissances et tous les éléments de notre connaissance qui peuvent être enregistrés et les télécharger à volonté, les faire revivre d'une certaine manière. Nous pourrions ainsi poursuivre notre vie comme une cassette introduite dans l'ordinateur. Mais que vaudrait une telle vie? En ce qui me concerne, cela me donnerait très peu de satisfactions par rapport à l'immortalité de mon âme. Pourquoi aspirer à l'immortalité si une vie richement développée dans la mortalité est possible ? Je ne voudrais pas être immortel. Je pense qu'il faut pouvoir accepter la mort. Cela augmente la qualité de la vie, car je n'ose pas poser la question de la qualité éthique d'une vie qui serait devenue immortelle.

JUILLET

CHRONOLOGIE

DOSSIERS

L'AVIS D'UN EXPERT

Le Concorde d'Air France s'arrache du sol en traînant un déluge de feu. La tour de contrôle a signalé à l'équipage que des flammes s'échappaient à l'arrière, mais il n'était plus possible d'arrêter le supersonique qui avait déjà dépassé la vitesse de 300 km/heure. Quelques instants plus tard, l'appareil s'écrasera à Gonesse. Bilan : cent quatorze morts.

JUILLET

Lu	Ma	Me	Je	Ve	Sa	Di
					1	2
3	4	5	6	7	8	9
10	11	12	13	14	15	16
17	18	19	20	21	22	23
24/31	25	26	27	28	29	30

MONDE

1

* IRAN - Dix des treize juifs iraniens, accusés d'espionnage au bénéfice d'Israël, sont condamnés à des peines de quatre à seize ans de prison par le tribunal révolutionnaire de Chiraz.

3

* TCHETCHENIE - Quelque cinquante policiers russes sont tués à la suite de l'explosion d'un camion piégé à Argoun. C'est l'attentat le plus meurtrier depuis le début de l'intervention des troupes fédérales en octobre 1999.

5

* SIERRA LEONE - Le Conseil de sécurité de l'ONU adopte la résolution 1306 imposant un embargo sur les exportations de diamants en provenance de Sierra Leone, dont 90% des mines sont aux mains des rebelles.

6

* YOUGOSLAVIE - Le Parlement modifie la Constitution afin de permettre au président Slobodan Milosevic de se représenter à la fin de son mandat en juillet 2001. L'élection présidentielle se fera désormais au suffrage universel.

8

* ETATS-UNIS - Pour la deuxième fois de l'année, un essai d'interception balistique effectué au-dessus de l'océan Pacifique par le Pentagone échoue. Ce projet américain de bouclier antimissiles avait été vivement critiqué par la Russie, la Chine et plusieurs pays européens qui craignent une relance de la course aux armements nucléaires.

11

* PROCHE-ORIENT - A Camp David, un nouveau sommet israélo-palestinien, destiné à remettre sur rails le processus de paix, s'ouvre sous l'égide de Bill Clinton. Face à Yasser Arafat, Ehoud Barak se présente fragilisé par deux motions de censure repoussées de justesse par la Knesset. **page 101**

15

* ESPAGNE - L'ETA signe un nouveau meurtre. A Málaga, José Maria Martin Carpena, conseiller municipal appartenant au Parti populaire, est abattu devant son domicile. Au cours de la semaine, l'organisation basque avait commis deux autres attentats à la voiture piégée qui avaient fait une dizaine de blessés.

23

* G 8 - Le sommet du G 8 s'achève à Okinawa par une nouvelle promesse des pays les plus industrialisés du monde de s'attaquer au fossé entre les riches et les pauvres. De l'avis unanime, Vladimir Poutine a réussi son examen d'entrée parmi les "grands".

25

* PROCHE-ORIENT - Après quinze jours de négociations, le sommet israélo-palestinien de Camp David échoue sur la question de Jérusalem. **page 101**

28

* PEROU - La cérémonie d'investiture d'Alberto Fujimori, réélu à la présidence dans des conditions contestées par une partie de la population, donne lieu à de vio-

Changement historique au Mexique

Le candidat du Parti d'Action nationale (PAN), Vicente Fox Quesada (notre photo), est élu, le 2 juillet, président de la république du Mexique. C'est la première fois depuis 1929 que le Parti révolutionnaire institutionnel (PRI) perd le poste de chef de l'Etat. En infligeant une véritable déroute à son adversaire du PRI (43% des voix contre 36%), Fox a mis fin à l'hégémonie longue de septante et un ans d'un parti qui s'était souvent maintenu au pouvoir par la fraude et la corruption. Le nouveau président a été formé à l'américaine au sein de Coca-Cola où il a gravi un à un les échelons, passant du rang de simple délégué commercial à celui de P-DG pour le Mexique et les Caraïbes. Entré en politique, il est rapidement devenu gouverneur de l'Etat de Guanajuato.

Profitant de la volonté de changement des Mexicains, il a mené campagne sur des thèmes populistes. Homme de droite que l'on dit parfois intolérant et autoritaire, il a placé la rigueur budgétaire au premier plan de son programme de gouvernement afin de séduire les investisseurs étrangers, américains de préférence.

lents incidents qui font six morts.

29
* ESPAGNE - L'ancien préfet socialiste de Gipuzcoa, Juan Maria Jauregui, est assassiné dans un bar de Tolosa au Pays basque. C'est le dixième attentat de l'ETA en un mois et le septième meurtre depuis la rupture de la trêve en décembre 1999.

30
* VENEZUELA - Le président Hugo Chavez, qui avait décidé de remettre son mandat en jeu à la suite de l'approbation d'une nouvelle Constitution, est réélu pour six ans.

31
* ISRAEL - Le candidat de la droite, Moshe Katzav, est élu chef de l'Etat hébreu aux dépens du travailliste Shimon Peres. En revanche, Ehoud Barak obtient un sursis devant la Knesset, surmontant deux motions de censure.

BELGIQUE

5
* MINISTRE CONGOLAIS INCULPE - La justice belge décide d'inculper le ministre congolais des Affaires étrangères Abdoulaye Yerodia de "crimes de droit international" et délivre un mandat d'arrêt international à son encontre.

11
* LA FETE FLAMANDE - La fête flamande, qui commémore la bataille des Eperons d'Or, se déroule à Anvers dans un climat plus serein que précédemment. Le ministre-président Patrick Dewael (VLD) plaide pour une Région ouverte et tournée vers le futur.

20
* PLAN COPERNIC - Les résultats de l'enquête publique sur la réforme de l'administration (plan Copernic) démontrent le peu d'intérêt pour cette initiative du gouvernement fédéral : seulement 757 810 questionnaires (9% du total) ont été renvoyés.

21
* LA FETE NATIONALE - Le traditionnel défilé organisé à l'occasion de la fête nationale a lieu selon un scénario quasi immuable. Dans son message à la nation, le roi laisse entendre que, malgré les deux opérations qu'il a subies, il compte poursuivre sa mission.

<u>Juillet sans soleil en Belgique et canicule en Europe du sud-est</u>

En Belgique, le mois de juillet a été le plus sombre du siècle avec 86 heures d'ensoleillement, alors que la moyenne est de 198 heures. Les quantités d'eau qui sont tombées sur notre pays sont également au-dessus des moyennes saisonnières, avec 137 litres par mètre carré pour 74 litres d'ordinaire. Les valeurs varient toutefois fortement selon les régions. A la côte par exemple, les moyennes ont été à peine plus élevées que de coutume tandis que, dans la région liégeoise, il tombait une quantité de pluie trois fois supérieure à la normale. Du côté des températures enfin, le moyenne de 15° est certes fraîche, mais elle n'est pas exceptionnelle selon l'IRM.

Alors que la Belgique connaissait un mois de juillet "pourri", la canicule a sévi durant la première quinzaine sur l'Europe du sud-est. De la Roumanie à la Turquie en passant par la Grèce, les populations ont été plongées dans une véritable fournaise, causant des dizaines de morts et des centaines d'incendies. A Athènes, le thermomètre a frôlé les 45° et il s'est maintenu au-dessus des 40° pendant plusieurs jours sur tout le territoire turc. Températures record également à Bucarest (42°) et à Sofia (40°).

ECONOMIE

6
* VOLKSWAGEN CONDAMNE - Le tribunal de première instance des Communautés européennes condamne le groupe allemand à un amende de 90 millions d'euros, soit 3,627 milliards de francs pour non-respect des règles de la concurrence. Volkswagen avait interdit à ses concessionnaires italiens de vendre des voitures à des consommateurs allemands.

25
* GB SOUS PAVILLON FRANÇAIS - Le groupe GB qui compte près de cinq cents magasins en Belgique passe sous le contrôle du groupe français Carrefour qui consolide ainsi sa première place sur le marché européen de la distribution.

SOCIETE

1
* TELEPHONE - Les Belges doivent s'adapter à un nouvel usage en matière téléphonique. Pour les postes fixes comme pour les appareils portables, il faut désormais former le préfixe de son correspondant, même si l'on se trouve dans la même zone que lui. Ce passage obligé aux numéros à neuf chiffres a dérouté de nombreux usagers.

5
* EPURATION DES EAUX USEES - La Cour européenne de justice de Luxembourg condamne la Belgique pour manquement à ses obligations en matière de traitement des eaux usées. La région de Bruxelles-Capitale est particulièrement visée.

6
* COLLISION FRONTALE - A Soria, un car emmenant des

jeunes de deux écoles religieuses de la banlieue de Barcelone vers une colonie de vacances entre en collision frontale avec un camion. Le bilan est de vingt-neuf morts.

8

* SIDA - La treizième conférence internationale sur le sida s'ouvre à Durban, en Afrique du Sud.
* EUTHANASIE - Paralysé dans son lit et condamné à mourir par étouffement, Jean-Marie Lorand, auteur d'un livre bouleversant intitulé "Aidez-moi à mourir", reçoit de son médecin les médicaments destinés à mettre fin à ses jours. Cette mort volontaire intervient au cœur du débat sur l'euthanasie au Sénat.

9

* EXPLOSION D'UN OLEODUC - A Adeje, dans le sud du Nigeria, l'explosion d'un oléoduc fait plus de deux cent cinquante morts parmi les villageois occupés à siphonner du carburant pour le vendre illégalement.

10

* JOURNALISTES PRIS EN OTAGES - Trois journalistes d'une équipe de France 2, qui réalisaient un reportage sur les otages de Jolo, sont à leur tour retenus prisonniers par le groupe Abu Sayyaf.

11

* TRAGIQUE RETOUR DE VACANCES - A La Ferté-Saint-Aubain, un car qui ramenait d'un camp en Auvergne des jeunes gens appartenant au patro Saint-Eloi de Jurbise quitte la route et se renverse dans le fossé. Deux adolescents de treize ans sont tués dans l'accident.
* EFFONDREMENT D'UNE MONTAGNE D'ORDURES - A Manille, les pluies entraînent l'effondrement d'une décharge peuplée de quelque deux cent mille habitants. Ce drame de la misère fait plus de cent morts.

14

* CIGARETTIERS CONDAMNES - Les cinq plus gros fabricants de cigarettes des Etats-Unis sont condamnés, par un tribunal de Miami, à payer une amende colossale (145 milliards de dollars, soit près de 6000 milliards de francs) pour indemniser les quelque 500 000 fumeurs de Floride, victimes du tabac.
Les procédures d'appel risquent toutefois de durer plusieurs années.

17

* ECOTERRORISME - Des ouvriers licenciés d'une filature de Givet dans le nord de la France déversent de l'acide sulfurique dans une rivière se jetant dans la Meuse. Les autorités françaises interviennent rapidement pour éviter que les eaux, coulant en aval, c'est-à-dire en territoire belge, ne soient polluées.
* OTAGE LIBEREE - L'un des trente-six otages occidentaux détenus depuis le 23 avril dans l'île de Jolo par le groupe Abu Sayyaf, l'Allemande Renate Wallert, est libéré. Son état de santé suscitait certaines inquiétudes.
* CATASTROPHE AERIENNE EN INDE - Un Boeing 737 d'une compagnie indienne s'écrase au moment d'atterrir à l'aéroport de Patna, à l'est de New Delhi. Une soixantaine de personnes périssent dans la catastrophe.

25

* LE DRAME DU CONCORDE - Un Concorde d'Air France qui devait rallier New York s'écrase peu après le décollage à l'aéroport de Roissy. L'accident fait cent quatorze victimes. **page 103**

SCIENCES ET TECHNIQUES

26

* PIRATAGE CONDAMNE - Un tribunal de San Francisco a

L'inauguration du pont de l'Öresund

La reine Margrethe II du Danemark et le roi Carl XVI Gustaf de Suède inaugurent officiellement, le 1er juillet, le pont qui relie leurs pays, enjambant le détroit de l'Öresund.

En réalité, le pont ne représente que la moitié de l'ouvrage qui est long de 16 kilomètres, mais qui comprend aussi un tunnel de 3510 mètres, partant du côté danois pour aboutir à une île aritificielle de 430 mètres. C'est à partir de là que s'élance véritablement le pont vers la côte suédoise.

Le projet avait été adopté en 1991, mais les travaux n'ont commencé qu'en 1995. Ils ont coûté plus de 100 milliards de francs. Un billet simple par chemin de fer entre les centres de Copenhague et Malmö coûtera 320 francs pour un trajet de 35 minutes. Pour les voitures, des abonnements sont proposés qui limiteront le prix du passage à 345 francs. On prévoit une fréquentation moyennne de 11 800 véhicules par jour.

condamné le site napster.com à interrompre ses activités. Celui-ci offrait la possibilité de télécharger gratuitement des millions de chansons.

CULTURE

18
* PEINTURE - Une exposition consacrée au peintre belge Pierre Alechinsky ouvre ses portes au Musée provincial d'Ostende.

20
* LE PALAIS DE CHARLES QUINT - Les vestiges de l'ancien palais de Bruxelles, détruit par un incendie en 1731, sont désormais accessibles au public. C'est dans ce palais que Charles Quint abdiqua en 1556.

28
* MUSIQUE - Le deux cent cinquantième anniversaire de la mort de Jean-Sébastien Bach est célébré non seulement en Allemagne, mais partout dans le monde. Sur la RTBF, Musique 3 et la Deux s'unissent pour réaliser "24 heures de Bach". 👁page 105

Agée de 63 ans, Tina Turner a effectué sa dernière tournée mondiale. Elle a fait ses adieux au public belge devant 70 000 spectateurs à Werchter. ▽

Lance Armstrong remporte son deuxième Tour de France

L'Américain Lance Armstrong remporte, le 23 juillet, son 2e Tour de France consécutif avec 6 minutes 02 d'avance sur l'Allemand Jan Ullrich et 10 minutes 04 sur l'Espagnol Joseba Beloki. Le premier Belge, Kurt Van de Wouwer, se classe 17e à 34 minutes 29.

La première victoire d'Armstrong sur les Champs-Elysées, à l'issue du Tour 1999, avait paru un authentique miracle. Atteint d'un cancer à un testicule en 1996, il avait été ensuite opéré au cerveau et avait dû se soumettre à un traitement épuisant pour vaincre la maladie. Son retour au premier plan de la scène sportive avait suscité un profond sentiment d'admiration.

Cette année, le Texan s'est emparé du maillot jaune au soir de la dixième étape, Dax-Lourdes-Hautacam et, malgré une défaillance dans les Alpes, il n'a plus été vraiment inquiété. Son seul succès partiel, dans l'étape contre la montre Fribourg-Mulhouse (notre photo), a ôté tout espoir à ses adversaires.

Les coureurs belges ont remporté deux victoires d'étape grâce à Tom Steels, vainqueur de sprints massifs à Loudun et à Nantes.

SPORTS

2
* FOOTBALL - Deux ans après avoir remporté le titre mondial, la France devient championne d'Europe. A Rotterdam, en finale de l'Euro 2000, elle bat l'Italie par 2-1. 👁page 98

6
* FOOTBALL - A Zurich, le comité exécutif de la fédération internationale (FIFA) attribue l'organisation de la coupe du monde 2006 à l'Allemagne par douze voix contre onze à l'Afrique du Sud. La déception est vive dans tout le continent africain.

9
* TENNIS - En battant l'Australien Patrick Rafter en quatre sets, l'Américain Pete Sampras l'emporte pour la septième fois à Wimbledon. Il établit ainsi un nouveau record : treize victoires dans un tournoi du Grand Chelem.

23
* CYCLISME - Vêtu du maillot jaune depuis la traversée des Pyrénées, l'Américain Lance Armstrong remporte pour la deuxième fois de suite le Tour de France.
* TENNIS - En battant l'Italie par 4-1, à Mestre, la Belgique se maintient dans le groupe mondial de la Coupe Davis.

La conquête de l'Europe plus difficile que celle du monde pour la France

Philippe Hereng

La Belgique et les Pays-Bas se sont partagé les grands moments de cet Euro 2000. C'est au stade Roi-Baudouin, à Bruxelles, que se déroula la cérémonie d'ouverture. △

Le 14 juin 1995, l'Union européenne de football (UEFA) confiait aux fédérations belge (URBSFA) et néerlandaise (KNVB) l'organisation de l'Euro 2000. "Il s'agit de tourner définitivement la page du drame du Heysel", soulignait à l'époque Alain Courtois, alors secrétaire général de l'Union belge et futur directeur du tournoi. Le Heysel, il faut bien l'évoquer une dernière fois. Le 29 mai 1985, Bruxelles accueille la finale de la coupe d'Europe des clubs champions entre la Juventus de Turin et Liverpool. C'est un match à hauts risques, mais personne n'en tient compte. Sur les gradins du vieux stade, les hooligans passent à l'assaut du bloc Z qu'occupe une majorité de supporters italiens. Les forces de l'ordre assistent, impuissantes, à cette explosion de violence. Il y aura trente-neuf morts. L'Europe du football prononce à l'égard de la Belgique, coupable de graves négligences, un ostracisme qui durera dix ans.

En 1995, la page est finalement tournée et c'est dans une atmosphère sereine que les dirigeants belges et leurs collègues néerlandais vont se mettre à l'ouvrage. Car deux pays ont obtenu, pour la première fois dans l'histoire des grandes compétitions, la charge d'organiser une épreuve. C'est une idée qui a cheminé longtemps avant d'aboutir. La Belgique et les Pays-Bas avaient déjà présenté un projet commun pour l'Euro 1996, mais les Anglais étaient plus avancés et la candidature des "plats pays" fut reportée de quatre ans. Ce n'était peut-être pas plus mal...

On eut quatre années de travail supplémentaires pour mener à bien les concertations avec les pouvoirs publics, pour rénover les stades et pour mettre en place les services de sécurité. Le dimanche 2 juillet 2000, au Kuip de Rotterdam, alors que les champions du monde français fêtaient leur nouveau titre de champions d'Europe, Alain Courtois et son équipe belgo-néerlandaise pouvaient, en tout cas, pousser un soupir de soulagement. A part quelques incidents inévitables, cet Euro 2000 s'était déroulé parfaitement et il avait été, en outre, d'un excellent niveau sportif. On en oublia le prix, qui n'avait pas été dérisoire, et les déceptions causées par les footballeurs des deux nations organisatrices qui espéraient mieux...

Les Diables rouges encore loin des sommets

Le 10 juin, des milliers de supporters, bariolés aux couleurs de la Belgique, se pressent aux portes du stade Roi-Baudouin pour encourager les Diables rouges de Robert Waseige. L'entraîneur liégeois a rendu une âme à notre équipe nationale qui a réussi quelques bonnes performances dans les rencontres de préparation. La compétition, c'est autre chose cependant. Devant les Suédois, les Belges paraissent crispés en début de partie, mais Bart Goor libère ses coéquipiers en marquant le premier but du tournoi peu avant le repos. A la reprise, un deuxième but, signé Emile Mpenza, assure la victoire de la Belgique malgré une bévue incroyable du gardien Filip De Wilde. C'est tout de même un bon début!

La suite allait être malheureusement moins réjouissante. Certes, il n'y avait pas lieu de paniquer après la défaite devant l'Italie (2-0) qui était l'une des favorites de l'épreuve. Un point devant la Turquie, lors du troisième match, devait d'ailleurs suffire aux hommes de Robert Waseige pour franchir ce premier tour. Ceux-ci allaient être toutefois incapables de l'obtenir. Un but d'Emile Mpenza fut annulé pour un hors-jeu de Luc Nilis et, juste avant le repos, Filip De Wilde intervint maladroitement sur un ballon qui venait de rebondir dans sa surface. A l'affût, le Turc Hakan Sukur se montra plus prompt que lui.
La seconde mi-temps fut à sens unique, mais ce fut Hakan Sukur, encore lui, qui marqua un deuxième but sur contre-attaque. Pour couronner le tout, De Wilde se fit exclure et Eric Deflandre dut prendre sa place dans le but.

La déception était immense. Pour la première fois, un pays organisateur était éliminé dès le premier tour, pis, après une défaite devant une équipe comme la Turquie qui ne figure pas parmi les "grands" d'Europe. Sans doute avait-on parlé trop tôt de la miraculeuse résurrection du football belge.

Pendant ce temps-là, les rencontres des autres groupes avaient été souvent passionnantes. Deux des plus grandes nations du football mondial, l'Angleterre et l'Allemagne, n'avaient pas été plus heureuses que la Belgique et avaient sombré dès le premier tour dans un groupe où le Portugal avait d'emblée fait figure de révélation. Pour les services de sécurité, la disparition prématurée de l'équipe anglaise n'était pas regardée en soi comme une catastrophe. Car à Charleroi comme à Bruxelles, les forces de l'ordre avaient eu fort à faire pour contenir les débordements des incorrigibles hooligans...

Le groupe C se révéla le plus indécis de tous avec un Yougoslavie-Slovénie qui fut l'un des plus extraordinaires du tournoi. Pourtant réduite à dix hommes, l'équipe yougoslave parvint à remonter en quelques minutes un handicap de trois buts, arrachant ainsi le point du partage. Mais de quelle nervosité firent preuve les deux entraîneurs, Vujadin Boskov et Sreko Katanec! C'est dans ce groupe C également que l'Espagne redressa une situation jugée désespérée après une défaite initiale contre la Norvège. Menés 2-3 devant la Yougoslavie à l'issue du temps réglementaire, les joueurs de José Antonio Camacho profitèrent des arrêts de jeu pour inscrire deux buts, se qualifiant d'extrême justesse aux dépens des malheureux Norvégiens.

Enfin dans le groupe D, que l'on avait surnommé le "groupe de la mort", le verdict tomba très tôt. La France et les Pays-Bas étaient déjà qualifiés après les deux premiers matches qu'ils avaient remportés. Leur duel n'était plus qu'affaire de prestige ou de convenances personnelles. Battue et classée deuxième, la France n'était pas trop mécontente de pouvoir disputer son quart de finale "chez elle", à Bruges.

Les champions du monde allaient donc affronter l'Espagne dans ce stade Jan-Breydel où ils se sentaient si bien. Cette rencontre était d'ailleurs considérée comme la tête d'affiche des quarts de finale. Elle tint ses promesses. Zinedine Zidane, le meilleur joueur du tournoi, ouvrit le score sur coup franc après une demi-heure de jeu. L'Espagnol Mendieta égalisa sur un coup de réparation, mais Youri Djorkaeff, déjà décisif contre la République tchèque, redonna l'avantage à la France. L'Espagne redoubla d'efforts en seconde mi-temps et faillit rejoindre son adversaire à la 90e minute lorsque l'arbitre désigna le point de penalty à la suite d'un contact entre le gardien Barthez et Abelardo. Mais Raul ruina les espoirs espagnols en expédiant le ballon au-dessus du but. Premier clin d'œil de la Fortune aux hommes de Roger Lemerre!

Le Portugal, révélation du tournoi

Dans les autres quarts de finale, le Portugal confirma tout le bien que l'on avait dit de son équipe et de sa grande vedette Luis Figo en s'imposant sans discussion à la Turquie qui n'était pas irrésistible. Regrets superflus pour nos Diables! L'Italie battit la Roumanie dans un match propre et sans bavure, à l'italienne en quelque sorte, et grâce à des buts de Totti et d'Inzaghi. Enfin, les Pays-Bas écrasèrent la Yougoslavie (6-1) avec trois buts de Patrick Kluivert. Nos voisins, qui manquent parfois de mesure, se laissèrent aussitôt envahir par un sentiment d'euphorie. Ce titre ne pouvait leur échapper!

Emile Mpenza, que l'on voit aux prises avec un défenseur suédois, fut l'attaquant le plus redoutable de l'équipe belge. Il inscrivit d'ailleurs le deuxième but contre l'équipe scandinave. ▽

Ils en étaient même convaincus quelques jours plus tard au terme de la première mi-temps de la demi-finale qui les opposait à l'Italie à l'Arena d'Amsterdam. Les "azzurri" avaient été réduits à dix hommes à la suite de l'exclusion de Zambrotta et ils ne quittaient plus leur surface de réparation. A vrai dire, les Néerlandais eurent, en deux heures de temps (prolongation comprise), toutes les chances de s'imposer, multipliant les occasions de but et obtenant deux penalties qu'ils manquèrent, le premier par Frank De Boer, le second par Patrick Kluivert qui tira sur le poteau. Il fallut donc recourir aux tirs au but que certains comparent volontiers à la roulette russe. Bien entendu, la confiance n'habitait plus le camp orange. Après avoir gaspillé deux penalties, les Néerlandais loupèrent encore trois tirs au but par De Boer, Stam et Bosvelt. Cinq ratés au total, c'était beaucoup! Avec leur réalisme traditionnel, les Italiens ne laissèrent pas passer une telle occasion et ils quittèrent la pelouse amstellodamoise en portant en triomphe leur gardien Francesco Toldo qui s'était surpassé pendant le siège de son but et pendant les tête-à-tête angoissants des penalties.

Dans l'autre demi-finale qui avait eu lieu la

Zinedine Zidane se révéla, une fois de plus, le stratège de l'équipe de France qu'il conduisit au titre de champion d'Europe deux ans après avoir assuré la victoire en finale du championnat du monde. △

veille à Bruxelles, la France avait eu à nouveau la chance de son côté. Le Portugal confirma pour la dernière fois qu'il était bien la révélation de cet Euro 2000. Nuno Gomes avait ouvert le score sur la première occasion réelle de l'équipe portugaise, mais les Français, très sûrs d'eux, avaient réagi en seconde période par Thierry Henry, le meilleur buteur de la formation tricolore. On alla donc à la prolongation sous le fameux signe du "but en or". Les deux gardiens, Barthez et Baia, semblaient toutefois invulnérables. Il fallut, à deux minutes de la fin, une faute de main malheureuse d'Abel Javier sur un centre du remplaçant Sylvain Wiltord pour régler le sort des surprenants Portugais. Car Zinedine Zidane, parfaitement maître de ses nerfs, ne manqua pas le penalty.

Du paradis en enfer pour trente secondes

Disputée au Kuip de Rotterdam, devant 51 000 spectateurs et des dizaines de millions de téléspectateurs, la finale de cet Euro 2000 fut à la fois grandiose et dramatique. La France parut plus crispée qu'à l'ordinaire. Visiblement, Zidane cherchait ses marques au centre du jeu alors que l'Italie paraissait mieux organisée. Axant son jeu sur une défense sans faille, elle remontait rapidement le terrain pour tenter d'inquiéter Fabien Barthez. Quand, à la 52e minute, Del Vecchio reprit en demi-volée du plat du pied un centre splendide de Pessotto, logeant le ballon sous la barre transversale, il ne se trouva personne parmi les observateurs neutres pour crier au scandale. Les "azzurri" avaient mieux joué que leurs prestigieux adversaires. Mais ceux-ci sortirent enfin de leur réserve. Ils n'avaient plus rien à perdre et ils se lancèrent à l'assaut du but transalpin. Peine perdue, se disait-on. Lorsqu'il faut tenir un résultat, les équipes italiennes n'ont pas leurs pareilles, à plus forte raison si elles possèdent un gardien de la classe de Francesco Toldo. Le temps réglementaire était écoulé et, malgré la prudence érigée en principe sacro-saint dans le "calcio", on fêtait déjà le titre sur le banc italien. C'est alors que la catastrophe (pour l'Italie) se produisit. Sylvain Wiltord profita d'un ballon mal négocié par Cannavaro pour rétablir l'égalité. Il restait 30 secondes d'arrêts de jeu à disputer! Que pouvaient espérer les hommes de Dino Zoff dans cette prolongation sous la menace du "but en or"? Peu de choses évidemment. Ils étaient brisés mentalement, leurs adversaires en pleine euphorie. Après 13 minutes, David Trezeguet scella le destin de cette bouleversante finale d'une volée du gauche dans la lucarne.

Seize ans après avoir enlevé son premier titre continental sous la baguette de Michel Platini, la France était à nouveau championne d'Europe.

Le capitaine français Didier Deschamps brandit le trophée arraché au terme d'une bouleversante finale contre l'Italie. Le stade de Feyenoord fait la fête aux nouveaux champions d'Europe. ▽

Le sommet de Camp David achoppe sur Jérusalem

Lorsque les accords, qui ont été négociés secrètement à Oslo, sont scellés spectaculairement par une poignée de main historique entre le premier ministre israélien, Yitzhak Rabin, et le président du comité exécutif de l'OLP, Yasser Arafat, le 13 septembre 1993, sur la pelouse de la Maison-Blanche, le monde a toutes les raisons de croire que la paix est en vue au Proche-Orient. Sept ans plus tard, on sait qu'il s'agissait là d'une illusion...

Bill Clinton aux côtés de ses hôtes, Ehoud Barak et Yasser Arafat, à Camp David . Il est encore permis d'espérer... △

Les Israéliens refusent de nouvelles concessions. Ils le font savoir à Ehoud Barak au cours d'une manifestation gigantesque à Tel-Aviv. ▽

Avant d'achever son deuxième et dernier mandat, Bill Clinton aurait souhaité relancer au moins le processus de paix et laisser dans l'Histoire le souvenir d'un grand succès de la diplomatie américaine. Telle était, en effet, l'ambition du sommet de Camp David qui s'ouvrit, le 11 juillet, dans la résidence d'été des présidents des Etats-Unis.

Le lieu n'avait pas été choisi par hasard. C'est dans cette agréable propriété abritant une vingtaine de chalets rustiques, à l'ouest de Washington, que, en 1978 et 1979, de fructueuses négociations avaient permis la conclusion, sous l'égide du président Jimmy Carter, d'un traité de paix entre l'Egypte et Israël. Malgré un état de guerre qui durait depuis trente ans, le contentieux entre Le Caire et Jérusalem ne comportait cependant pas de problème insoluble. Ce n'était malheureusement pas le cas cette fois...

Depuis Oslo, trois obstacles majeurs ont régulièrement ensablé le processus de paix : la superficie du futur Etat palestinien et le sort des colonies juives, le retour des réfugiés palestiniens et surtout la question de Jérusalem, capitale "unifiée et éternelle" de l'Etat hébreu pour les uns, capitale dans sa partie orientale de la nouvelle Palestine pour les autres.

La partie n'était facile ni pour le premier ministre israélien, Ehoud Barak, fragilisé avant son départ pour les Etats-Unis par une motion de censure repoussée de justesse par la Knesset, ni pour le président de l'Autorité palestinienne, Yasser Arafat, de plus en plus contesté par son opinion publique. Pourtant, la volonté de réussir était aussi évidente chez les deux hommes, sans parler de la pression exercée par Clinton pour arriver à un accord, fût-il partiel.

Avant d'entamer leurs entretiens, le président de l'Autorité palestinienne et le premier ministre israélien se font des politesses. Ce climat de cordialité ne durera pas... △

Après quatorze jours d'une négociation marathon qui ne fut même pas totalement interrompue par la courte absence du président américain tenu de participer au sommet du G8 à Okinawa, un constat d'échec était toutefois enregistré.

La question de Jérusalem avait été, une fois de plus, la pierre d'achoppement. Occupée en 1967, la partie orientale de la ville doit être restituée aux yeux des Palestiniens, au même titre que la Cisjordanie et la bande de Gaza. Ils veulent en faire la capitale de l'Etat qu'ils entendent proclamer le 13 septembre. Mais Jérusalem est "une et indivisible" pour les Israéliens ainsi que l'a décrété la Knesset en 1980. Avant de se rendre à Camp David, Ehoud Barak avait d'ailleurs tracé cinq lignes rouges à ne pas transgresser. C'était la principale.

Les positions étaient donc apparemment inconciliables. Certes, le premier ministre israélien a fait quelques concessions, admettant une autonomie municipale pour les quartiers arabes de Jérusalem et même un statut spécial pour la Vieille Ville et les mosquées, mais le président palestinien les a jugées insuffisantes. Bill Clinton n'a pu le faire fléchir sur le point fondamental de la pleine souveraineté sur Jérusalem-Est.

Arafat avait-il du reste le pouvoir de négocier là-dessus? Il est permis d'en douter. Au président français Jacques Chirac qui l'a reçu fin juillet, il a avoué sans ambiguïté : "Je préfère être tué par un Israélien parce que je lui aurai pris Jérusalem, plutôt que par un Palestinien qui me reprochera d'avoir abandonné Jérusalem."

En dehors de ce problème majeur, il y a tout de même eu quelques progrès. Les Palestiniens ont accepté toutes les demandes israéliennes en matière de sécurité, admettant le principe que le Jourdain reste la frontière de défense de l'Etat hébreu. De leur côté, les Israéliens ont fait savoir que toutes les colonies de la bande de Gaza seraient évacuées. Elles ne sont plus nombreuses, il est vrai...

L'échec global de Camp David n'a d'ailleurs pas empêché les deux parties de promettre qu'elles s'efforceraient de reprendre les négociations "le plus tôt possible". Il ne faut jamais désespérer...

La vieille ville de Jérusalem et ses lieux saints pour les trois grandes religions monothéistes: c'est la principale pierre d'achoppement entre Israéliens et Palestiniens. ▽

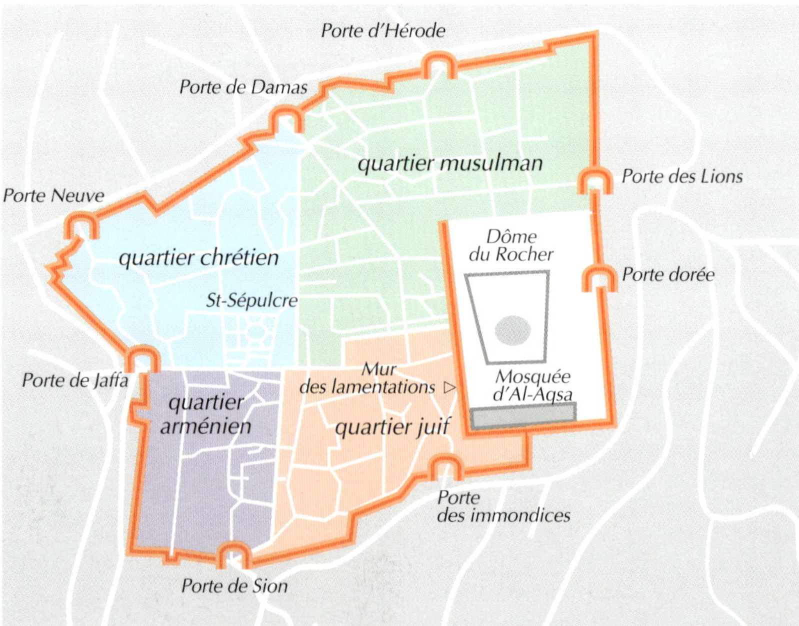

Le crash du Concorde d'Air France

Un Concorde d'Air France, qui venait de quitter l'aéroport de Roissy à destination de New York, le mardi 25 juillet, s'est écrasé à Gonesse, dans le Val-d'Oise, peu après le décollage. L'accident a fait cent quatorze morts, les cent passagers et les neuf membres d'équipage ainsi que cinq personnes employées dans l'hôtel sur lequel l'appareil s'est abîmé. La majorité des passagers étaient des touristes allemands.

Pendant le décollage, la tour de contrôle avait signalé à l'équipage que des flammes s'échappaient à l'arrière de l'appareil. Celui-ci avait toutefois déjà atteint la vitesse de 300 km/heure, ce qui rend le décollage obligatoire. Selon les témoins, l'avion prit une certaine hauteur, malgré des moteurs en feu, amorça un virage, sans doute pour tenter de rejoindre l'aéroport du Bourget, avant de s'écraser.

De leurs premières observations, les enquêteurs ont conclu également qu'un pneu du train d'atterrissage principal gauche avait explosé lors du décollage, laissant des débris sur la piste d'envol. Ceux-ci auraient endommagé les réservoirs et les moteurs. Le décryptage des boîtes noires permet également de supposer que l'accident aurait été causé par l'explosion des pneus, laquelle aurait engendré la panne des moteurs un et deux ainsi qu'une déchirure des réservoirs à l'origine de l'incendie. Les deux compagnies qui utilisent le Concorde, Air France et British Airways, ont tour à tour suspendu les vols de ce type d'appareil.

C'est en 1962 que Sud-Aviation et British Aircraft Corporation présentèrent aux gouvernements français et britannique le projet de construction d'un avion supersonique dont le prototype allait être réalisé un an plus tard. Le premier vol d'une durée de 29 minutes eut lieu le 2 mars 1969 au-dessus de Toulouse. Le 1er octobre de la même année, le Concorde franchissait pour la première fois le mur du son (Mach 1) et, un peu plus d'un an après, le 4 novembre 1970, il atteignait Mach 2 (deux fois la vitesse du son, soit 2200 km/heure). Le 21 janvier 1976, la compagnie française et la compagnie britannique mirent le Concorde en service commercial, l'une sur Rio de Janeiro, l'autre sur Bahreïn.

L'appareil franco-britannique pèse à vide 79 tonnes, mesure 62,19 m pour une envergure de 25,56 m. Il est capable d'emporter 96 tonnes de carburant, ce qui lui donne un rayon d'action de 6018 km. Son altitude de croisière est de 18 288 m et sa vitesse de croisière est de 2200 km/heure. Au décollage, il atteint 400 km/heure. Il effectue la liaison Paris/Londres-New York en 3 heures 45 minutes alors que le Boeing 747 met 7 heures 55 minutes dans le sens Europe-Amérique et 7 heures dans le sens inverse. Le Concorde peut accueillir 100 passagers avec un équipage de neuf personnes (un commandant de bord, un officier pilote, un officier mécanicien, trois hôtesses, deux stewards et un chef de cabine).

Avant l'annulation des vols, treize appareils étaient en service (sept pour British Airways et six pour Air France), tous à destination de New York. L'aller simple coûtait 180 000 francs belges et l'aller-retour 300 000 francs. L'avion supersonique a toujours représenté un gouffre financier, il n'a d'ailleurs jamais été que l'apanage d'une élite fortunée...

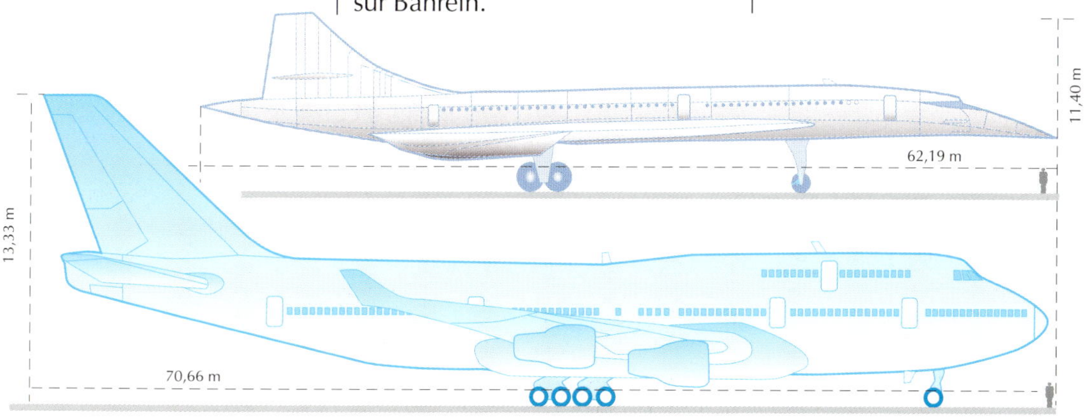

Concorde : vitesse de croisière : 2200 km/h (Mach 2), altitude de vol : 18 288 m, autonomie de 6018 km, nombre de passagers : 100.
Boeing 747-400 : vitesse de croisière : 940 km/h, altitude de vol : 10 670 m, autonomie de 10 475 km, nombre de passagers : 660. △

Les Tziganes veulent être reconnus comme nation

Les grands rassemblements de Tziganes sont toujours impressionnants. Celui-ci a rassemblé plus de quarante mille personnes. △

Les cinq millions de Tziganes, dont un tiers vit en Europe, veulent que les organisations internationales les reconnaissent comme nation et non plus comme groupe ethnique. C'est le souhait qui a été exprimé, le 28 juillet, lors de la journée de clôture du cinquième congrès international des Tziganes, à Prague, auquel prirent part quelque deux cent cinquante délégués de quarante pays.

Le congrès avait été organisé par l'UIR (Union internationale des Rom) qui jouit d'une reconnaissance internationale surtout depuis 1979, année au cours de laquelle elle a été admise comme observatrice au Conseil économique et social des Nations unies.

Les Tziganes représentent une population d'environ cinq millions de personnes dispersées dans le monde. Cette population est caractérisée par une langue et une culture plus ou moins communes. Quelques milliers de Tziganes vivent dans notre pays. Ils ont la réputation d'être un peuple nomade, mais beaucoup d'entre eux, aussi bien jadis qu'actuellement, sont sédentaires. Depuis toujours, les Tziganes jouent un rôle marginal dans la société établie. Leurs occupations traditionnelles sont – ou étaient – le commerce de chevaux, la fabrication et la réparation d'objets en cuir ou en bois, d'instruments à cordes et de tapis, la musique, la danse et la cartomancie.

Les Tziganes sont originaires du nord-ouest de l'Inde. Vers les Xe et XIe siècles, ils se seraient arrêtés longtemps en Grèce où on les appelait "atsinganoï". De ce nom sont dérivées les désignations de "Tziganes" (ou "Tsiganes") en français et "Zingari" en italien. Eux-mêmes se nomment "Rom", ce qui signifie homme.

Les Tziganes ont souvent fait figure de boucs émissaires. Ainsi on leur attribua l'infanticide de Bethléem et le forgeage des clous destinés à la crucifixion du Christ. Ils furent l'objet de persécutions et d'une tentative d'extermination sous le régime nazi. On estime qu'entre 250 000 et 400 000 Tziganes trouvèrent la mort dans le camp d'Auschwitz. Cela représente au moins 25% de la population tzigane habitant les territoires occupés par l'Allemagne en Europe orientale et occidentale. Aujourd'hui encore, les Tziganes sont opprimés en République tchèque, en Slovaquie, en Bulgarie et en Roumanie.

Dans les pays d'Europe centrale et orientale, les musiciens tziganes sont réputés pour leur virtuosité au violon et, en Espagne, à la guitare. Django Reinhardt est mondialement connu comme guitariste de jazz. La littérature tzigane est une littérature populaire.

La convivialité est toujours présente parmi les "gens du voyage" qui se sont réunis en congrès international à Prague. Il y a environ cinq millions de Tziganes dans le monde. △

PHILIPPE HERREWEGHE

Fondateur et directeur du Collegium Vocale de Gand, directeur musical de l'Orchestre Philharmonique des Flandres, directeur artistique du Festival de Saintes.

L'année Bach

Artis-Historia : Vous avez employé récemment l'expression "Bach, ce grand contemporain inconnu". Que vouliez-vous dire ?

Philippe Herreweghe : Je pars de l'idée que tout art génial a une notion d'intemporalité dans la mesure où il ne se démode pas, il nous parle toujours sans être enseveli sous des éléments qui auraient perdu leur valeur depuis sa conception. Dans le cas précis de Bach, je pense notamment aux cantates. A l'époque où il vivait, il y en a eu une production énorme, mais les cantates de ces compositeurs secondaires ne nous parlent plus parce qu'elles n'avaient pas la force de la vraie musique de Bach qui, justement, passe le temps et demeure notre contemporaine. Chaque génération peut y découvrir quelque chose. Par ailleurs, Bach reste encore un inconnu en ce qui concerne une grande partie de son œuvre. Je songe à son œuvre d'orgue et surtout à ses deux cents cantates qui durent, en général, une demi-heure, ce qui fait cent heures d'une musique à peu près inconnue parce que jamais jouée, en dehors du Magnificat naturellement. Au Festival de Saintes par exemple, depuis des années, nous interprétons des cantates de Bach qui sont des découvertes non seulement pour le public, mais aussi pour les musiciens. C'est comme s'il y avait deux cents symphonies de Brahms !

A.-H. : Vous vous déclarez contre le business de la culture. Pouvez-vous expliquer votre position ?

Ph.H. : L'art en général, et la musique en particulier, ont toujours été liés à l'argent. Les musiciens ont besoin d'être payés pour jouer. C'est comme ça depuis toujours. La musique dite classique a d'abord été payée par l'Eglise, mais dans un but non lucratif, pour que le service soit plus beau, plus fastueux ou plus incitant à la dévotion. Il y a eu ensuite des aristocrates, gens lettrés et raffinés, qui avaient à leur disposition des orchestres afin de donner des concerts pour le plaisir de l'intellect, pas pour faire du commerce. La bourgeoisie a émergé enfin et elle a payé l'opéra et les orchestres symphoniques du XIXe siècle, mais, dans ce domaine-là tout au moins, son but n'était pas de gagner de l'argent. Parallèlement toutefois, des marchands de musique se sont installés à Venise, puis à Londres, et ils ont organisé des concerts dans un esprit de lucre. Ce mouvement est devenu prépondérant. Certains interprètes pratiquent aujourd'hui leur métier pour gagner beaucoup d'argent sans plus faire de recherches, d'où un art répétitif. Par ailleurs, il existe désormais un public de plus en plus influencé par une certaine médiatisation et qui est de moins en moins cultivé. Cela donne un phénomène de Disneylandisation de la musique vers lequel on s'avance à grands pas. Heureusement, dans des pays comme la France, les Pays-Bas et même la Belgique, l'Etat continue à jouer son rôle, mais une musique entièrement subventionnée, sans réel contact avec le public, risque d'être stérile également. C'est un vaste problème...

A.-H. : Revenons à Bach. Selon vous, qu'a-t-il voulu exprimer de ses premières pièces d'orgue au choral fugué de son lit de mort ?

Ph.H. : Ce qui est merveilleux en musique, c'est qu'on ne peut pas résumer avec des mots les intentions d'un compositeur. C'est pour cela que la musique est si belle. A propos de Bach, je pense que sa musique s'inscrit surtout dans un cadre religieux qu'il a vécu de façon très honnête et très intense. Ce n'était pas quelqu'un qui faisait une musique d'église sans conviction. Il était persuadé de sa foi. Mais au-delà de ce contexte contingent, on peut dire qu'il a fourni des exemples lumineux de beauté, des objets sonores d'une perfection pratiquement inégalée. Il a montré ce que l'imagination et le cœur de l'intelligence humaine peuvent être capables de réaliser.

A.-H. : Pour quelles raisons, à votre avis, le Collegium Vocale de Gand est-il devenu un ensemble mondialement apprécié pour ses interprétations de la musique de Bach ?

Ph.H. : Nous nous intéressons à cette musique depuis trente ans. Nous avons joué en concert des dizaines, peut-être des centaines de fois le Magnificat ou la Messe en si. Nous avons donc effectué un travail de grande concentration. J'ai eu également la chance de tomber sur des gens particulièrement doués. Désormais, lorsqu'il y a une place libre dans le chœur, j'ai le choix entre des dizaines de jeunes, parmi les meilleurs de toute l'Europe. Je pense aussi qu'il ne serait pas possible de créer un ensemble Bach de grande qualité en France par exemple. Nous, Flamands, nous sommes intimement liés à l'allemand. Je me dis même souvent que nous sommes restés plus proches de Bach que les Allemands eux-mêmes parce qu'ils ont eu, eux, le XIXe siècle. La Prusse, aussi, est passée par là et les Allemands d'aujourd'hui ont parfois un esprit rigide qui les éloigne de leur propre musique. Ce n'est pas le cas des Flamands. Finalement, nous nous sentons beaucoup plus près de Bach et de son époque.

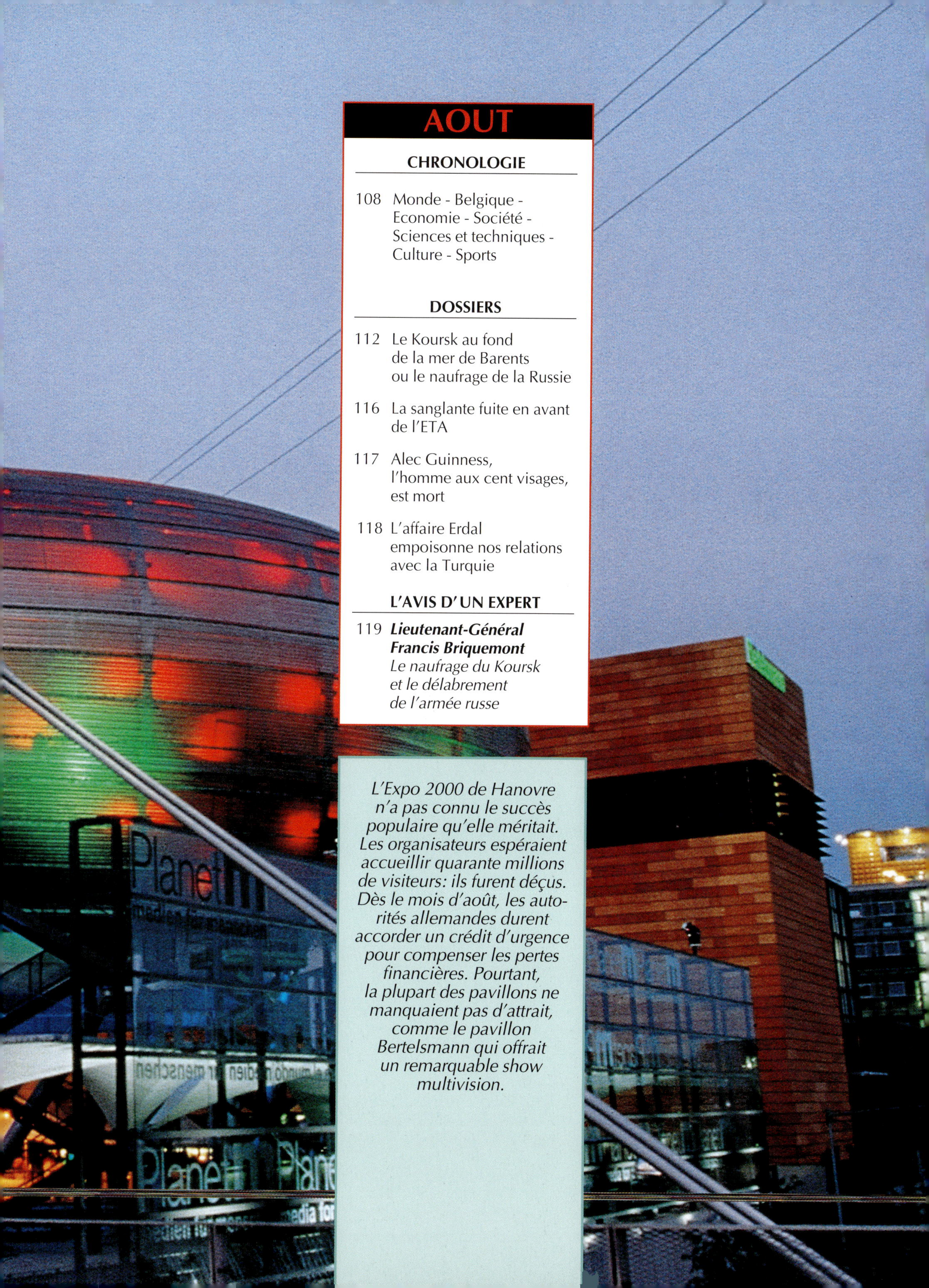

AOUT

CHRONOLOGIE

DOSSIERS

L'AVIS D' UN EXPERT

L'Expo 2000 de Hanovre n'a pas connu le succès populaire qu'elle méritait. Les organisateurs espéraient accueillir quarante millions de visiteurs: ils furent déçus. Dès le mois d'août, les autorités allemandes durent accorder un crédit d'urgence pour compenser les pertes financières. Pourtant, la plupart des pavillons ne manquaient pas d'attrait, comme le pavillon Bertelsmann qui offrait un remarquable show multivision.

Lu	Ma	Me	Je	Ve	Sa	Di
	1	2	3	4	5	6
7	8	9	10	11	12	13
14	15	16	17	18	19	20
21	22	23	24	25	26	27
28	29	30	31			

MONDE

2

* CACHEMIRE - Un an après le cessez-le-feu entre l'Inde et le Pakistan, le Cachemire est à nouveau en proie à la violence. En trois lieux différents de la zone occupée par l'Inde, des extrémistes musulmans massacrent une centaine de civils, en majorité hindous.

5

* ALLEMAGNE - Après l'attentat de Düsseldorf attribué à un groupuscule néonazi, des milliers d'Allemands manifestent contre la violence d'extrême droite.

7

* PAYS BASQUE - A Bilbao, quatre membres présumés de l'ETA, dont le chef du commando Vizcaya, Patxi Rementeria, sont tués dans l'explosion de leur propre voiture. page 116
* CORSE - L'ancien nationaliste, Jean-Michel Rossi, est assassiné dans un bar de L'Ile-Rousse. Le meurtre est considéré comme un règlement de comptes politique.
* ETATS-UNIS - Le candidat démocrate à la présidence, Al Gore, désigne son colistier, le sénateur du Connecticut, Joseph Lieberman, premier juif américain à briguer la vice-présidence et impitoyable censeur de Bill Clinton dans l'affaire Lewinski.
* KOSOVO - Les membres belges de "Médecins sans frontières" quittent le Kosovo, refusant de cautionner la passivité des Nations unies devant la poursuite de l'épuration ethnique.

8

* AFFAIRE PINOCHET - La Cour suprême du Chili confirme par 14 voix contre 6 la levée de l'immunité parlementaire de l'ancien dictateur.
* RUSSIE - Un attentat dans un

"Queen Mum" a cent ans. La reine Mary fête officiellement son centième anniversaire le 4 août. Depuis plusieurs semaines, la Grande-Bretagne entière multipliait les hommages à la reine mère que l'on voit ici en toilette estivale aux côtés de son petit-fils, le prince Charles. △

<u>*Deux millions de jeunes pèlerins à Rome*</u>

Organisées cette fois dans le cadre du Jubilé, les quinzièmes Journées mondiales de la jeunesse (JMJ) se déroulent, au cours du week-end des 19 et 20 août, à Tor Vergata, dans la banlieue de Rome, sur un immense campus de 350 hectares. Quelque deux millions de jeunes pèlerins, issus de cent soixante pays, participent sous un soleil de plomb à ce gigantesque rassemblement.

"Je regarde avec confiance cette nouvelle humanité qui se prépare en vous", déclare le pape qui semble lui-même comme rajeuni par cette fête où se mêlent prières et musique dans une surprenante ambiance de plage. "Ce vacarme, Rome ne l'oubliera jamais. Rome a été reconquise par vous", conclut Jean-Paul II en annonçant que le prochain rendez-vous des jeunes catholiques a été fixé à 2002 à Toronto. (Notre photo : le chemin de Croix au centre de Rome.)

passage souterrain très fréquenté de Moscou fait sept morts et une centaine de blessés. Les autorités l'attribuent aussitôt à des terroristes tchétchènes.

9
* PAYS BASQUE - L'ETA fait deux nouvelles victimes. Vingt-quatre heures après le meurtre du président du patronat de la province basque de Gipuzcoa, José Maria Korta, abattu sur le parking de son entreprise, à Zumala, le sous-officier Francisco Casanova est assassiné au volant de sa voiture à Pampelune.

10
* IRAK - Premier chef d'Etat élu à se rendre en Irak depuis la guerre du Golfe, le président venezuélien, Hugo Chavez, rencontre Saddam Hussein. Le Venezuela, qui assume la présidence de l'OPEP, s'oppose à toute baisse des prix du pétrole.

12
* LE DRAME DU KOURSK - A la suite de deux explosions, le sous-marin nucléaire russe Koursk échoue par 108 mètres de fond en mer de Barents avec cent dix-huit hommes à bord. Menées par la marine russe, toutes les tentatives pour sauver l'équipage se soldent par des échecs. **page 112**

15
* COREE - Deux cents Coréens du Sud et du Nord, appartenant à des familles séparées par la guerre, se retrouvent à Séoul et à Pyongyang.
* LE DRAME DU KOURSK - Les autorités russes admettent que plus aucun signal ne leur parvient du sous-marin échoué. Moscou accepte enfin les offres d'aide de la Norvège et de la Grande-Bretagne de participer aux opérations de secours. **page 112**

20
* PAYS BASQUE - Deux gardes civils, un homme et une femme, sont tués dans un attentat à la bombe perpétré par l'ETA, à Sallent de Gallego, dans les Pyrénées aragonaises, près de la frontière française. **page 116**

21
* LE DRAME DU KOURSK - La marine russe annonce officiellement la mort des cent dix-huit hommes d'équipage. Alors que les critiques se multiplient sur son comportement pendant la crise, le président Vladimir Poutine décrète une journée de deuil national. **page 112**

28
* BURUNDI - A Arusha, en Tanzanie, sous la pression de Nelson Mandela et de Bill Clinton, dix-neuf délégations burundaises, c'est-à-dire une partie seulement des belligérants, signent finalement un accord de paix.

29
* FRANCE - En désaccord avec Lionel Jospin sur la politique à suivre en Corse, le ministre de l'Intérieur Jean-Pierre Chevènement présente sa démission.
* PAYS BASQUE - L'ETA tue à nouveau. A Zumarraga, le conseiller municipal du Parti populaire Manuel Indiano est abattu par un commando de l'organisation séparatiste.

BELGIQUE

4
* SANTE PUBLIQUE - La ministre de la Santé publique, Magda Aelvoet (Agalev), fait part de son intention d'accorder un demi-milliard aux Communautés pour ren-

Recrudescence des incendies dans le sud de l'Europe et aux Etats-Unis

L'été a été marqué par une recrudescence des incendies qui ont détruit d'immenses superficies de zones forestières. Comme les années précédentes, l'Europe méditerranéenne a été particulièrement touchée par ce fléau. Dès le début du mois d'août, des milliers d'hectares ont été ravagés en Espagne. Une quinzaine de jours plus tard, une partie de l'Epire, proche de la frontière gréco-albanaise, était réduite en cendres, le feu faisant même sept morts. Le sud de la France, l'Italie et la Corse ne furent pas épargnés. Aux Etats-Unis, de nombreux foyers d'incendie ont embrasé, dès le début du mois, des régions entières à l'ouest du continent. (Notre photo : Temecula en Californie.) Selon un rapport publié dès le 6 août par le National Interagency Fire Center de Boise, dans l'Idaho, le feu avait déjà détruit à cette date 1,6 million d'hectares et quelque 370 000 hectares étaient toujours la proie des flammes. Seize Etats ont été concernés par cette catastrophe, la plus grave depuis un demi-siècle. Le 8 août, le président Clinton a interrompu ses vacances pour se rendre dans les zones sinistrées.

forcer la prévention du tabagisme.

10
* AFFAIRES ETRANGERES - Le ministre Louis Michel (PRL) annonce l'élaboration d'un code d'éthique de la diplomatie qui comportera notamment l'interdiction d'exporter des armes vers certains pays.

21
* CVP - L'ancien secrétaire d'Etat à la coopération et au développement Reginald Moreels démissionne du CVP, faisant valoir son désaccord avec la ligne du parti. Il siégera désormais comme indépendant sur les bancs du Sénat.

28
* L'AFFAIRE ERDAL - Assignée à résidence par le ministre de l'Intérieur Antoine Duquesne (PRL) depuis la mi-août, la militante d'extrême gauche turque, Fehriye Erdal, interrompt la grève de la faim qu'elle faisait depuis quarante-cinq jours. page 118

29
* FINANCES - Le ministre Didier Reynders (PRL) présente son projet de réforme fiscale comportant des allègements d'impôts de 131 milliards, étalés sur trois ans.
* CONSEIL D'ETAT - A la suite d'un recours en annulation introduit par le Vlaams Blok, le Conseil d'Etat suspend un point de règlement du service intérieur de La Poste qui refusait de procéder à l'envoi de tracts racistes.

ECONOMIE

16
* FAILLITE - Le fabricant de moquettes haut de gamme, Louis De Poortere de Mouscron, dépose son bilan. L'entreprise occupait cinq cents travailleurs.

22
* LE DEFICIT DE LA SABENA - Malgré l'augmentation du nombre de ses passagers, la Sabena annonce une perte de 3,37 milliards pour le premier semestre 2000. Les hausses du dollar et du pétrole ainsi que la modernisation de la flotte expliquent cette situation paradoxale.

SOCIETE

2
* TABAGISME - L'Organisation mondiale de la Santé accuse les grands cigarettiers de manipulations et d'actions illicites pour saper sa campagne contre le tabagisme.

9
* PEDOPHILIE - Le tribunal de Namur interdit la diffusion sur le territoire belge de la revue luxembourgeoise "L'investigateur" qui, à l'imitation du tabloïd britannique "News of the World", entendait publier une liste de présumés pédophiles belges. En Angleterre, les dérapages ont été nombreux. Dans les environs de Manchester, un homme de cinquante-quatre ans, soupçonné de faits de mœurs, s'est suicidé après l'attaque de sa maison.

11
* PESTE PORCINE - La Belgique décrète l'embargo sur le porc britannique à la suite d'une épidémie de peste porcine qui a forcé les Anglais à abattre seize mille têtes de bétail.

14
* LE DERNIER TSAR CANONISE - Le concile de l'Eglise orthodoxe russe décide, à l'unanimité, de canoniser le dernier tsar, Nicolas II, sa femme et ses enfants, massacrés par les bolcheviks en 1918.

23
* CATASTROPHE AERIENNE - Un Airbus A320 de la Gulf Air, venant du Caire avec cent quarante-trois personnes à bord, s'abîme en mer, au large de Manama, la capitale du Bahreïn où il effectuait une troisième tentative d'atterrissage. Il n'y a pas de survivants.
* LE BOEING DE LA TWA - Après quatre ans d'enquête, le Bureau national de la sécurité des transports américain (NTSB) conclut que l'accident du Boeing 747 de la TWA, qui avait fait deux cent trente morts le 17 juillet 1996, est dû à une défectuosité de l'appareil. L'enquête a coûté 30 millions de dollars.

28
* TOUR EN FEU - Après vingt-six heures de lutte, les pompiers russes maîtrisent l'incendie qui avait embrasé la tour Ostankino de Moscou, la plus grande d'Europe avec 540 mètres de haut. Trois personnes sont décédées

L'Expo 2000 de Hanovre : un succès qui coûte des milliards

L'exposition universelle de Hanovre a entraîné un véritable gouffre financier. Placée sous divers slogans publicitaires, "la dernière exposition du millénaire", "la plus grande en son genre" et "la première en Allemagne", l'Expo 2000 comptait sur la présence de quarante millions de visiteurs. Bien avant la date de clôture du 15 octobre, il était déjà certain que l'on n'atteindrait pas le nombre de quinze millions de personnes. L'estimation des pertes financières est passée de 1 à 2 milliards de marks (environ 41 milliards de francs). Les autorités allemandes ont accepté d'accorder un crédit d'urgence de 860 millions de marks (près de 18 milliards de francs) pour combler le plus grand trou.

Selon le directeur de l'Expo 2000, Reinhard Volk, la manifestation constitue cependant un succès si l'on tient compte de l'opinion des visiteurs, généralement très satisfaits. Il ajoute que les pays qui avaient un pavillon à Hanovre se montrent également contents.

dans un ascenseur.
* OTAGES LIBERES - Au cours des dernières vingt-quatre heures, six otages occidentaux, dont quatre femmes, sont libérés, dans l'île de Jolo, aux Philippines, par les rebelles musulmans du groupe Abu Sayyaf qui avaient accepté la médiation de la Libye.

29
* NEONAZIS CONDAMNES - Le tribunal de Halle, dans l'ancienne Allemagne de l'Est, prononce de lourdes peines contre trois jeunes néonazis qui avaient tué un Mozambicain à coups de pied. L'un des assassins est condamné à la prison à perpétuité.

SCIENCES ET TECHNIQUES

3
* CHOLERA - La revue "Nature" révèle qu'une équipe de chercheurs américaine, dirigée par le professeur Craig Venter, a décrypté le génome du gène du choléra contre lequel on ne dispose pas encore d'un vaccin efficace.

16
* CLONAGE HUMAIN - Le gouvernement britannique donne son feu vert aux recherches sur la création par clonage d'embryons humains destinés à fournir des greffes de cellules ou d'organes.

24
* EXOBIOLOGIE - La revue "Science" révèle que cinq chercheurs de l'université de Californie de Los Angeles ont décelé, grâce à la sonde Galileo, la présence d'eau sur Europa, le plus gros des satellites naturels de Jupiter. Pour les spécialistes de l'exobiologie, la science qui recherche les formes de vie pouvant exister ailleurs que sur la Terre, Europa est, avec Mars, une cible intéressante.

29
* CLONAGE HUMAIN - A Rome, devant les cinq mille participants du Congrès international de la Société de transplantation, le pape condamne le clonage des embryons humains à des fins thérapeutiques, estimant que la mise en œuvre de cette technique ne peut conduire qu'à "créer une vie avant de la détruire".

CULTURE

26
* PUKKELPOP - Le Pukkelpop fête sa quinzième édition sur le site de Kiewit, au Limbourg, où plus de 80 000 personnes se sont donné rendez-vous pendant ce week-end de musique et de soleil.
En vedette, Limp Bizkit cartonne avec le thème de "Mission impossible 2".

SPORTS

8
CYCLISME - Selon le Conseil de prévention et de lutte contre le dopage de France, sorte de "haute autorité" de la lutte antidopage, 45% des contrôles effectués pendant le Tour de France ont révélé la présence de produits dopants.

13
* CYCLISME - Le dernier vainqueur de Paris-Roubaix, Johan Museeuw, est victime d'un grave accident de la circulation alors qu'il circulait à moto, à Gistel.
Il souffre de fractures à la clavicule, à la jambe ainsi que d'un traumatisme crânien avec hémorragie cérébrale.

16
* FOOTBALL - A Sofia, en match amical, la Belgique bat la Bulgarie par 3-1. Les buts belges ont été inscrits par Gert Verheyen (2) et Emile Mpenza.

18
* ATHLETISME - A Monaco, le Belge d'origine marocaine Mohammed Mourhit, quoique devancé par l'Algérien Saïdi Sief, bat le record d'Europe du 3000 mètres en 7'26"62.

Joël Smets champion du monde de motocross

Vainqueur pour la première fois de sa carrière à Namur (notre photo), Joël Smets remporte, le 6 août, son quatrième titre de champion du monde des 500 cc. Il s'était déjà imposé dans cette catégorie en 1995, 1997 et 1998. Vingt-cinq mille spectateurs assistent à ce triomphe du pilote campinois, qui n'a pas été inquiété dans les deux manches organisées sur le circuit de la Citadelle.

La suprématie de Joël Smets a été indiscutable sur l'ensemble de la saison puisque, au moment de son couronnement, c'était le dixième des douze Grands Prix disputés jusque-là qu'il mettait à son actif. Seuls les GP des Pays-Bas (Bervoets) et d'Autriche (Johansson) lui avaient échappé. Il avait également gagné dix-neuf manches sur vingt-quatre.

Depuis 1958, la Belgique a remporté quarante et un titres mondiaux de motocross, dix-neuf en 500 cc, treize en 250 cc et neuf en 125 cc.

25
* ATHLETISME - Lors du Mémorial Van Damme, à Bruxelles, Mohammed Mourhit, dans le sillage du Marocain Lahafi cette fois, améliore un autre record d'Europe, celui du 5000 mètres en 12'49"71.

27
* AUTOMOBILISME - A Francorchamps, le Finlandais Mika Hakkinen, double champion du monde de formule 1, remporte pour la 1re fois le Grand Prix de Belgique.

Le Koursk au fond de la mer de Barents ou le naufrage de la Russie

Le Koursk fait surface, au large de Severomorsk, avant d'entamer ses manœuvres. Mis en service en 1994, il était l'une des fiertés de la marine russe. △

Le 5 avril, dix jours après avoir remporté l'élection présidentielle, Vladimir Poutine s'envole à destination de Severomorsk afin de passer une nuit à bord du sous-marin Karelie. Selon la tradition, il y boit une coupe d'eau de mer et reçoit son diplôme d'honneur de sous-marinier. Le nouveau maître du Kremlin veut rendre aux forces armées russes leur orgueil perdu.

Alors que la guerre s'enlise en Tchétchénie, il compte beaucoup sur cette flotte du Nord qui, dans la déglingue générale, a tout de même conservé quelques beaux restes...

Mis en service en 1994, le Koursk, sous-marin à propulsion nucléaire qui déplace, en plongée, ses 19 400 tonnes à la vitesse de 28 nœuds (environ 50 km/heure), est l'un des derniers objets de fierté de la marine russe. Il mesure 154 mètres de long et est armé de 24 torpilles ou de missiles balistiques à tête nucléaire d'une portée de 550 kilomètres. Outre ses radars et ses sonars, il dispose d'un système de réception et de transmission par satellite. C'est un redoutable bâtiment de guerre.

Depuis le 10 août, la flotte du Nord est en manœuvre dans la mer de Barents, au nord du cercle polaire. Trente navires et sous-marins participent aux opérations, les plus importantes depuis 1995, sous la direction du commandant en chef de la flotte, l'amiral Viatcheslav Popov. Malgré des années d'humiliation, malgré la perte de dizaines de bâtiments par manque d'entretien et surtout malgré des soldes misérables versées avec des mois de retard, les officiers continuent à entretenir un climat de "guerre froide".

"Tous nos commandants peuvent le dire : oui, nous savons encore faire la guerre", proclame dans la

L'équipage du Koursk, impeccablement aligné sur le pont du sous-marin pendant la journée nationale de la marine, le 30 juillet, quelques jours à peine avant le dramatique naufrage. ▽

Les vaines tentatives de sauvetage ont tenu le monde en haleine pendant plusieurs jours. A gauche, la capsule de sauvetage du navire russe Mikhaïl Rudnitsky, au centre, l'engin britannique LR5 auquel les Russes firent appel alors que tout espoir était perdu, enfin, à droite, une image de synthèse du sauvetage d'un sous-marin, montrée par la télévision russe pendant la crise. △

"Rossiskaïa Gazeta" un journaliste militaire de la flotte du Nord. "Non, nous ne voulons plus entendre les missiles Tomahawk siffler au-dessus des têtes des Serbes, des Irakiens et des Arabes." Pour ces officiers, rien n'a changé : l'OTAN reste leur ennemie irréconciliable.

Par 107 mètres de fond...

Le 12 août, à 8 heures 51, le commandant du Koursk, Guennadi Liatchine, vingt-deux ans de service dans la flotte du Nord, entre pour la dernière fois en liaison radio avec l'amiral Popov qui surveille les manœuvres à bord du croiseur atomique Pierre-le-Grand. Les derniers détails de la mission qui consiste à identifier une cible sont mis au point et le sous-marin plonge. Les cent dix-huit marins sont à leur poste. Sept hommes sont dans le premier compartiment, celui des vingt-quatre tubes lance-torpilles. Deux de ces hommes ne sont pas vraiment des membres de l'équipage : ce sont des experts en armement. Trente-six hommes sont dans le deuxième compartiment. Il y a parmi eux cinq officiers d'état-major qui ne font pas non plus habituellement partie du Koursk. Trente-six hommes se trouvent dans les troisième et quatrième secteurs du sous-marin où sont installés les postes de pilotage, de commandement et les équipements radio et sonar. Dans le cinquième secteur, quinze hommes surveillent les réacteurs nucléaires. Enfin dans les quatre derniers compartiments, vingt-quatre hommes s'occupent de la propulsion et de l'entretien des lieux de vie.

A 11 heures 30, alors qu'il se trouve à dix-huit mètres de profondeur, le Koursk est secoué par une première explosion, équivalente à

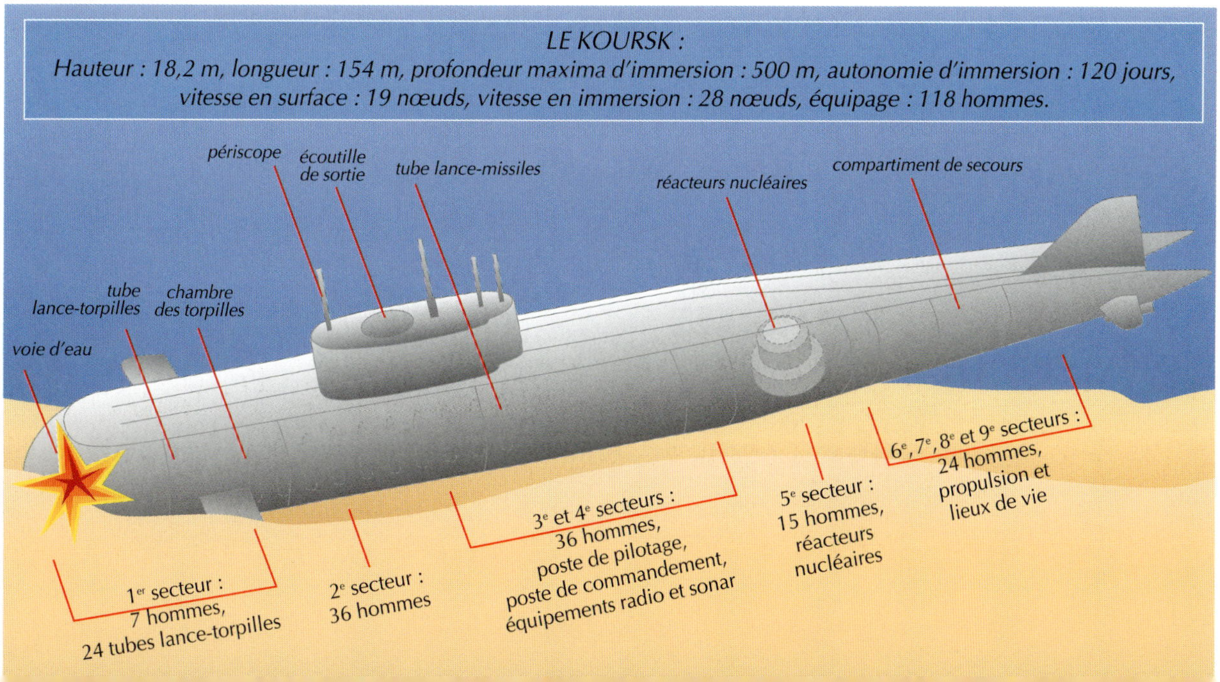

La perte de l'équipage du Koursk a été officiellement reconnue par les autorités russes. Une cérémonie d'hommage aux disparus en mer de Barents. △

100 kg de TNT, et il sombre aussitôt. Deux minutes quinze plus tard, il s'écrase au fond de la mer par 107 mètres de fond, 69° 40' nord et 37°35' est, et il est déchiré par une seconde explosion, beaucoup plus violente, estimée à près de 200 tonnes de TNT. La plupart des hommes, qui n'ont pas péri lors des explosions, ont probablement été foudroyés ensuite par la brutale irruption de l'eau qui a inondé les quatre premiers compartiments. Mais il y a eu des survivants à l'arrière du bâtiment. On en aura la preuve un peu plus de deux mois plus tard...

Le mensonge, vieux réflexe soviétique

Ce qui se passe ensuite s'inscrit lamentablement dans la longue tradition de l'ère soviétique où le mensonge par omission, par calcul, par lâcheté ou par incompétence a toujours été une institution. Le Koursk a coulé le samedi 12 août avant midi, mais l'information n'est confirmée que le dimanche. Ce n'est que le lundi, à 10 heures, qu'un communiqué officiel est publié. Il parle d'un "incident technique qui a obligé le sous-marin à se poser au fond, mais l'équipage est vivant". Il est vrai que des hommes ont tapé sur la coque et ont envoyé des messages en morse, signalant que les compartiments épargnés n'étaient plus étanches et que l'oxygène commençait à manquer.

Cette image prise par une chaîne de télévision a choqué le monde. Une femme s'approche, une seringue à la main, de la mère d'un marin qui vient de crier sa douleur et son indignation. ▽

A bord du vaisseau amiral, le Pierre-le-Grand, on se tait. A Moscou, le Kremlin ne répond pas davantage. Dans la soirée du samedi 12, Vladimir Poutine s'est envolé pour la résidence d'été présidentielle de Sotchi sur la mer Noire. Il n'est pas possible qu'il ait ignoré le drame.

Dans la mer de Barents, les sauveteurs russes s'affairent vainement. Leurs moyens sont obsolètes. Les cloches tombent en panne et ne peuvent s'arrimer au bâtiment naufragé. Vainement, les plongeurs tentent d'ouvrir le sas de secours. Ce ne sont pas des spécialistes. Depuis 1995, la Russie a dissous ses dernières équipes de plongeurs en grande profondeur. Une première offre d'aide occidentale a été repoussée. Et les heures passent. Les derniers signaux seront reçus le lundi 14. A partir de là, il est à peu près certain que plus un homme d'équipage n'est vivant. Pourtant, les officiers de la glorieuse flotte du Nord continuent d'entretenir l'espoir des familles. Le mensonge, réflexe automatique des dirigeants soviétiques, est loin d'avoir disparu.

Les ambiguïtés de Vladimir Poutine

Pourtant, quelque chose a tout de même changé en Russie. L'opinion publique se fait entendre et elle ne mâche pas ses mots. Des informations filtrent dans la presse qui s'indigne. Les militaires sont pris à partie. Vladimir Poutine est bien obligé d'interrompre ses vacances. Le 16 août, il quitte le congrès de l'Académie des Sciences qui était consacré... à l'économie de l'Egypte et il accepte de faire une déclaration. Il admet que la situation est critique, mais déclare que la marine russe disposait, selon lui, de tous les moyens nécessaires au sauvetage. S'il ne s'est pas déplacé, c'est pour ne pas gêner les opérations. L'excuse est grossière. A ce moment, il sait fort bien que l'équipage est perdu, mais il accepte finalement l'aide de Londres et d'Oslo. Sous la pression, il ne pouvait faire autrement.

Quand les secours britanniques et norvégiens arrivent enfin dans la zone du naufrage, le samedi 19 août, soit une semaine après le drame, plus aucun espoir n'est évidemment permis. Les familles des marins ont d'ailleurs été prévenues que "les délais de survie ont été dépassés". Pour les Russes, le comble sera de voir les plongeurs norvégiens ouvrir le premier sas en vingt-cinq minutes, puis, au cours d'une nouvelle descente, introduire dans le bâtiment inondé une caméra vidéo.

Vladimir Poutine va s'efforcer alors de sauver au moins son prestige personnel. Il débarque à Mourmansk, le port d'attache de la flotte du Nord, le teint bronzé, mais vêtu de noir. A l'élection présidentielle du mois de mars, il a été confirmé à la tête de l'Etat grâce à son projet de restaurer la grandeur de la Russie. La guerre de Tchétchénie, loin d'avoir été un succès pourtant, n'a pas entamé sa popularité. Mais le drame du Koursk et surtout la manière dont la catastrophe a été gérée l'ont, pour la première fois, ébranlé.

Le mardi 22 août, le président russe est bien obligé de faire face à la réalité. A Vidiaïevo, la ville secrète des marins du Koursk et des autres submersibles de la flotte du Nord, il affronte les familles des victimes. Le huis clos durera trois heures. Peu d'éléments en filtreront, sinon l'annonce d'une aide financière substantielle aux veuves et aux orphelins. Cela ne suffira pas. La colère gronde et, après l'annulation d'une journée de deuil jugée inopportune tant que les corps n'auront pas été remontés à la surface, Poutine regagne Moscou dans la nuit.

En Occident, certaines images, souvent tournées dans la confusion, ont fait sensation. La mère d'un matelot, bouleversée, insulte le ministre Kelbanov. Les mots sont terribles: "Salauds ! Reprenez votre argent. Je veux avoir mon fils vivant. Les Norvégiens ont fait cela en huit heures, et nous rien. Arrachez vos galons!" C'en est trop cependant. Le film, lorsqu'on grossit l'image, montre une femme s'approcher une seringue à la main. Pour calmer la douleur, dira plus tard un communiqué officiel...

Quatorze ans après Tchernobyl

Pendant plusieurs semaines, le drame du Koursk va continuer à susciter la polémique. La cause exacte de la première explosion était restée inexpliquée. La version russe selon laquelle le sous-marin aurait été heurté par un navire occidental croisant en mer de Barents fut rapidement rejetée. Au début du mois de septembre, un journal allemand publiait les résultats des investigations attribuées aux services secrets de Moscou. Selon l'enquête du FSB (ex-KGB), le sous-marin nucléaire aurait été touché par un missile tiré par le croiseur Pierre-le-Grand. Scénario formellement démenti, on s'en doute, par l'état-major. L'énigme demeure donc entière...

Le naufrage du Koursk n'a pas manqué de rappeler une autre catastrophe qui a joué un rôle majeur dans l'histoire politique de la Russie, ou plus exactement de l'ex-Union soviétique. Le 25 avril 1986, une fuite radioactive à la centrale nucléaire de Tchernobyl, en Ukraine, causait de nombreux morts et faisait peser une lourde menace sur une immense région. L'accident du sous-marin a eu des conséquences plus circonscrites, mais sa valeur symbolique n'est pas moindre. Il a mis en lumière l'état calamiteux de structures qui n'ont guère évolué malgré la chute du communisme. En 1986, selon la tradition du régime, de démentis en faux aveux, l'étendue du désastre avait d'abord été minimisée, avant que Mikhaïl Gorbatchev n'acceptât de libérer l'information. Ce fut même le véritable coup d'accélérateur donné à la glasnost. En quatorze ans, celle-ci semble avoir beaucoup perdu d'un terrain si laborieusement conquis...

Les naufrages les plus graves de sous-marins

Avant le drame du Koursk, plusieurs naufrages de sous-marins ont entraîné de lourdes pertes humaines. Voici les accidents les plus graves de ces quarante dernières années.

1963: Le sous-marin américain Thresher coule au large de la Nouvelle-Angleterre (129 morts).

1968: Le sous-marin américain Scorpion coule au large des Açores (99 morts).

1970: D'après les renseignements américains, un sous-marin nucléaire soviétique disparaît au large de l'Espagne dans l'Atlantique (88 morts).

1983: Toujours selon les sources américaines, un sous-marin soviétique de type "Charlie" coule au large de la presqu'île de Kamtchatka dans le Pacifique (90 morts).

1989: Un sous-marin nucléaire soviétique de type "Mike", le Komsomolets, coule, après une explosion à bord, dans les eaux internationales au large de la Norvège (42 morts).

La sanglante fuite en avant de l'ETA

Le premier ministre espagnol, José Maria Aznar, aux funérailles de deux gardes civils, un homme et une femme, assassinés par l'ETA dans les Pyrénées aragonaises. △

Les attentats de l'ETA ont repris dès le début de l'année 2000 pour redoubler de violence au cours du mois d'août, provoquant la réprobation et la colère de l'Espagne entière. Le gouvernement Aznar et le parti socialiste ont d'ailleurs exprimé, chaque fois, leur solidarité pour faire face au terrorisme basque.

C'est en 1959, c'est-à-dire sous la dictature franquiste, que fut constitué le mouvement Euskadi Ta Askatasuna (Le Pays basque et sa liberté) qui s'était donné pour objectif de lutter pour l'autodétermination basque. L'ETA commença à se développer dans l'ombre. Le premier meurtre qu'elle revendiqua fut l'assassinat d'un dirigeant de la police de Saint-Sébastien, en 1968. Cinq ans plus tard, le président du gouvernement, Luis Carrero Blanco, successeur désigné de Franco, était tué dans un attentat à la voiture piégée à Madrid. L'organisation séparatiste était désormais engagée dans une escalade de la violence que le glissement de l'Espagne vers un régime démocratique n'allait pas freiner.

L'année 1980 fut particulièrement sanglante avec un bilan de cent dix-huit morts dont de très nombreux policiers, gardes civils et officiers supérieurs. Malgré la lutte entreprise par le gouvernement Gonzalez et les actions le plus souvent illégales des Groupes antiterroristes de libération, le mouvement ne désarma pas. En juin 1987, une bombe explosait dans un supermarché de Barcelone, faisant vingt et un morts. Cet attentat, le plus meurtrier de l'histoire de l'ETA, fut toutefois reconnu par l'organisation séparatiste comme une "erreur"...

Les actions criminelles se poursuivirent dans les années 90. L'arrivée au pouvoir du chef du Parti populaire, José Maria Aznar, ne fit qu'accroître les tensions. En 1995, le président du conseil, puis le roi Juan Carlos, lui-même, firent l'objet de tentative ou de projet d'assassinat.

Pourtant, à la fin de 1997, des négociations secrètes furent entamées avec l'organisation Herri Batasuna, la branche politique de l'ETA, et le parti nationaliste basque, le plus important et le plus ancien de la région. Après de longs pourparlers au cours desquels les ruptures alternèrent avec des périodes d'espoir, l'ETA proclama officiellement une trêve le 16 septembre 1998.

Les sceptiques l'accueillirent toutefois comme une manœuvre de l'organisation terroriste afin de reconstituer ses forces après les coups sévères qu'elle venait d'essuyer. Ils ne se trompaient pas. Les militants historiques, fichés depuis longtemps par la police, avaient cédé leur place à de jeunes terroristes plus radicaux encore, inconnus des autorités. Fin 1999, la trêve était rompue. Depuis, les meurtres se sont succédé dans la province, ou ailleurs en Espagne. Affaiblie certes, très sévèrement jugée par l'opinion publique, l'ETA ne cherche plus, à travers cette sanglante fuite en avant, qu'à éliminer tous ceux qui tentent encore de retrouver la voie du dialogue.

José Maria Aznar n'a cessé de répéter qu'il ne céderait pas au terrorisme. Pourtant, les membres de son parti, le Parti populaire, ont été les principales victimes des attentats. ▽

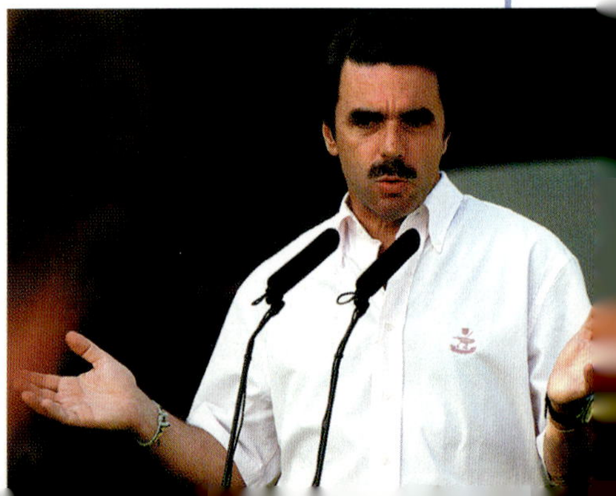

Alec Guinness, l'homme aux cent visages, est mort

Sir Alec Guinness s'est éteint, le samedi 5 août, à l'hôpital King Edward VII de Midhurst, dans le sud de l'Angleterre. Il avait quatre-vingt-six ans et avait abandonné la carrière d'acteur depuis quelques années parce que, disait-il, sa mémoire commençait à le trahir. En 1995, il avait d'ailleurs publié l'avant-dernier tome de son journal sous le titre "Mon nom m'échappe"...

Alec Guinness était capable d'interpréter les rôles les plus différents. S'il reste pour beaucoup l'inoubliable colonel Nicholson du "Pont de la rivière Kwaï", on l'a retrouvé aussi dans "La Guerre des Etoiles" où il incarnait Obi-Wan Kenobi. △

Pour le grand public, Alec Guinness est resté toutefois ce comédien de génie, l'"homme aux cent visages" comme on l'avait surnommé, qui pouvait interpréter avec le même talent les rôles du colonel Nicholson, du roi Fayçal ou d'Obi-Wan Kenobi. C'était avant tout un extraordinaire acteur de composition qui était capable de varier les personnages historiques ou les héros de fiction avec une égale aisance.

Né en 1914, à Londres, d'un père inconnu, Alec Guinness débute sur les planches dans les grands classiques du théâtre anglais. Il y tient des rôles secondaires avant de jouer son premier Hamlet en 1938, sans convaincre la critique. Quand la guerre éclate, il s'engage dans la Royal Navy comme simple matelot. Quatre ans plus tard, il commande un navire escorteur de convoi...

La paix revenue, il se dirige vers le cinéma. Il tourne "Les Grandes Espérances" en 1946, puis "Oliver Twist" en 1948 et "Noblesse oblige" en 1949. Ce dernier film où il tient huit rôles différents lui assure une renommée mondiale. Pourtant, ce n'est qu'en 1954 que Hollywood lui ouvre ses portes. Il y tourne "Le Cygne" aux côtés de Grace Kelly.

Alec Guinness n'a pas abandonné le théâtre où il jouera dans quelque septante pièces, mais c'est encore le cinéma qui lui apporte la plus grande gloire. En 1957, David Lean, qui l'avait déjà dirigé à ses débuts, lui offre le rôle principal dans "Le Pont de la rivière Kwaï". Guinness y campe ce fameux colonel Nicholson, officier buté sur la discipline militaire, et il y obtient l'oscar du meilleur acteur.

En 1962, Alec Guinness connaît un nouveau et immense succès dans "Laurence d'Arabie", de David Lean encore, puis en 1965 dans "Le Docteur Jivago" de David Lean toujours. L'acteur britannique est parfois obligé de s'insérer dans de grandes superproductions comme "La Chute de l'Empire romain" ou dans des films à vocation commerciale comme "Un cadavre dans le désert". On le retrouve même en Hitler dans "Les dix derniers jours de Hitler" d'Ennio De Concini en 1973.

Sa carrière redémarre toutefois en 1977 avec "La Guerre des Etoiles" de George Lucas où il incarne le vieux sage Obi-Wan Kenobi et où il conquiert un public plus jeune. Le personnage ne lui plaît guère cependant et il aurait insisté lui-même pour le tuer au cours du second épisode. Les apparitions de sir Alec Guinness (il a été anobli par la reine en 1959) vont d'ailleurs s'espacer. A partir des années 90, on le voit de plus en plus rarement. Il se consacre à la rédaction de ses souvenirs, écrits avec un humour très britannique. Il retourne encore deux fois aux Etats-Unis pour tourner "Kafka" de Steven Soderbergh, en 1991, et "Témoin muet" d'Anthony Waller, en 1994, avant de se retirer dans le Sussex.

L'affaire Erdal empoisonne nos relations avec la Turquie

Les relations entre la Belgique et la Turquie ont connu de vives tensions au cours de l'été en raison de l'"affaire Erdal", une affaire particulièrement délicate où se mêlent des notions aussi complexes que les droits de l'homme, le droit criminel, les droits de la défense, le droit des victimes et les règles de la diplomatie...

Fehriye Erdal est une jeune Turque de vingt-trois ans, militante d'extrême gauche, qui fut arrêtée en octobre 1999, presque par hasard, à la suite d'une perquisition consécutive à un début d'incendie dans l'appartement qu'elle occupait, avec deux personnes, à Knokke. La police devait y trouver de nombreuses armes.

Deux mois plus tard, la Turquie introduisait une demande d'extradition, soupçonnant Fehriye Erdal d'appartenir à un mouvement terroriste et anticonstitutionnel, le Parti Front révolutionnaire de Libération du Peuple, accusé d'un attentat qui avait fait trois morts en 1996, à Istanbul.

Selon l'usage européen, la Belgique a repoussé cette demande d'extradition vers un pays où la peine de mort n'est pas abolie. Elle a aussi estimé que la requête turque avait un caractère politique et, là encore, elle a rappelé qu'elle refusait toute extradition pour des motifs politiques. On le voit, l'affaire n'était pas simple...

Le 26 mai, le ministre de la Justice a fait officiellement savoir à Ankara qu'il ne donnerait pas une suite favorable à sa demande, mais Erdal, qui a sollicité un statut de réfugiée politique sans l'obtenir, n'a pas été libérée pour autant, afin de ne pas "troubler l'ordre public" selon le ministre de l'Intérieur. Ayant refusé la demande d'asile,

L'affaire Erdal a soulevé un délicat problème pour les autorités belges. Une manifestation de soutien à la militante d'extrême gauche turque se déroule devant la prison de Bruges où celle-ci était internée au mois d'août. △

Antoine Duquesne a d'ailleurs logiquement donné l'ordre à la jeune femme de quitter le territoire.

Fehriye Erdal a aussitôt répondu en affirmant que sa sécurité ne serait pas assurée dans un pays tiers où les services secrets turcs auraient tôt fait de l'enlever, comme ce fut le cas dans l'affaire Oçalan. Elle a donc introduit un recours au Conseil d'Etat et entamé, à partir du 14 juillet, une grève de la faim. On n'était pas au bout du feuilleton Erdal...

Dans une déclaration diffusée par son avocat en Belgique, Demir Sabanci, le fils de l'industriel turc Ozmedi Sabanci, assassiné par le mouvement gauchiste en 1996, faisait valoir entre-temps qu'il existait aussi un droit pour les victimes ou leur famille, celui d'avoir l'occasion de s'exprimer et de réclamer justice.

Le 16 août, pour calmer le jeu, la Belgique décidait qu'Erdal serait libérée et placée en résidence surveillée, à condition que le lieu de résidence restât évidemment secret et que la jeune femme interrompît sa grève de la faim. C'est ainsi que le 28 août, Fehriye Erdal a été transférée vers une nouvelle résidence en attendant d'être jugée pour les faits qui lui sont reprochés en Belgique. Elle risquerait ainsi, au maximum, de huit à dix ans de prison pour détention d'armes, deux ans pour association de malfaiteurs et dix-huit mois pour détention de faux passeport. Ce qui est toujours préférable à la peine de mort que pourrait lui infliger la justice de son pays...

Lieutenant-Général Francis Briquemont
Ancien commandant de la Force de protection des Nations unies en Bosnie-Herzégovine

Le naufrage du Koursk et le délabrement de l'armée russe

Artis-Historia : Le naufrage du Koursk, sous-marin nucléaire, a eu lieu au cours d'importantes manœuvres navales en mer de Barents. Cela signifie-t-il que la marine russe continue à entretenir un climat de guerre froide ?

Général Briquemont : Toutes les grandes nations font des manœuvres, les Etats-Unis, la France, la Grande-Bretagne et aussi l'OTAN. Il faut admettre que la Russie, qui reste un grand Etat, essaie de maintenir ses forces armées à un certain niveau, même si elle n'y parvient pas toujours. Je ne pense pas que l'on puisse en tirer la conclusion que la guerre froide se poursuit.

A.-H. : L'accident du Koursk et surtout les terribles lacunes trahies au cours des jours suivants donnent-ils une image fidèle du délabrement des forces armées russes ?

Gén. Br. : Je crois que oui. Je voudrais revenir au passé pour essayer de mieux faire comprendre la situation d'aujourd'hui. Les Russes ont le sentiment profondément ancré d'avoir gagné la Seconde Guerre mondiale et je pense que, en effet, ils l'ont gagnée. Pendant très longtemps, ils ont fait référence à cette guerre patriotique qu'ils ont menée contre le nazisme. Au moment où cela allait très mal, Staline n'avait d'ailleurs pas hésité à faire appel à toutes les traditions de la Sainte Russie, remontant même jusqu'aux héros du temps de Napoléon et au général Koutouzov. Après la guerre, l'Armée rouge a été mise à nouveau sur le pavois. C'est Hélène Carrère d'Encausse qui a dit : "La seule réussite de l'Empire russe, ce fut son armée." Et puis, soudain, tout s'effondre avec la chute du communisme. Par manque de ressources, les militaires n'ont plus la possibilité de s'entraîner et le matériel se délabre. Sur un plan technique, je crois que les Russes ont toujours commis l'erreur de construire beaucoup trop de matériel pour leurs capacités d'appui logistique. Nous avons fait le contraire. Nous avons une quantité suffisante d'hommes aptes au combat, mais avec une logistique qui nous permet de durer. Les Russes n'avaient pas une logistique qui leur permettait de durer en temps de guerre, ils ne l'ont pas eue en temps de paix. C'est une explication du délabrement de leurs forces actuelles.

A.-H. : La tragédie du Koursk a-t-elle porté un coup fatal à cette illusion qu'entretiennent les Russes de redevenir une grande puissance ?

Gén. Br.: Ce que je constate aujourd'hui, et je l'avais déjà vécu en Bosnie, c'est la difficulté pour un Européen occidental de se projeter dans des pays comme la Russie ou les Balkans. Le peuple russe, et il l'a prouvé dans toute son histoire, de Napoléon à la Seconde guerre mondiale, possède une extraordinaire capacité de souffrir. Les Russes suivront donc Poutine, quoi qu'il puisse arriver, dans sa volonté de refaire de la Russie une grande puissance pour autant qu'ils sentent que c'est un chef. Il ne faut jamais oublier qu'ils ont vécu pendant des siècles sous la poigne de fer des tsars. Après la tragédie du Koursk, il était extraordinaire de voir que les sondages restaient très favorables au président. Celui-ci aura le soutien de l'opinion publique s'il donne la preuve de vouloir rebâtir une armée russe à la mesure de ses ambitions passées. Que l'on se souvienne toujours que la population russe est animée par un profond sentiment de nationalisme. J'en avais été frappé pendant les Jeux olympiques de Moscou en 1980. Reste pour Poutine un autre problème plus délicat, celui de réorganiser une économie qui s'est effondrée et qui a été livrée aux mafias. J'espère qu'il nous donnera la preuve d'être un Russe occidental et non pas un Russe oriental. Ce qui veut dire aussi beaucoup de choses...

A.-H. : Voyez-vous un rapport du point de vue militaire entre la tragédie du Koursk et l'enlisement de la guerre en Tchétchénie ?

Gén. Br. : Le naufrage du Koursk est un accident et il s'en produit dans toutes les armées du monde. La différence, c'est que, dans nos démocraties occidentales, il y a une transparence. On ne cherche pas à cacher ce qui est arrivé. En Russie, l'opacité a toujours été de règle et l'on ne sait pas encore très bien ce qui s'est passé. La Tchétchénie, c'est tout autre chose. Ce n'est pas un simple accident. Je me souviens d'une réflexion du général de Gaulle qui disait que les Russes avaient leur Algérie dans leur propre pays. C'est vrai. Les Tchétchènes ont toujours constitué un problème pour Moscou. C'est un peuple de montagnards, un peu comme les Kosovars. Un peuple indomptable aussi. Il y a cinquante ans, Staline avait déplacé les Tchétchènes en masse, mais ils sont à nouveau là, menant une guérilla dans laquelle se glissent des trafics de drogues et d'armes, avec des relents d'islamisme. Je pense que ce serait une erreur fondamentale de l'Occident d'appuyer des mouvements comme celui des Tchétchènes contre la Russie. Encourager le Kremlin à entamer des négociations qui ramèneraient la paix en Tchétchénie, ce n'est pas la même chose évidemment, mais je crois que la situation dans la région dépendra désormais de l'attitude de la Géorgie et de l'Arménie.

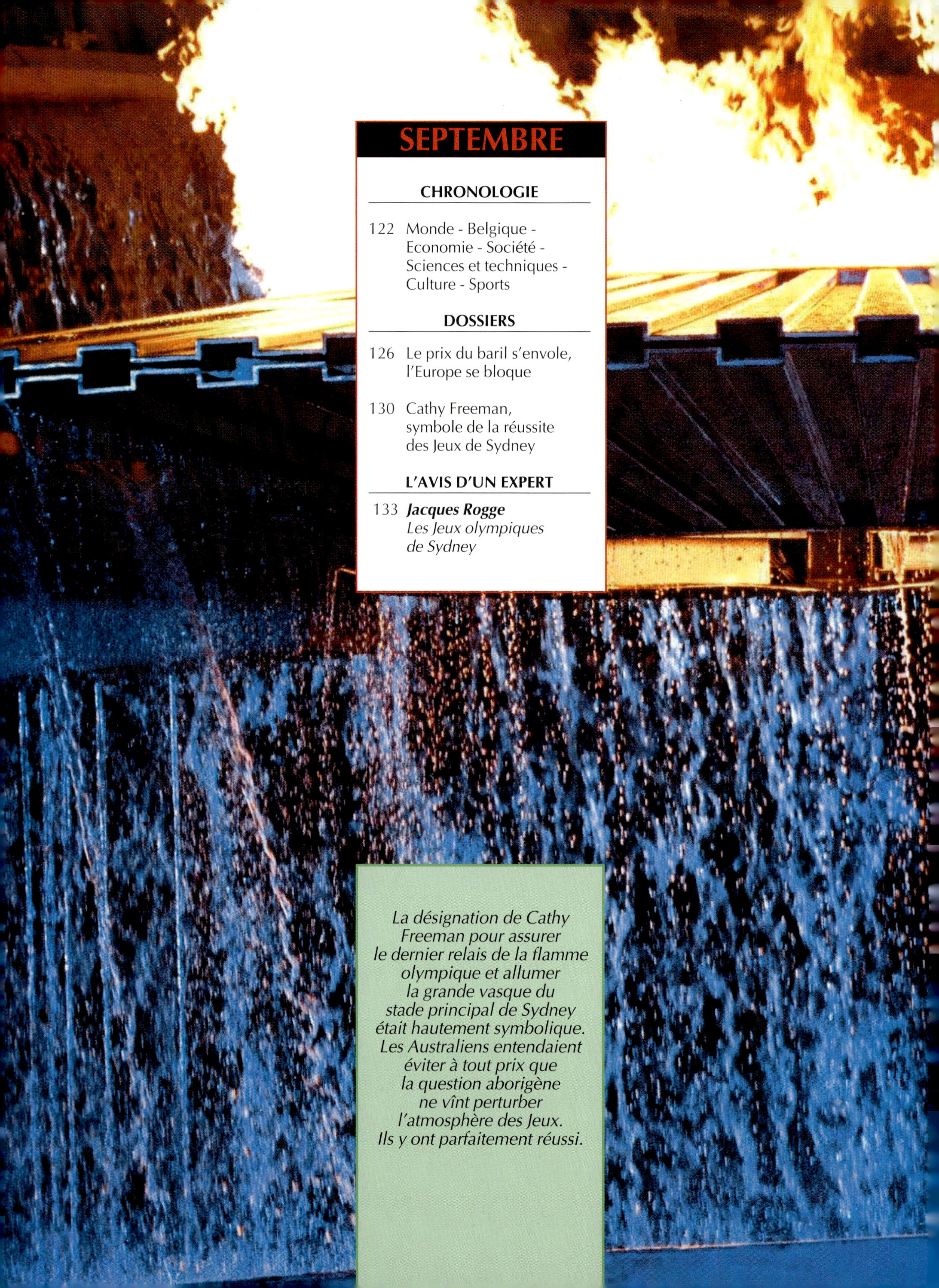

SEPTEMBRE

CHRONOLOGIE

DOSSIERS

L'AVIS D'UN EXPERT

La désignation de Cathy Freeman pour assurer le dernier relais de la flamme olympique et allumer la grande vasque du stade principal de Sydney était hautement symbolique. Les Australiens entendaient éviter à tout prix que la question aborigène ne vînt perturber l'atmosphère des Jeux. Ils y ont parfaitement réussi.

CHRONOLOGIE

SEPTEMBRE

Lu	Ma	Me	Je	Ve	Sa	Di
				1	2	3
4	5	6	7	8	9	10
11	12	13	14	15	16	17
18	19	20	21	22	23	24
25	26	27	28	29	30	

MONDE

6

* ONU - Le sommet du Millénaire, dont le principal objectif est de tenter de réduire de moitié la pauvreté dans le monde d'ici à 2015, s'ouvre pour trois jours, à New York, en présence de près de cent cinquante chefs d'Etat ou de gouvernement.

* TIMOR ORIENTAL - Des miliciens attaquent les bureaux du Haut-Commissariat aux réfugiés de l'ONU et massacrent à la machette quatre membres du personnel.

12

* AUTRICHE - A la suite du rapport des trois "sages", l'Union européenne lève les sanctions qu'elle avait prises contre l'Autriche au mois de février.

16

* PEROU - Au pouvoir depuis 1990 et réélu en mai pour un troisième mandat de cinq ans, le président Alberto Fujimori renonce à ses fonctions et annonce des élections anticipées.

17

* PAYS BASQUE - Après l'arrestation du chef présumé de l'ETA, Ignacio Gracia Arregui, à Bidart, dans les Pyrénées-Atlantiques, la police française appréhende quinze autres militants de l'organisation terroriste basque. Le gouvernement espagnol exprime sa satisfaction.

24

* FRANCE - Le référendum sur la réduction de sept à cinq ans du mandat présidentiel est boudé par les électeurs français. Le taux d'abstention atteint le niveau historique de 70%. Comme prévu, le "oui" l'emporte largement (72,5%).

* YOUGOSLAVIE - Le leader de l'opposition Vojislav Kostunica remporte l'élection présidentielle avec 48,2% des suffrages, pour 40,2% à Slobodan Milosevic. Celui-ci ne s'avoue cependant pas vaincu et annonce un second tour.

26

* REPUBLIQUE TCHEQUE - Le Fonds monétaire international (FMI) et la Banque mondiale tiennent leur assemblée annuelle à Prague. Plus de dix mille personnes, qui tiennent ces deux organismes pour responsables de

<u>*Les Danois disent non à l'euro*</u>

Interrogés par référendum, le 28 septembre, les Danois refusent l'adoption de l'euro par 53,1 % des suffrages. Le taux de participation a été de 87,8 %. Le Danemark est entré dans le Marché commun en 1973, mais il a toujours été considéré comme l'enfant terrible de la famille européenne. En 1992, il a d'ailleurs rejeté le traité de Maastricht avant d'accepter, l'année suivante, une version du texte épurée de quatre domaines dont la monnaie unique. Le refus de l'euro est une défaite pour le premier ministre social-démocrate Poul Nyrup Rasmussen qui avait bataillé ferme pour convaincre ses concitoyens d'accomplir ce pas supplémentaire vers l'intégration européenne.

Alors que les élites économiques étaient généralement favorables à l'entrée dans la zone euro, il semble qu'une majorité de Danois aient craint la constitution d'une Europe fédérale qui menacerait leur système social. Ils ont répondu "Nej" (notre photo).

travail effectué par une équipe scientifique de l'université de Denver sur un site du Colorado. Dans des ustensiles ménagers appartenant à des Indiens ayant vécu vers l'an 1150, les chercheurs ont retrouvé des os humains qui avaient été cuits. L'analyse de matières fécales fossilisées a démontré ensuite qu'une partie de ces restes avait été ingurgitée et digérée.

* CLONAGE HUMAIN - A une faible majorité (237 voix contre 230), le Parlement européen de Strasbourg approuve le document interdisant le clonage d'embryons humains, y compris à des fins thérapeutiques. Les groupes socialiste et libéral s'étaient prononcés en faveur de la recherche.

15

* CREUTZFELDT-JAKOB - La revue médicale britannique "Lancet" publie des informations selon lesquelles la variante humaine de la maladie pourrait se transmettre au fœtus pendant la grossesse.

CULTURE

9

* CINEMA - Le film iranien "Le Cercle" de Jafar Panahi remporte le "Lion d'Or" au festival de Venise. Bien qu'il ne soit pas encore sorti en salles à Téhéran, il est déjà l'objet de vives critiques en Iran de la part de la presse conservatrice.

15

* ARCHEOLOGIE - Des archéologues chinois prétendent avoir découvert la tombe de Gengis Khan dans les environs de Xinjiang, non loin des monts Altaï.

29

* MUSIQUE - La cathédrale Saints-Michel-et-Gudule de Bruxelles inaugure ses nouvelles orgues par cinq concerts gratuits.

SPORTS

2

* FOOTBALL - A Bruxelles, pour son premier match du tournoi éliminatoire du championnat du monde, la Belgique a fait match nul avec la Croatie : 0-0.

8

* CYCLISME - A la suite d'une décision de l'Union cycliste internationale qui refuse désormais les performances réalisées sur des "engins à technologie avancée", Eddy Merckx récupère son record du monde de l'heure, établi le 25 octobre 1972 à Mexico (49,431 km).

15

* JEUX OLYMPIQUES - A Sydney, le gouverneur général William Deane, représentant officiel de la reine d'Angleterre en Australie, déclare ouverts les XXIVes Jeux olympiques de l'ère moderne. Le dernier relais de la flamme olympique est assuré par l'athlète aborigène Cathy Freeman. page 130

L'opération "ville sans voiture"

Quatorze pays et six cent quatre-vingts villes d'Europe participent pour la troisième fois, le 22 septembre, à l'opération "ville sans voiture" qui connaît un succès discret en Belgique, sauf à Mons. Le but de cette initiative était de faire évoluer les comportements et de promouvoir les transports alternatifs.

En Belgique, une enquête effectuée au cours de l'année 1999 affirme que 76% de la population se déplacent au moins une fois par jour et que 72,5% des distances sont parcourues en voiture, 8,4% en train, 4% en bus, tram ou métro, 3% en vélo. Toujours selon la même source, les Belges font, en moyenne, 36,9 km par jour.

La mobilité est un problème majeur pour les dirigeants européens. L'évolution de l'économie dans les pays développés entraîne, en effet, un accroissement et un éclatement géographique des activités ainsi qu'une augmentation du transport des marchandises par la route. Les conséquences les plus préoccupantes en sont une hausse de la pollution, avec des pics d'ozone pouvant mettre la santé en danger et, à terme, provoquer une modification du climat.

Pour faire face à cette situation, les autorités européennes, en général, tentent d'encourager le retour aux transports publics, globalement moins polluants, elles mettent aussi en place des plans de circulation contraignants et... imposent une fiscalité lourde sur les carburants.

Il reste que, dans notre pays, en 2000, 4,5 millions de voitures étaient en circulation, dont 40% avec un moteur Diesel, plus polluant que les autres, et que sept Belges sur dix continuaient à utiliser leur voiture pour se rendre au travail ou pour s'adonner à des activités de loisirs, toujours plus nombreuses.

Pour beaucoup de nos concitoyens, les journées "ville sans voiture" ne servent toutefois pas à grand- chose sans une politique de la mobilité efficace et sans l'amélioration des réseaux de transports publics, insuffisants dans la plupart des grandes villes et, de surcroît, souvent perturbés par des actions sociales.

Le prix du baril s'envole, l'Europe se bloque

A peine rentré des Etats-Unis où il avait asssisté au sommet du Millénaire, Guy Verhofstadt fut brutalement confronté à la première crise grave de son gouvernement. Depuis le dimanche 10 septembre, les chauffeurs de camion bloquaient les principaux axes à Bruxelles ainsi que plusieurs points névralgiques du pays pour protester contre la hausse des prix du carburant. En l'absence du premier ministre, la majorité arc-en-ciel s'était soudain lézardée devant les difficultés d'un problème qui perturbait d'ailleurs l'Europe entière.

Les camionneurs ont bloqué de nombreux points névralgiques sur les autoroutes, filtrant le passage des véhicules privés. △

Les Verts ne parlaient pas le même langage que les Bleus et ceux-ci ne partageaient pas le point de vue des Rouges. Il fallait trouver des compromis acceptables pour tous, y compris pour les encombrants transporteurs routiers. Le temps passait et la nervosité s'installait...

Le jeudi 14 septembre, Guy Verhofstadt fit enfin entendre sa voix lors d'une interview télévisée : "La patience de la population belge est à bout, dit-il à l'adresse des grévistes. L'économie, la prospérité, sans oublier la sécurité sont en jeu. Aucun mouvement de protestation ne peut mettre des vies en danger." Des propositions avaient été mises sur la table. A prendre ou à laisser! Le chef du gouvernement ajouta : "Je suis convaincu qu'une majorité de chauffeurs fera preuve de raison." Puis il conclut sur un ton qui ne manquait pas de fermeté : "Nous ne tolérerons pas qu'une petite minorité dans notre pays cause des dommages irréparables à la population et à notre économie."

Les cinq organisations patronales de transporteurs sont reçues par la ministre Isabelle Durant (troisième à partir de la gauche). Les négociations seront longues et difficiles avant d'aboutir à la levée des barrages. △

Les barrages allaient heureusement se lever. Les mesures proposées furent acceptées. Elles permirent aux camionneurs de sauvegarder un revenu fragilisé par l'augmentation du prix du gasoil, sans alléger globalement la fiscalité sur les carburants, ce qui répondait à une nécessité sociale, mais ne compromettait pas le long terme. Il était toutefois équitable de rendre aux petits transporteurs une souplesse contractuelle que seules les grandes entreprises pouvaient offrir. Dans une situation comparable, la Belgique avait finalement mieux géré la crise que la France dont le gouvernement avait rapidement consenti des rabais sur le carburant et que la Grande-Bretagne où Tony Blair avait menacé de faire appel à la troupe, d'où une chute spectaculaire de sa popularité dans les sondages.

L'OPEP: quarante ans d'histoire tourmentée

On l'avait oublié un peu vite! Le pétrole, principal élément de l'activité économique dans les années 70, venait de faire un retour remarqué. Il avait suffi, au cours de l'été, de quelques dollars de plus sur le prix du baril pour plonger à nouveau l'Occident dans une douloureuse perplexité. Pourquoi l'or noir, que l'on croyait sagement revenu dans le rang des matières premières, faisait-il à nouveau des siennes alors que l'OPEP se préparait à fêter, à Caracas, ses quarante ans d'existence? C'est en septembre 1960, en effet, que cinq pays possédant d'importants gisements, l'Arabie Saoudite, le Venezuela, le Koweït, l'Iran et l'Irak, se réunirent à Bagdad pour fonder l'Organisation des pays producteurs de pétrole (OPEP), un front commun appelé à défendre leurs intérêts. Le communiqué publié précisait: "Après avoir étudié les différentes solutions, les gouvernements prendront les mesures adéquates pour veiller à ce que les prix du pétrole demeurent stables et la production régulière." L'initiative visait évidemment à contrer les ententes réalisées entre les grandes compagnies pétrolières. Les cinq fondateurs de l'OPEP furent progressivement rejoints par d'autres pays: le Qatar, la Libye, l'Indonésie, le Nigeria, les Emirats arabes unis et l'Algérie. Les onze membres passèrent à treize avec l'Equateur et le Gabon qui quittèrent par la suite l'organisation.

Le monde découvrit réellement le poids de l'OPEP en 1973. Cette année-là, le 16 octobre, dix jours après le début de la guerre du Kippour, les membres du cartel, réunis au Koweït, décidaient de

Les pompes à essence vides. Les automobilistes belges ont vécu à nouveau les angoisses des grandes crises pétrolières du passé. △

fixer eux-mêmes le prix officiel du brut qui était jusque-là du ressort exclusif des compagnies pétrolières. Le lendemain, les pays arabes du groupe allaient encore plus loin, en réduisant leur production pour forcer Israël à se retirer des territoires occupés. Le prix du baril allait augmenter ainsi brutalement de 70%, passant de 3 dollars, le prix pratiquement fixé depuis les années 30, à 5,12 dollars pour grimper, en décembre, à 11,60 dollars. Ce choc pétrolier est resté dans toutes les mémoires. Il marque la fin des "années glorieuses" de l'après-guerre.

Le deuxième choc pétrolier fut provoqué, en 1978, par la révolution islamique contre le shah d'Iran. Le marasme qui en résulta fit chuter la production de ce pays de 5,2 millions de barils par jour à 1,8 million. La pénurie provoqua une envolée des cours. En 1980, le baril valait 36,83 dollars. Dans un premier temps, les autres membres de l'OPEP s'en réjouirent, mais ils découvrirent rapidement que la montée des prix cassait la croissance économique mondiale et que la consommation diminuait. Il y avait désormais trop de pétrole!

Pour éviter un effondrement des prix, l'organisation dut réduire sa production et fixer des quotas à chacun de ses membres. Cela ne

Les transporteurs routiers ont paralysé cet échangeur près de Namur. "La patience de la population belge est à bout", constatera, quelques heures plus tard, le premier ministre Guy Verhofstadt. △

L'OPEP a fêté ses quarante ans d'existence à Caracas. A l'issue de ce sommet, les onze membres du cartel posent pour la photo traditionnelle. Quatrième à partir de la gauche, au premier rang, le Venezuélien Hugo Chavez s'est efforcé de remobiliser les autres pays producteurs. △

suffit pas toujours. Les consommateurs s'étaient émancipés et des solutions alternatives s'étaient développées. On se mit aussi à exploiter l'or noir de la mer du Nord. En outre, à plusieurs reprises, des divergences internes firent perdre à l'OPEP le contrôle de la situation. Les consignes n'étaient plus respectées, notamment par l'Arabie Saoudite, le plus gros producteur, qui possède un quart des réserves mondiales. Au plus fort de la crise, en 1986, le baril tomba même à moins de 10 dollars avant de remonter progressivement malgré deux conflits armés au Moyen-Orient, la guerre Iran-Irak (1980-1988) et la guerre du Golfe (1990-1991).

En mars 1999, l'organisation retrouvait une certaine solidarité et décidait de réduire à nouveau sa production. Malgré les différences ethniques et religieuses, les onze partenaires, confrontés pour la plupart à une importante dette extérieure et à une démographie galopante, semblaient parvenus à s'entendre pour profiter de l'embellie économique mondiale et de la demande soutenue des pays industrialisés. La situation leur était d'autant plus favorable que tous les experts prévoyaient que les réserves en mer du Nord et aux Etats-Unis seraient sérieusement épuisées dans dix ans.

A la recherche d'un difficile équilibre

Au début de l'année 2000, le baril flirtait donc à nouveau avec les 30 dollars, puis avec les 32 dollars, ce qui signifie que la ligne rouge venait d'être franchie. Car un prix du pétrole filant vers des sommets inégalés n'est pas sans danger pour l'économie mondiale et surtout pour les pays producteurs dont la situation est la plus délicate. On pense en particulier au Venezuela et à l'Algérie.

"Même si un baril au-dessus de 30 dollars fait rentrer de l'argent à court terme dans nos caisses, reconnaissait-on honnêtement à Alger, nous pensons réellement qu'une fourchette de 22 à 24 dollars est préférable pour tout le monde". Mais le Venezuélien Hugo Chavez, président en exercice du cartel, corrigeait aussitôt ce point de vue conciliant : "Que les gouvernements des pays riches réduisent d'abord les taxes élevées qu'ils prélèvent sur chaque baril et qui sont bien supérieures à ce que perçoivent les producteurs!" En Europe, curieusement, les routiers pensaient à peu près la même chose...

Pour mieux comprendre la situation, il faut sans doute citer quelques chiffres. Le baril de brut correspond plus ou moins à 159 litres. De chaque baril, on obtient 55 litres d'essence et autant de gasoil (moteur et chauffage), le reste étant réparti en goudron, asphalte, huiles de combustible et gaz liquide. Bien entendu, la fiscalité varie d'un pays à l'autre. La moyenne de la charge fiscale sur l'essence au sein de l'Union européenne est de 68%, 16% allant au raffinage et à la distribution et 16% aux producteurs. La Grande-Bretagne est la championne du monde de la fiscalité pétrolière avec 77% et la Belgique figure au milieu du peloton avec des taxes variant entre 60% et 63%

En plus, ce qui n'a nullement arrangé les affaires des consommateurs européens au cours de la crise, c'est que les factures pétrolières se paient en dollars et que notre monnaie unique n'a cessé de dégringoler depuis sa création en janvier 1999 (moins 27% en septembre 2000).

L'Europe une fois de plus sans politique commune

La hausse des prix du carburant est tombée comme une douche froide à la rentrée sociale, mettant en péril ces fameux "fruits de la croissance". Il n'était plus tout à fait évident que l'on allait gagner davantage demain. Certaines catégories eurent même l'impression qu'elles étaient menacées. Sans doute n'avaient-elles pas entièrement tort...

Le mouvement de protestation contre le pétrole cher s'est d'abord élevé en France, puis il s'est propagé dans toute l'Europe, en

LES PRINCIPAUX PRODUCTEURS DE PÉTROLE

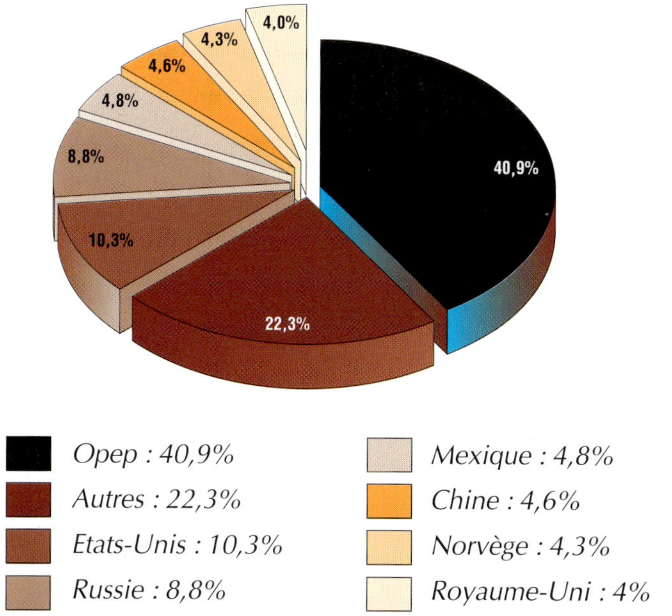

Allemagne, en Grande-Bretagne, en Belgique, en Italie, en Espagne et même en Pologne où des "opérations-escargots" organisées par les transporteurs routiers, les chauffeurs de taxis et les agriculteurs ont paralysé le pays durant plusieurs jours.

Face à un problème que les gouvernements auraient dû prévoir, l'Europe réagit, une fois de plus, en ordre dispersé. On en vit l'image symbolique à Bruxelles, où les environs immédiats de la Commission furent irrémédiablement bloqués par les camionneurs. Pendant ce temps, en l'absence d'une politique commune en matière fiscale, chaque capitale tentait de gérer la situation à sa manière, la fiscalité étant encore pour beaucoup un instrument essentiel de la souveraineté nationale. La France, la première, lâcha du lest pour retrouver la paix sociale sans se soucier de ses partenaires, qui ne manquèrent pas de lui reprocher ce manque de concertation.

La Belgique s'en tira mieux, semble-t-il. Les quatre ministres concernés, Isabelle Durant (Transports - Ecolo), Didier Reynders (Finances - PRL), Charles Picqué (Economie - PS) et Frank Vandenbroucke (Affaires sociales - SP) négocièrent un accord que cautionna Guy Verhofstadt. Sur le refus du "carburant professionnel", jugé anti-écologique, le gouvernement se montra intransigeant, mais il accepta certaines mesures jugées positives sur les plans social et environnemental. Elles coûteront 3,8 milliards aux pouvoirs publics. Elles prévoient notamment un nouveau système de paiement de la taxe de circulation, une réduction de la taxe sur les assurances et des délais de paiement pour les entreprises en difficulté. Le retour au calme était à ce prix.

En levant les barrages, les transporteurs routiers entérinèrent le dénouement de la crise. Reste le problème fondamental, celui de notre dépendance à l'égard de cet or noir dont nous ne pouvons nous passer en dépit de tous les signaux d'alarme qui nous sont adressés. Du coup, on a beaucoup reparlé de sujets récurrents comme la mobilité, les transports publics, la pollution, les changements climatiques, tous plus ou moins liés à notre consommation excessive de pétrole. Sans que se dessine une véritable politique en la matière...

Les réservoirs de pétrole et de gasoil commençaient à se vider, mettant l'économie de notre pays en péril. On avait oublié un peu vite notre dépendance vis-à-vis de l'or noir. △

Cathy Freeman, symbole de la réussite des Jeux de Sydney

Le Néerlandais Pieter van den Hoogenband vient de se hisser en finale du 100 mètres nage libre qu'il remportera devant le Russe Alexander Popov. Il a enlevé également le 200 mètres. △

En présentant la candidature de la ville de Sydney pour l'organisation des Jeux de l'an 2000, les Australiens, qui affrontaient la redoutable concurrence de Pékin, avaient assuré le Comité international olympique qu'il ne regretterait pas son choix s'il leur faisait confiance. A un dossier irréprochable sur le plan technique, ils ajoutaient la promesse de réconcilier humanisme et olympisme. On était alors en 1993 et l'on ne savait pas à quels excès pouvait conduire une commercialisation outrancière de l'idéal olympique. Atlanta devait nous l'apprendre...

Après cette quinzaine passée en Nouvelle-Galles-du-Sud, Juan Antonio Samaranch et les membres du CIO ne pouvaient que se féliciter d'avoir écouté cette proposition venue du bout du monde. Dans son dernier discours de clôture, le vieux président catalan, qui prendra sa retraite en juillet 2001, a pu affirmer, sans susciter le moindre sourire cette fois, qu'il venait d'assister aux "meilleurs Jeux jamais organisés". Il n'avait interrompu cette tradition qu'en une seule occasion, au terme des Jeux d'Atlanta précisément... Bref, Sydney a gagné son pari. Il n'y a eu aucun véritable problème dans des domaines pourtant aussi sensibles que les transports, l'hébergement, la communication et surtout la sécurité. Les Australiens

Vêtue d'une tenue très futuriste, Cathy Freeman remporte le 400 mètres. Devenue l'idole du public australien, l'athlète aborigène, qui avait déjà allumé la vasque olympique, a été la grande vedette de ces Jeux. ▽

Les Belges Matthew Gilmore et Etienne De Wilde se relaient dans l'épreuve "américaine". L'enthousiasme du coureur australien naturalisé, ainsi que l'expérience de l'ancien champion de Belgique sur route ont permis à notre cyclisme de remporter la médaille d'argent. △

Le Français Miguel Martinez mène devant le Belge Filip Meirhaeghe dans l'épreuve de VTT. Les deux coureurs termineront dans cet ordre. △

réussirent même à désamorcer ce brûlot que constituait la question aborigène. Cette zone d'ombre de leur brève histoire risquait de brouiller l'atmosphère. On n'aurait pas manqué de rappeler le long ostracisme dont fut frappée l'Afrique du Sud pour des faits qui n'étaient, en somme, guère différents, sinon par leur ampleur peut-être. Il fallait apaiser les esprits par un geste fort. Pouvait-on trouver mieux que de confier l'honneur d'allumer la vasque olympique à Cathy Freeman, la plus prestigieuse athlète australienne, mais aussi petite fille de la "génération volée" et militante convaincue des droits du peuple aborigène?

Une semaine après cette très belle cérémonie d'ouverture, la championne du monde du 400 mètres renvoyait l'ascenseur au comité d'organisation en remportant la médaille d'or et en réalisant l'unanimité de ses compatriotes autour de son exploit. Grâce à elle, le peuple australien, toutes origines confondues, témoignait devant la planète entière de sa bonne conscience retrouvée.

Dans les stades, les Etats-Unis ont à nouveau dicté leur loi, ainsi qu'on l'attendait. En sport comme dans les autres domaines, de l'économie à la recherche scientifique ou à la technologie, en passant évidemment par la puissance militaire, les Américains règnent sans partage sur le monde. La disparition des régimes communistes européens, qui concentraient beaucoup de leurs forces dans la chasse aux médailles, les place désormais au-dessus de toute menace.

A l'officieux classement internations, les Etats-Unis l'emportent donc sans discussion avec 97 médailles dont 39 d'or, devant la Russie, qui conserve de beaux restes, avec 89 médailles dont 32 d'or, et la Chine, qui continue à progresser, avec 59 médailles dont 28 d'or. L'Australie, qui jouait à domicile, est quatrième avec le meilleur score de son histoire, 58 médailles dont 16 d'or. Toujours à propos des grandes tendances, une déception, celle causée par l'Allemagne qui, avec 57 médailles dont 14 d'or, ne figure pas pour la première fois depuis 1968 dans le

Dominique Monami-Van Roost et Els Callens saluent le public. Elles viennent de remporter la médaille de bronze du double dames. Elles ont effectué un brillant parcours, ne s'inclinant en demi-finale que devant les sœurs Williams. △

tiercé de tête, où l'on retrouvait régulièrement soit la RFA soit la RDA, et une agréable surprise provoquée par les Pays-Bas avec 25 médailles dont 12 d'or. Nos voisins ont découvert, il est vrai, trois grands champions, les nageurs Inge de Bruijn et Pieter van den Hoogenband ainsi que la cycliste Leontien Van Moorsel.
Le résultat de la Belgique est plus modeste, voire décevant, avec cinq médailles, deux d'argent et trois de bronze. On pouvait s'attendre à mieux. Nos athlètes sont rentrés de Sydney sans titre olympique, alors qu'ils en avaient remporté deux à Atlanta où Ulla Werbrouck et Frederick Deburghgraeve étaient au sommet de leur forme. Personne n'a paru en mesure de prendre le relais... Le cyclisme, le judo et le tennis féminin ont sauvé l'honneur. Rien de bien surprenant, en somme. Le sport du vélo conserve sa popularité chez nous. L'équipe d'"américaine" formée par le vétéran Etienne De Wilde (42 ans) et le Belgo-Australien Matthew Gilmore, récemment naturalisé, a obtenu une belle médaille d'argent grâce au dernier des douze sprints d'une course disputée à une cadence infernale (52,9 km/heure). Dans l'épreuve de VTT, Filip Meirhaeghe termina également deuxième, derrière le Français Miguel Martinez. Un bon résultat, même si le coureur de Wetteren avait annoncé sans complexe qu'il ne visait que l'or!

Ann Simons bat la Cubaine Savon, vice-championne du monde en titre. La jeune Limbourgeoise vient de faire un pas important vers le podium. Elle y recevra une médaille de bronze. △

Le judo féminin nous a encore apporté des médailles, seulement deux médailles de bronze toutefois, car Ulla Werbrouck perdit rapidement toute illusion de conserver sont titre. Pour ses premiers Jeux, Ann Simons décrocha une troisième place, ce qui n'est pas mal. Plus routinière, mais aussi plus malchanceuse, Gella Vandecaveye se hissa aussi sur la troisième marche d'un podium.

Enfin, tout à la fin de ces Jeux, Dominique Monami-Van Roost et Els Callens remportèrent également le bronze en double dames. Elles n'avaient échoué en demi-finale que devant les inaccessibles sœurs Williams. La bonne santé de notre tennis féminin était confirmée.

Quelques athlètes remplirent encore leur contrat comme Ludo Philippaerts (quatrième en saut d'obstacles), Anne Focan (quatrième et septième en tir), Min Dezillie (sixième en Europe voile), Sebastien Godefroid (septième en finn voile), Heidi Van de Vijver (huitième de l'épreuve cycliste sur route) et Heidi Rakels (battue seulement pour le bronze en judo). Pour une équipe de 69 athlètes, la plus importante depuis Montréal en 1976, c'est un bilan plutôt moyen. On attendait surtout mieux de nos athlètes et de nos nageurs, dans l'ensemble médiocres.

Le niveau de ces Jeux de Sydney fut sans doute excellent, mais pas exceptionnel. En athlétisme d'ailleurs, aucun record du monde ne fut battu. Il est vrai que la menace des contrôles antidopage avait incité beaucoup d'équipes à la prudence. La Chine avait exclu d'elle-même vingt-sept athlètes de sa sélection, évoquant des "tests sanguins douteux". Au cours des semaines précédant la cérémonie d'ouverture, on avait d'ailleurs enregistré une trentaine de contrôles positifs. Beaucoup d'athlètes préférèrent ne pas prendre le risque d'être accusés et déclarèrent forfait. Comme d'habitude, l'haltérophilie fut le sport le plus touché pendant les Jeux, au point que certains se posent la question de son maintien au programme olympique. Parmi les huit athlètes qui furent déclassés pour un contrôle positif, on trouve également la jeune gymnaste roumaine Andrea Raducan qui avait remporté le concours individuel.

Docteur Jacques Rogge

Membre de la Commission exécutive du Comité international olympique (CIO)

Les Jeux olympiques de Sydney

Artis-Historia : De l'avis unanime, Sydney a été une réussite. Quelles ont été les clés de ce succès ?

Jacques Rogge : J'en vois trois. Il y a eu avant tout l'amour des Australiens pour le sport et la parfaite connaissance qu'ils en ont. Il y a eu ensuite la beauté naturelle de Sydney et l'espace dont ont disposé les organisateurs. Peu de villes sont aussi spacieuses. Il y a eu ensuite une symbiose totale entre le CIO et le Comité d'organisation. Les Australiens ont souhaité eux-mêmes bénéficier de l'expérience du passé, à l'inverse des Américains qui, en 1996, à Atlanta, n'avaient rien voulu entendre. Les gens de Sydney ont été, au contraire, très humbles, ils ont examiné tous les documents qu'on leur soumettait, ils ne demandaient pas mieux. C'est l'une des grandes raisons de leur succès.

A.-H. : Quel fut, selon vous, le sommet des Jeux ?

J.R.: Je voterais pour la cinquième médaille d'or consécutive du Britannique Steve Redgrave en aviron. Dans un sport aussi athlétique, je trouve cela fabuleux. Je sais qu'il y a des performances plus médiatiques, mais celle-ci m'a vraiment impressionné. Je peux la comparer aux quatre médailles d'or de Carl Lewis au saut en longueur.

A.-H. : A-t-on constaté à Sydney un progrès dans la lutte contre le dopage ?

J.R.: Oui, j'estime que nous avons progressé. A Sydney, nous avons effectué 3600 contrôles, près du double des contrôles réalisés à Atlanta, mais nous avons surtout travaillé hors compétition et, là, je crois que notre action a été très efficace. Beaucoup d'athlètes ont été pincés à ce moment et n'ont donc pu participer aux Jeux. A l'avenir, nous allons intensifier notre collaboration avec l'Agence mondiale antidopage afin d'arriver à des Jeux qui seraient les plus propres possibles. Cela dit, je dois avouer qu'il y a eu, à Sydney, des décisions très difficiles à prendre. Je songe à la médaille d'or que nous avons retirée à la jeune gymnaste roumaine de seize ans, Andrea Raducan. Nous en avons discuté jusqu'à trois heures du matin...

A.-H. : On sait que le problème du gigantisme des Jeux vous préoccupe beaucoup. Comment le résoudre ? Des sports sont-ils réellement menacés?

J.R.: C'est un problème qui n'est pas simple, en effet, mais les Jeux sont arrivés à une limite de ce qu'une ville peut supporter. Nous allons être obligés de nous attaquer à des avantages qui paraissent acquis, à des lobbies qui protègent leur territoire, mais nous devons le faire. Nous sommes actuellement à 300 épreuves, nous devons rapidement repasser à 280. En ce qui concerne l'organisation des Jeux, j'ai beaucoup appris en tant que président de la Commission de coordination qui a assuré la liaison entre le CIO et le comité organisateur. Je suis allé quinze fois à Sydney et j'y ai passé au total dix-huit semaines en cinq ans. Je suis arrivé ainsi à la conclusion qu'il faudra impérativement réduire les Jeux afin de les donner, un jour, à l'Afrique ou à l'Amérique du Sud. Mais on n'y parviendra qu'à la suite d'un dialogue avec tout le monde. Ce n'est pas parce qu'un sport a sa place au programme actuellement qu'il est certain d'y rester. Et l'inverse est aussi vrai...

A.-H. : L'olympisme a-t-il changé de visage après Sydney ?

J.R.: L'olympisme a évolué, ces derniers temps, mais pas en raison des Jeux. C'est la crise du CIO qui a changé beaucoup de choses en incitant le Comité à ouvrir ses portes aux athlètes et à adopter un mode de fonctionnement plus démocratique. Sydney, par sa perfection, a simplement démontré combien le souci de l'écologie était important dans l'organisation des grandes manifestations sportives. Ce furent des Jeux "verts", les premiers du cycle des Jeux d'été, après Lillehammer.

A.-H. : Les résultats des athlètes belges ont été jugés assez décevants par le grand public. Partagez-vous ce sentiment ?

J.R.: Non, je trouve même que le public belge a la mémoire assez courte. Il suffit de rappeler que, à Moscou, en 1980, dans des Jeux boycottés par les Américains et de nombreux Occidentaux, nous n'avions eu qu'une médaille d'or; à Los Angeles, en 1984, sans le bloc de l'Est cette fois, nous n'avions eu que cinq médailles; à Séoul, en 1988, trois, et, à Barcelone, en 1992, deux à peine. Atlanta, en 1996, avec six médailles, dont deux d'or, fut notre meilleur score depuis la guerre. Cela ne signifie pas pour autant que je sois satisfait de la politique sportive dans notre pays. On pourrait faire mieux, à l'exemple des Néerlandais. Le problème du sport belge est un problème structurel. Il y a chez nous trois Communautés et trois ministres des Sports. Il faut essayer d'unir les efforts et c'est ce que tente de faire notre Comité olympique. De toute façon, on ne doit pas se focaliser sur les médailles. Il est préférable d'avoir une équipe avec un seul médaillé et plusieurs finalistes ou même demi-finalistes qu'une équipe avec quatre ou cinq médailles et rien derrière.

OCTOBRE

CHRONOLOGIE

DOSSIERS

L'AVIS D'UN EXPERT

Le Proche-Orient s'est embrasé, une fois de plus, après la visite provocatrice du leader de la droite israélienne, Ariel Sharon, sur l'esplanade des Mosquées. L'intifada a repris de plus belle en Cisjordanie et dans la bande de Gaza. Un enfant palestinien se protège alors que patrouille un véhicule de Tsahal. Ce mois d'octobre a été particulièrement meurtrier pour les jeunes lanceurs de pierres.

CHRONOLOGIE

OCTOBRE

Lu	Ma	Me	Je	Ve	Sa	Di
						1
2	3	4	5	6	7	8
9	10	11	12	13	14	15
16	17	18	19	20	21	22
23/30	24/31	25	26	27	28	29

MONDE

2

* PROCHE-ORIENT - Après les durs affrontements des derniers jours de septembre à Jérusalem, puis à Gaza et en Cisjordanie, on compte à ce jour cinquante-six morts et un millier de blessés.
pages 147/149

3

* ALLEMAGNE - Les cérémonies du dixième anniversaire de la réunification se déroulent à Dresde en présence du chancelier Schröder et du président français Chirac, mais en l'absence de Helmut Kohl à qui les autorités fédérales avaient refusé la parole.

4

* PROCHE-ORIENT - Le premier ministre israélien Ehoud Barak, le président de l'Autorité palestinienne Yasser Arafat et la secrétaire d'Etat américaine Madeleine Albright se rencontrent à Paris pour tenter de mettre fin aux violences dont le bilan est monté à soixante-sept morts.
pages 147/149

5

* YOUGOSLAVIE - A Belgrade, une foule immense déborde les forces de l'ordre qui n'opposent guère de résistance. Vojislav Kostunica, l'indiscutable vainqueur des élections, est proclamé président de la République.
page 140

6

* PROCHE-ORIENT - Les Palestiniens décrètent une "Journée de la colère" qui suscite de nouveaux affrontements et font encore onze morts. **pages 147/149**

8

* POLOGNE - Alexandre Kwasniewski est réélu à la présidence, dès le premier tour de scrutin, avec 56% des voix. Cette élection marque la fin de la carrière politique de Lech Walesa qui n'obtient que 0,8% des suffrages.

Agé de septante-neuf ans, le grand-duc Jean de Luxembourg abdique, le 7 octobre, en faveur de son fils Henri. Le nouveau souverain, qui a quarante-cinq ans, est le cinquième d'une dynastie qui fut fondée en 1890. △

9

* ESPAGNE - Malgré le démantèlement d'une partie de sa direction, l'ETA frappe encore. Le procureur d'Andalousie, Luis Portero, est assassiné à Grenade.

12

* PROCHE-ORIENT - Deux soldats israéliens sont lynchés par une foule déchaînée à Ramallah.
pages 147/149

* TERRORISME ANTIAMERICAIN - Un navire de guerre américain est endommagé par une explosion qui a fait six morts dans le port yéménite d'Aden. Selon le Pentagone, il s'agirait d'un attentat-suicide.

* TCHETCHENIE - La guérilla continue à faire des victimes dans la république rebelle. A Grozny, un attentat à la voiture piégée tue quinze personnes.

14

* BOSNIE - Le leader musulman Alija Izetbegovic démissionne de la présidence collégiale bosniaque pour raisons de santé.

15

* NIGERIA - Des troubles interethniques éclatent, à Lagos, entre Haoussas et Yorubas. En quelques jours, ils font plus de cent morts.

17

* PROCHE-ORIENT - Réunis pendant trois jours à Charm el-Cheikh, en Egypte, sous l'égide du président américain Bill Clinton, Ehoud Barak et Yasser Arafat s'engagent à mettre fin aux violences en Cisjordanie et à Gaza. Sur le terrain, deux Palestiniens s'ajoutent cependant à la liste des victimes. **pages 147/149**

28

* KOSOVO - Une large majorité de la population albanaise participe aux élections municipales organisées sous l'égide de l'ONU. Le parti du leader modéré, Ibrahim

La guerre civile en Côte d'Ivoire

Après l'élection présidentielle du 22 octobre, de violents affrontements font plusieurs dizaines de morts en Côte d'Ivoire, pays de quinze millions d'habitants situé en bordure du golfe de Guinée. Alors que la victoire semblait revenir au candidat de l'opposition, le socialiste Laurent Gbagbo, le chef de la junte, le général Robert Gueï, au pouvoir depuis le putsch de Noël 1999, ordonne d'annuler le décompte des voix et se proclame président.

Le coup d'Etat échoue cependant à la suite d'un soulèvement populaire à Abidjan (notre photo) et dans plusieurs autres grandes villes du pays. Le verdict du scrutin est confirmé et Laurent Gbagbo est nommé président de la République.

Le calme n'en revient pas pour autant. Des troubles continuent d'opposer les chrétiens (30% de la population) et les animistes (17%) du nouveau président Gbagbo aux musulmans (40%) d'Alassane Ouattara. Cette dernière flambée de violence fait encore de nombreuses victimes.

Rugova, qui a toujours prôné la non-violence, remporte 58,13% des suffrages. Les 100 000 Serbes, demeurés dans la province, ont boycotté le scrutin. page 140

30
* ESPAGNE - L'ETA frappe une fois de plus. En plein cœur de Madrid, un juge militaire, son chauffeur et son garde du corps sont brûlés vifs dans leur voiture après l'explosion d'une charge de dynamite.

BELGIQUE

2
* LA DETTE AUX COMMUNES - Le ministre des Finances, Didier Reynders, annonce que l'arriéré global de la dette que l'Etat fédéral a contractée vis-à-vis des communes, soit 17 milliards, sera résorbé avant la fin de l'année.

3
* SOCIAL - Les deux grands syndicats, la CSC et la FGTB, réunissent à Bruxelles quelque vingt mille manifestants appartenant à toutes les régions du pays. Leur objectif est d'adresser une mise en garde au gouvernement avant la confection du budget afin de "rendre plus juste l'Etat social actuel".

4
* DIALOGUE NORD-SUD - Pour la première fois, le gouvernement wallon et le gouvernement flamand tiennent en commun une séance de travail au château de La Hulpe.

8
* ELECTIONS COMMUNALES - Les partis de la majorité arc-en-ciel, verts, bleus et rouges, obtiennent, dans l'ensemble, de bons résultats. En Flandre et plus particulièrement à Anvers, on note cependant une forte poussée du Vlaams Blok. page 144

11
* GOUVERNEMENT FEDERAL - Impliqué dans une affaire judiciaire, le secrétaire d'Etat au Commerce extérieur, Pierre Chevalier (VLD), démissionne. Il est remplacé par Annemie Neyts (VLD).

17
* POLITIQUE FEDERALE - Le premier ministre Guy Verhofstadt (VLD) expose, devant la Chambre, sa déclaration de politique fédérale. Pour la première fois en un demi-siècle, le gouvernement présente un budget affichant un surplus.

ECONOMIE

5
* EDITION MUSICALE - Afin de préserver sa fusion avec AOL, Time Warner, qui craignait d'essuyer un refus de la Commission européenne, renonce provisoirement à l'acquisition de la major de disques britannique EMI.

9
* NOUVELLE ECONOMIE - L'indice Nasdaq, qui regroupe la plupart des titres de la nouvelle économie américaine, enregistre une chute de près de 4% à la Bourse de New York. Le recul des valeurs technologiques est de 17,54% depuis le début de l'année.

13
* COMMUNICATION - La Commission européenne donne son accord à la fusion Vivendi, Seagram et Canal+, après l'engagement de Vivendi de vendre sa participation dans la télévision britannique BSkyB. Le nouveau géant de la communication devient le numéro deux mondial.

17
* EDITION - Le premier groupe de presse et d'édition italien, Rizzoli, qui publie notamment le "Corriere della Sera", prend le contrôle de la maison d'édition française Flammarion pour 6,2 milliards de francs.

18
* EURO - Une polémique déclenchée par des propos du président de la Banque centrale européenne, Wim Duisenberg, fait encore chuter l'euro qui atteint un nouveau plancher historique : 0,833 dollar. Dans une interview au "Times", le Néerlandais avait écarté l'idée d'une intervention sur le marché des changes en cas d'escalade au Proche-Orient.

Le naufrage du "Ievoli Sun": la sécurité maritime à nouveau en question

Le 31 octobre, le chimiquier italien "Ievoli Sun" est victime de la tempête qui souffle dans la Manche et en mer du Nord. Il coule au large de l'île anglo-normande d'Aurigny, non loin de la presqu'île du Cotentin. Le naufrage ne fait aucune victime, mais le danger de pollution, moins d'un an après la catastrophe de l'"Erika", inquiète à nouveau les autorités.

Le "Ievoli Sun" transportait 6000 tonnes de produits chimiques hautement toxiques, dont 4000 tonnes de styrène appartenant à la société Shell. Cette substance est cancérogène pour l'animal. Chez l'homme, son inhalation à forte dose peut provoquer des céphalées, des vertiges, voire le coma.

Construit en 1989, le navire italien était en mauvais état. A trois reprises au cours des derniers mois, il avait été retenu pour anomalies. La société de classification Rina lui avait toutefois délivré un certificat de navigabilité, le 30 septembre. Ce naufrage relance la polémique de la sécurité maritime et de la responsabilité des armateurs en matière de respect de l'environnement.

L'agonie du Koursk

Le 25 octobre, les quatre premiers corps des marins qui ont péri dans le naufrage du Koursk sont remontés à la surface par les sauveteurs. On découvre, dans la poche d'un officier, le capitaine Dimitri Kolesnikov, un ultime message. Il confirme qu'il y a bien eu des survivants après les explosions.

Les enquêteurs parviennent à déchiffrer le texte qui précise : "13 heures 15. Tout le personnel des compartiments 6, 7 et 8 est passé dans le neuvième. Nous y sommes 23. Nous avons pris cette décision à la suite de l'accident. Personne ne peut monter..." Puis, un peu plus loin : "13 heures 5... (le dernier chiffre est illisible), j'écris à l'aveugle..." Les survivants avaient donc vraisemblablement été plongés dans une obscurité complète avant de mourir par asphyxie ou par noyade.

Seuls les corps de douze des cent dix-huit victimes seront finalement récupérés.

SOCIETE

12
* FRAUDE FISCALE - Le président du comité de direction de la KBC (ex-Kredietbank) est inculpé de fraude fiscale par le juge Jean-Claude Leys.

14
* MARCHE DES FEMMES - Organisée dans les rues de Bruxelles, la marche européenne des femmes, prélude à la marche mondiale de New York, a obtenu un gros succès. Plus de vingt mille participantes, venues de tous les pays du continent, ont défilé dans les rues de la capitale afin d'exprimer leurs revendications.

15
* INONDATIONS - Des pluies torrentielles s'abattent au cours du week-end sur les montagnes et les vallées du sud de la Suisse et du nord de l'Italie. Le Piémont et le Val d'Aoste sont particulièrement touchés. Recueillant la crue de nombreuses rivières, le Pô sort de son lit en plusieurs endroits. Quarante mille personnes doivent être évacuées. On déplore dix-neuf morts.

17
* CATASTROPHE FERROVIAIRE - Un train déraille près de Hatfield, un quart d'heure après avoir quitté la gare de King's Cross, à Londres. Quatre voyageurs sont tués dans l'accident. Un an après la catastrophe de Paddington qui avait fait trente et un morts, les Anglais se posent des questions au sujet de la sécurité depuis la privatisation des chemins de fer britanniques.

20
* VACHE FOLLE - Trente-neuf grandes surfaces du groupe français "Carrefour" doivent retirer de leurs rayons près d'une tonne de viande qui aurait pu être contaminée par l'encéphalopathie spongiforme bovine.

30
* REPRISE DES TEC - Après une longue grève (33 jours dans le bassin liégeois et 36 jours dans la région de Charleroi), les chauffeurs des TEC reprennent la route.
* TEMPETE - Une violente tempête secoue le nord-ouest de l'Europe. On compte quatre morts en France et six en Grande-Bretagne. En Belgique, où le vent a soufflé à

120 km/heure, on déplore d'importants dégâts matériels.

31
* CATASTROPHES AERIENNES - Un Boeing 747 des Singapore Airlines s'écrase sur l'aéroport de Taipei, à Taïwan, peu après son décollage. L'accident a fait septante-neuf morts. Une autre catastrophe se produit en Angola où un Antonov 26 explose en l'air, faisant quarante-huit morts.

SCIENCES ET TECHNIQUES

3
* GENETIQUE - Le Washington Post révèle que, dans l'Etat du Colorado, une fillette atteinte de leucémie a reçu une greffe de cellules provenant du cordon ombilical de son frère, conçu in vitro à cette fin et sélectionné à partir du diagnostic préimplantatoire.

CULTURE

1
* CINEMA - Au festival international de Namur, le "Bayard" du meilleur film est attribué à "Le battement d'ailes du papillon" du Français Laurent Firode.

5
* MUSIQUE - "Anthology" ou l'histoire des Beatles racontée par eux-mêmes sort de presse. La société Apple Corps Ltd qui édite ce livre de 368 pages, comprenant 1.300 photos, envisage un tirage de 20 millions d'exemplaires.

12
* LITTERATURE - Le prix Nobel est attribué au dissident chinois, naturalisé français, Gao Xingjian. C'est la première fois que le jury distingue un écrivain de langue chinoise. Victime de la Révolution culturelle, Gao Xingjian s'est réfugié en Europe en 1988. Il y a dénoncé le totalitarisme dans "La Montagne de l'âme" et "Le livre d'un homme seul". A Pékin, les médias officiels ont observé le silence sur cette distinction.

17
* MUSIQUE - Lors d'une vente aux enchères organisée par Internet au Hard Rock Café de Londres, le piano sur lequel l'ancien Beatle John Lennon composa sa célèbre chanson "Imagine" atteint 1,45 million de livres, soit 98 millions de francs.

SPORTS

7
* FOOTBALL - A Riga, en éliminatoire du championnat du monde, la Belgique bat la Lettonie par 4-0. Les buts ont été inscrits par Marc Wilmots, Bob Peeters, Jurgen Cavens et Gert Verheyen.

8
* AUTOMOBILISME - Vainqueur du Grand Prix du Japon, l'Allemand Michael Schumacher devient pour la troisième fois champion du monde de formule 1. C'est le premier titre mondial pour Ferrari depuis 1979.

15
* CYCLISME - Le Belge Andreï Tchmil attaque à un kilomètre de l'arrivée du championnat du monde sur route, sur le circuit de Plouay, en Bretagne, mais il est rejoint par un petit groupe dont émerge le Letton Romans Vainsteins, qui revêt le maillot arc-en-ciel.

24
* CYCLISME - Au procès Festina qui se tient devant le tribunal correctionnel de Lille, le coureur français Richard Virenque, qui avait toujours nié s'être dopé, avoue avoir pris de l'EPO.

27
* CYCLISME - Eddy Merckx n'aura pas récupéré longtemps son record du monde de l'heure. A Manchester, le Britannique Chris Boardman réalise 10 mètres de mieux, soit 49,441 mètres.

Quelques semaines après la clôture des Jeux olympiques, les onzièmes Jeux paralympiques se déroulent à Sydney du 18 au 29 octobre. Plus de quatre mille athlètes handicapés, provenant de cent vingt-trois pays, y participent dans dix-huit disciplines. ▽

La chute de Slobodan Milosevic

Slobodan Milosevic dépose son bulletin dans l'urne lors des élections du 24 septembre. Le dictateur serbe est encore persuadé qu'il pourra manipuler, une fois de plus, le scrutin et se maintenir ainsi au pouvoir. Quelques jours plus tard, le piège se refermera sur lui. △

"Gotov Je !" Répété inlassablement depuis des semaines, le slogan de l'insurrection serbe est devenu une réalité en cet après-midi du 5 octobre. "Il est fini !" Après avoir mené quatre guerres en moins de dix ans, dont le bilan s'élève à plus de deux cent mille morts, Slobodan Milosevic est tombé sans que soit versée une goutte de sang. Paradoxe de l'histoire...

Le piège qu'il avait lui-même tendu s'est donc refermé sur le dernier dictateur national-communiste d'Europe. Car rien n'obligeait le président yougoslave, dont le mandat n'expirait qu'en juillet 2001, d'organiser de nouvelles élections, rien même ne l'y poussait, sinon l'assurance d'obtenir un nouveau plébiscite, quitte à bourrer les urnes.

Le calcul de Milosevic avait aussi un côté machiavélique. Son mandat n'étant légalement plus renouvelable au niveau fédéral, il avait imposé, au début de l'été, une révision de la Constitution que ses adversaires n'avaient pas hésité à qualifier de "putsch constitutionnel". Après avoir réduit la représentation du Monténégro, il avait changé le mode de désignation du président de la fédération, désormais élu au suffrage universel direct à deux tours, sans limitation du nombre de mandats. Le scrutin avait été fixé au 24 septembre.

L'homme fort de Belgrade ne paraissait avoir aucun souci à se faire. Il contrôlait la presse, la télévision et l'appareil d'Etat. Il était sûr, au besoin, de pouvoir truquer les résultats comme il l'avait déjà fait à plusieurs reprises pour imposer sa propre légitimité. Sa seule erreur, péché d'orgueil sans doute, fut de ne pas avoir mesuré la force de l'opposition, finalement unie autour de Vojislav Kostunica, et surtout l'exaspération de la population, lassée de vivre en marge de l'Europe. La Yougoslavie n'est pas l'Irak...

Au lendemain du 24 septembre, le verdict des urnes ne surprend pas seulement le dictateur serbe, mais il étonne le monde. La Commission électorale fédérale reconnaît la victoire de Kostunica avec 48,2% des voix contre 40,2% à Milosevic, pour un taux de participation de 64,16%. Mais il ne fait de doute pour personne que les chiffres ont été manipulés. L'opposition affirme avoir obtenu 57% des suffrages et lance une campagne de désobéissance civile alors que le pouvoir annonce l'organisation d'un second tour le 8 octobre. L'épreuve de force paraît inévitable. Les observateurs envisagent dès lors plusieurs scénarios possibles, mais tous se rejoignent sur un point : Milosevic n'est pas homme à admettre la défaite. La tension monte, en effet. A Belgrade, Vojislav Kostunica proclame

Les élections municipales, qui se sont déroulées au Kosovo le 28 octobre, ont obtenu une large participation. Elles ont également confirmé une volonté générale d'apaisement. ▽

Des nuages de fumée s'élèvent du bâtiment abritant le Parlement de Belgrade. La foule se presse devant l'édifice en réclamant la démission de Milosevic. Les forces de l'ordre laissent faire. Dans quelques instants, le pouvoir va basculer... △

devant une foule immense, estimée à deux cent mille personnes, qu'"il n'y aura pas de compromis avec le pouvoir". La mauvaise humeur gagne toutes les couches de la population. Quelque sept mille mineurs du bassin de Kolubara, qui alimente les principales centrales thermiques de la capitale, déclenchent une grève pour faire reconnaître le succès du parti démocrate serbe. Partout, les mouvements de l'opposition s'organisent. Le 4 octobre, Milosevic commet sa dernière gaffe : il fait annuler par la Cour constitutionnelle le premier tour de l'élection présidentielle. C'est la goutte d'eau...

Deux heures pour renverser le tyran

Le matin suivant, le 5 octobre au lever du jour, des centaines de camions et de bus, des milliers de voitures en provenance de Nis, Kraljevo, Novi Sad ou Cacak arrivent à Belgrade. Autour de la capitale, les barrages de police résistent mollement. Vers midi, la place du Parlement et les rues du centre-ville sont envahies par une foule énorme qui reprend en chœur le nouvel hymne : "Slobodan, Slobodan, sauve la Serbie et suicide-toi." Les forces de l'ordre laissent faire...

L'opposition a fixé un ultimatum à Milosevic : il doit présenter sa démission à 15 heures. Le moment est passé. Un homme en blouson rouge appelle la foule à entrer de force dans le Parlement. C'est l'assaut. Les émeutiers passent au travers d'un nuage de gaz lacrymogènes et s'emparent sans coup férir de ce symbole du pouvoir. Les principales chaînes de télévision sont investies un peu plus tard. La révolution du peuple serbe contre le tyran qui avait fait son malheur a duré deux heures! "Ce fut un désordre... bien organisé, expliquera peu après le général Obradovic, l'ancien porte-parole de l'armée fédérale à l'époque de la guerre en Croatie, passé dans les rangs de l'opposition. Nous avions notre plan d'action. On ne peut jamais prévoir entièrement ce genre d'opérations. Mais tout s'est passé pour le mieux." Cette journée historique n'a pas fait une seule victime !

En réalité, Milosevic a été éliminé à la suite d'un complot parfaitement mis au point. A la base, on retrouve le mouvement Otpor (Résistance), créé à l'automne 1998 après la condamnation à dix jours de prison de quatre étudiants coupables d'avoir écrit "Mort au fascisme" sur un mur. La rébellion a rapidement fait tache d'huile. Avant la chute du régime, Otpor comptait quarante mille activistes.

Ce sont eux, des jeunes pour la plupart, étudiants, économistes, juristes, artistes, presque tous âgés de moins de quarante ans, qui ont emmené la foule, protégés, il est vrai, par un noyau dur venu de Cacak, petite ville de la Sumadija, sous la conduite de Velimir Ilic. Cette troupe de choc comptait certes quelques "professionnels" dans ses rangs, des policiers en civil, d'anciens parachutistes, quelques vétérans des guerres de Croatie et de Bosnie aussi, mais elle n'aurait sans doute pas fait le poids si l'armée avait réagi. Or, celle-ci ne l'a pas fait. Pourquoi? La question n'est pas simple. Au cours

Un partisan de l'opposition a grimpé au sommet du monument qui se trouve devant le Parlement de Belgrade et il hisse le drapeau du Parti démocratique de Serbie. On l'acclame. La révolution est en marche. ▽

Vojislav Kostunica veut marier nationalisme et légalisme

Qui est le nouveau président de la Yougoslavie? L'opinion publique internationale s'est posé la question, sans cacher une certaine préoccupation, au lendemain de la brutale chute de Milosevic. Vojislav Kostunica avait la réputation d'être farouchement nationaliste. Ne risquait-on pas d'assister aux mêmes excès que naguère?

Le vainqueur des élections du 24 septembre a tenu à rassurer ses interlocuteurs occidentaux. Il est sans doute plus serbe que Milosevic, puisqu'il est né à Belgrade en 1944 alors que le dictateur déchu est d'origine monténégrine. S'il n'hésite pas à faire état de ses sentiments nationalistes, il refuse de les considérer comme une idéologie. Ses proches le considèrent plutôt comme un intellectuel austère et discret, peu sensible aux avantages matériels de sa fonction. Il n'a d'ailleurs quitté qu'à contrecœur le petit appartement du centre-ville où il habitait depuis si longtemps avec son épouse.

Francophile, admirateur du général de Gaulle, il a obtenu son baccalauréat après avoir exposé une thèse sur "la problématique éthique dans l'œuvre d'Albert Camus". A vingt-deux ans, il décrochait sa maîtrise de droit et, à trente ans, un doctorat en sciences juridiques. C'est avant tout un légaliste, à l'opposé de l'orateur flattant les masses tel que l'était Milosevic.

Anticommuniste, il est entré en politique assez tard. Au début de l'année, peu de Yougoslaves connaissaient l'homme qui avait fondé le marginal Parti démocratique de Serbie, fruit d'une scission avec le Parti démocrate de Zoran Djindjic. En peu de temps, Kostunica allait toutefois rassembler l'opposition au régime et obtenir la majorité des voix aux présidentielles.

Partisan d'une future intégration de la fédération yougoslave au sein de l'Europe, Vojislav Kostunica refuse toutefois de porter l'étiquette de "valet de l'Occident". Il a d'ailleurs condamné énergiquement les frappes de l'OTAN et il se présente sans ambiguïté comme l'avocat de la cause serbe dans le respect des lois. Il assure que l'on peut être nationaliste, ou plus simplement patriote, sans devenir un "nettoyeur ethnique". Son premier objectif était de rejoindre la communauté internationale. Il n'a pas mis longtemps à le réaliser. Le second est de redresser la situation économique de la fédération. Cela prendra plus de temps...

La modération l'emporte aussi au Kosovo

Seize mois après la fin de la guerre, les premières élections libres et démocratiques se sont déroulées au Kosovo. Il ne s'agissait que d'un scrutin municipal, organisé le 28 octobre. Certes, la population serbe n'y a pas participé, mais la victoire du parti d'Ibrahim Rugova (58% des voix) sur les extrémistes de l'UCK (27% des voix) est aussi celle de la modération. Cette journée d'élections s'est d'ailleurs passée sans incidents.

des jours précédents, la grève des mineurs de Kolubara avait été un test. Là, on avait vu des policiers fraterniser avec une population appauvrie, écœurée par les privilèges accordés à la nomenklatura, déjà prête à passer à l'acte. La révolte populaire de Belgrade n'a été, en somme, que la suite logique des événements de Kolubara. C'est la Serbie tout entière qui a condamné le régime de Milosevic.

Moins de vingt-quatre heures plus tard, le vendredi 6 octobre, Vojislav Kostunica devenait le président incontesté de la Yougoslavie alors que la situation se normalisait à Belgrade et dans les villes de province. Lors d'une émission télévisée, Slobodan Milosevic admettait publiquement sa défaite, annonçant même qu'il allait... se reposer un peu.

Plus rien ne s'opposait désormais au retour de la fédération yougoslave au sein de la communauté internationale. Les sanctions de l'Union européenne furent très rapidement levées et, le 1er novembre, les Nations unies admettaient à nouveau la Yougoslavie qu'elles avaient exclue en 1992 au plus fort des guerres civiles qui déchiraient le pays.

L'accablant héritage de treize ans de dictature mégalomane

Le calme revenu, il restait aux nouveaux dirigeants de Belgrade à gérer l'accablant héritage de Milosevic. Treize ans de dictature mégalomane ont plongé le pays dans une misère indescriptible. Les quatre guerres menées par le tyran ont fait deux cent mille morts dans la région, mais aussi cinq millions de réfugiés. La fédération n'est plus qu'une nation exsangue économiquement et moralement meurtrie. En outre, les problèmes posés par les tendances centrifuges du Kosovo et du Monténégro demeurent sans solution et, sur ces sujets sensibles, Vojislav Kostunica a aussitôt fait savoir qu'il n'était pas disposé à négocier, pas plus que sur la remise de Milosevic au Tribunal international pénal de La Haye. Les Européens, qui ont accueilli le nouveau président au sommet de Biarritz, ont pu se rendre compte qu'il ne serait pas un partenaire docile, même s'il se sait incapable de sortir son pays du marasme sans l'aide de l'Union. Bruxelles a d'ailleurs consenti une première enveloppe de 200 millions d'euros, soit 8,068 milliards de francs, en douze mois.

Quel qu'en soit le prix, l'Europe ne peut toutefois que se féliciter de la paix rétablie dans les Balkans et de la volonté affichée par les peuples de l'ex-Yougoslavie de vivre désormais dans la démocratie. Les Serbes n'ont pas été les seuls, en effet, à emprunter cette voie au cours de l'année 2000. En février, la mort de Franjo Tudjman a permis aux Croates d'élire un nouveau président, Stipe Mesic, un démocrate lucide et courageux. Au Kosovo, peu après la révolution de velours de Belgrade, les élections municipales ont donné la victoire au parti d'Ibrahim Rugova, indépendantiste certes, mais modéré et pacifiste. Si l'on ajoute que le Monténégro est entre les mains d'un autre démocrate, Milo Djukanovic, et qu'à Sarajevo, les municipales ont vu les modérés l'emporter sur les nationalistes d'Izetbegovic, on peut conclure que tous ces peuples, déchirés, meurtris par dix ans de guerres sanglantes et souvent inhumaines, ont enfin choisi l'apaisement contre la haine.

Le succès du Vlaams Blok aux communales : un nuage sur fond d'arc-en-ciel

Si elles reflètent les grandes tendances de l'électorat, les communales sont souvent aussi influencées par des rivalités locales qui s'expriment, ici, sur les panneaux de cette ville flamande. △

Les élections communales, qui se sont déroulées le dimanche 8 octobre, n'ont pas laissé entrevoir un bouleversement du paysage politique belge. Dans l'ensemble du pays, la majorité arc-en-ciel est même sortie confortée de ce scrutin qui, pourtant, est traditionnellement influencé par des rivalités locales. C'est un signe de stabilité de l'électorat.

Bien qu'ils aient accepté de participer au gouvernement et qu'ils aient affronté peu auparavant une première crise sérieuse, la crise du pétrole, les écologistes ont obtenu, en général, de bons résultats, en particulier dans l'agglomération bruxelloise. Les libéraux n'ont pas souffert davantage de l'usure du pouvoir et les socialistes ont conservé plus ou moins leurs positions, sauf dans les communes où ils ont présenté des listes séparées. Bref, ces communales sont restées dans la ligne des législatives de juin 1999.

A Bruxelles-Ville, la passation des pouvoirs entre l'ancien bourgmestre, François-Xavier de Donnea, à gauche, et le nouveau, Freddy Thielemans, à droite, ne s'est pas faite dans une ambiance chaleureuse. On pouvait s'y attendre après les délicates tractations en coulisses... ▽

Un nuage sombre est venu tout de même obscurcir l'éclat de cet arc-en-ciel. Le Vlaams Blok continue de progresser en Flandre malgré l'opposition des partis démocratiques. Il a obtenu 33% des suffrages à Anvers (38% même dans le district de Deurne), remportant deux sièges de plus par rapport au scrutin précédent (20 au lieu de 18). Il a, par ailleurs, consolidé sa position dans la plupart des grandes villes flamandes, à Gand (20%) et à Malines (25,6%) notamment.

Comme les autres partis d'extrême droite européens, le Vlaams Blok de Filip Dewinter base sa propagande sur la lutte contre l'immigration, jouant sur des thèmes populistes comme les problèmes de l'insécurité, l'augmentation d'une certaine délinquance et l'infiltration des "illégaux" dans la société. La montée de ce sentiment de xé-

Qu'est-ce qu'une commune?

A la suite des dernières fusions, la Belgique compte 589 communes. La population moyenne d'une commune belge est de 17.341 habitants, mais 92 communes comptent moins de 5.000 habitants.

Les compétences des communes concernent directement la vie quotidienne, c'est-à-dire les travaux publics, le logement, l'enseignement fondamental, la collecte et le traitement des immondices, la police locale, les sports et les loisirs. Chaque commune est également tenue de faire fonctionner un CPAS (Centre public d'aide sociale).

Les élections communales ont lieu tous les six ans. Le nombre des conseillers communaux est proportionnel à la taille de la commune. Au début de la législature, les conseillers choisissent les échevins entre lesquels sont réparties les compétences. Le bourgmestre est nommé par le roi sur proposition du conseil communal.

nophobie n'est évidemment pas particulière à la Flandre. On la retrouve dans d'autres régions d'Europe qui connaissent un développement économique élevé, et l'éphémère succès de Jörg Haider en Autriche participe des mêmes craintes de voir la prospérité menacée de l'extérieur. Le vote en faveur de l'extrême droite n'est donc plus uniquement un vote de protestation contre les partis traditionnels et leur système, mais c'est aussi un vote de rejet de l'"étranger" de la part des nantis.

L'historien anversois Mon Detrez explique fort bien le phénomène : "Parti flamingant d'extrême droite, le Blok veut réhabiliter la collaboration, scinder la Belgique et créer un Etat flamand. Mais seule une petite minorité de Flamands est favorable à l'indépendance de la Flandre. Aussi le Blok a besoin d'agiter le thème de l'insécurité, de la prétendue menace des étrangers pour attraper des voix".

Certes, Guy Verhofstadt (VLD) s'est efforcé de relativiser le danger, rappelant qu'"à Anvers, il y avait tout de même une majorité démocratique de 66%" et qu'"aucun parti politique ne s'allierait jamais au Blok", mais ces propos n'ont pas rassuré tout le monde. L'histoire récente a démontré que les fameux "cordons sanitaires" ont parfois bien du mal à résister...

La progression du Vlaams Blok a également accentué la coupure entre le nord et le sud du pays. Car l'extrême droite a complètement disparu à Bruxelles et en Wallonie, pour différentes raisons d'ailleurs, dont la médiocrité de ceux qui s'en réclament n'est pas la moindre. C'est à La Louvière que l'effondrement de l'extrême droite est le plus spectaculaire : elle y perd les six élus qu'elle avait obtenus en 1994.

Sur un plan général, on notera encore ceci. Le PSC a freiné son érosion par rapport aux législatives de 1999, mais il est loin d'avoir retrouvé ses positions de naguère. En Flandre, le CVP, qui doit en plus faire face à la progression du Blok, n'a pas davantage redressé la situation.

Il faut toutefois se garder des conclusions définitives. Les élections communales permettent sans doute de déceler les grandes tendances de l'électorat, mais trop d'enjeux locaux interviennent pour qu'on puisse en tirer des leçons pour l'avenir. Le jeu des alliances brouille souvent les cartes aux dépens des véritables concepts idéologiques.

L'exemple le plus frappant est celui de Bruxelles-Ville où l'on a assisté à un véritable séisme. En formant quelques heures après le dépouillement une majorité avec Ecolo-Agalev et le PSC-CVP, le socialiste Freddy Thielemans s'est emparé de l'écharpe tricolore, reléguant dans l'opposition la puissante fédération PRL-FDF et le bourgmestre sortant François-Xavier de Donnea qui a reçu, en compensation, le poste de ministre-président de la Région de Bruxelles-Capitale, Jacques Simonet étant dérouté vers Anderlecht où il a d'ailleurs réalisé un beau score (5465 voix de préférence). Un incroyable jeu de chaises musicales...

La bonne tenue d'Ecolo se traduit plus concrètement par la désignation d'un premier bourgmestre "vert", Jean-Luc Roland, qui s'installe à la maison communale d'Ottignies-Louvain-la-Neuve. Après les portefeuilles ministériels, les mairies: la marée verte continue de déferler...

Il faut souligner que la Belgique s'est enfin conformée à la législation européenne, accordant le droit de vote pour ces municipales à tous les citoyens de l'Union qui le souhaitaient. Le résultat le plus tangible est le basculement historique des Fourons dans le camp flamand qui a bénéficié des suffrages des électeurs néerlandais. Le parti francophone "Retour à Liège" a ainsi perdu le pouvoir qu'il détenait depuis trente-sept ans.

Se voulant rassurant, en complet veston et cravate, Filip Dewinter a récolté des voix dans toutes les couches de la société. ▽

Les technologies de l'information et les neurosciences couronnées par le Nobel

L'Académie royale des sciences de Suède a couronné, en octobre, neuf savants qui se sont partagé les prix Nobel de médecine, de physique et de chimie. Depuis quelques années, le jury désigne souvent plusieurs lauréats dans une même discipline, mais il a rarement été aussi généreux. Il est vrai que les plus importantes découvertes sont désormais l'aboutissement de vastes et grands travaux.

Le prix de médecine a été décerné, en cette année 2000, à un Suédois, Arvid Carlsson de l'université de Göteborg, et à deux Américains, Paul Greengard de l'université Rockefeller et Eric Kandel de la Columbia University. Ce sont des pionniers des neurosciences, des chercheurs partis à la découverte de notre cerveau. Ils ont trouvé dans les neurones l'origine de la maladie de Parkinson et de la dépression. Le Suédois Carlsson a notamment précisé le rôle de la dopamine, un neurotransmetteur, dans la maladie de Parkinson. Quant aux deux autres, ils ont porté leurs recherches sur les transmissions entre neurones, ce qui pourrait permettre d'expliquer certaines démences séniles.

Le Russe Zhores Alferov (physique) est aussi député communiste de la Douma depuis 1995. ▽

L'Américain Eric Kandel (médecine), originaire de Vienne, est devenu célèbre en travaillant sur un mollusque appelé limace marine qui n'a qu'environ 20 000 neurones. △

Le Nobel de physique est allé, pour sa part, à un Russe, Zhores Alferov, et à deux Américains, Herbert Kroemer et Jack Kilby. Le jury a distingué ainsi des chercheurs qui ont fait progresser les technologies de l'information. Jack Kilby de l'université A et M du Texas a reçu le prix pour moitié en raison de sa "contribution à l'invention du circuit intégré". Sur une même pastille, il a soudé quatre composants électroniques de base : un condensateur, deux résistances et un transistor. Jusque-là, ces éléments étaient reliés, mais restaient séparés. C'est donc une formidable trouvaille technique.

L'autre moitié du prix récompense le Russe Alferov de l'Institut physique et technique de Saint-Pétersbourg et l'Américain Kroemer de l'université Boulder au Colorado pour "le développement d'hétérostructures semi-conductrices pour l'électronique rapide et l'optoélectronique". On leur doit, entre autres, le développement des puces électroniques et des lasers miniaturisés. Enfin, le prix de chimie a été attribué à trois chercheurs, un Japonais, Hideki Shirakawa de l'université de Tsukuba, et deux Américains, Alan Heeger de l'université de Californie de Santa Barbara et Alan McDiarmid de l'université de Pennsylvanie, qui travaillent en collaboration, depuis 1977, à la création d'un plastique conducteur d'électricité. Ces nouvelles matières, appelées polymères conducteurs, sont déjà utilisées comme antistatiques dans les pellicules photo et testées pour la conception de fenêtres "intelligentes" qui filtrent les rayons solaires, mais on envisage aussi de les faire entrer dans la composition d'écrans vidéo géants souples très performants que l'on pourra accrocher au mur.

Le Japonais Hideki Shirakawa (chimie) a collaboré depuis près d'un quart de siècle avec les chercheurs américains pour créer un plastique conducteur d'électricité. △

En physique comme en chimie, les jurés de Stockholm ont manifestement voulu récompenser des travaux qui ont permis le développement de l'électronique et de l'informatique modernes.

Proche-Orient : octobre noir

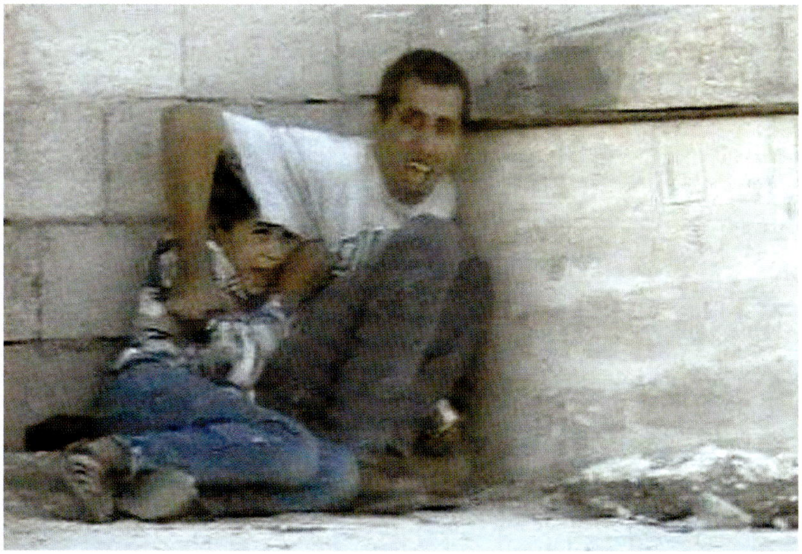

La mort en direct d'un innocent. Le petit Mohammad El-Dirah n'avait que douze ans. Il hurle sa peur en tentant de s'abriter derrière son père. Les balles des soldats israéliens sifflent autour d'eux. L'un des projectiles tuera l'enfant. Cette image a fait le tour du monde, suscitant horreur et indignation. △

Il a suffi d'une étincelle pour que s'embrase, une fois de plus, le Proche-Orient. Le jeudi 28 septembre, Ariel Sharon, le leader de la droite nationaliste israélienne, déambule en grande pompe sur l'esplanade des Mosquées. Ce n'est pas une visite ordinaire. Le chef du Likoud se promène entouré de près d'un millier de gardes du corps sur les lieux saints musulmans de Jérusalem qui abritent notamment la mosquée Al-Aqsa. Pour la population palestinienne, c'est une véritable provocation.

A septante-deux ans, Ariel Sharon n'a en rien adouci sa conception de la politique. C'est un militaire dans l'âme, partisan convaincu de la force. On n'a pas oublié sa folle équipée libanaise de 1982, ni sa bienveillante complicité dans les massacres de Sabra et de Chatila par les milices chrétiennes. S'il s'est rendu sur l'esplanade du Mont du Temple, c'est avant tout pour prouver qu'un juif peut aller où il veut dans Jérusalem, capitale unifiée et éternelle d'Israël, et qu'il n'est pas question d'abandonner une parcelle de souveraineté sur ces lieux que se disputent les deux camps.

L'onde de choc fut terrible. Dans la vieille ville de Jérusalem d'abord, puis en Cisjordanie et à Gaza, la violence se répandit comme une traînée de poudre. C'était une nouvelle intifada. Le vendredi 29 septembre, à la sortie de la prière sur l'esplanade des Mosquées, des manifestants palestiniens attaquaient à coups de pierres des juifs qui priaient, eux aussi, mais plus bas, le long du mur des Lamentations. Les forces de l'ordre ouvrirent le feu. Sept Palestiniens furent tués, plusieurs dizaines furent blessés. L'escalade avait commencé...

Des images allaient ensuite bouleverser le monde. Elles furent enregistrées par un cameraman de France 2, le samedi 30 septembre, au carrefour de Netzarim, dans la bande de Gaza. Pris dans une fusillade, un homme, sans arme, sans pierre, et son fils de douze ans s'abritent derrière une poubelle en fer. Quelques instants plus tard, l'enfant est mort dans les bras de son père, lui-même gravement blessé. La mort en direct du petit Mohammad El-Dirah, tué par les tireurs d'élite de Tsahal, aura aussitôt valeur de symbole, un peu comme la fuite éperdue de la fillette vietnamienne sous les bombes au napalm américaines. Car l'assassinat d'un innocent est un crime de guerre plus condamnable encore que les autres!

A partir de là, les horreurs allaient se succéder de part et d'autre avec un acharnement inouï. Les émeutes étaient devenues des batailles rangées qui débouchèrent sur une vraie guerre civile. Le bilan des victimes n'allait cesser de s'alourdir pendant ce mois d'octobre tragique selon un enchaînement classique : violence, répression, vengeance. Au cours des six premiers jours de

Les jeunes lanceurs de pierres palestiniens harcèlent les troupes israéliennes. Beaucoup le paieront de leur vie. ▽

troubles, une soixantaine de lanceurs de pierres palestiniens, dont certains très jeunes, furent tués alors que trois Israéliens seulement perdaient la vie. Le déséquilibre des forces était flagrant.

Le 7 octobre, le Hezbollah libanais intervenait le long de la frontière et enlevait trois soldats israéliens après que Tsahal eut tué deux Palestiniens qui manifestaient en territoire libanais. Le lendemain, le tombeau de Joseph à Naplouse - ou ce qui en tient lieu selon les archéologues - était détruit par des Palestiniens. La haine ne connaissait plus de bornes...

Israël eut d'ailleurs, à son tour, quelques images fortes à verser au dossier. Le jeudi 12 octobre, des chauffeurs militaires israéliens, qui se sont trompés de route, sont interceptés par la police palestinienne à l'entrée de Ramallah et ils sont conduits au commissariat. A peine la nouvelle connue, la foule prend le poste d'assaut. Deux soldats sont lynchés et le corps de l'un d'eux est même défenestré.
De part et d'autre, les comportements sont devenus inhumains. Par représailles, l'aviation israélienne bombarde Gaza, Ramallah, Jéricho, Naplouse et Hébron.

La haine ne connaît plus de bornes. Deux soldats israéliens ont été lynchés à Ramallah. Le corps de l'un d'eux est défenestré au poste de police où ils avaient été conduits. ▽

Après une manifestation dans les rues de Gaza, des Palestiniens brûlent le drapeau américain. Malgré les efforts de Bill Clinton pour relancer le processus de paix, l'impopularité des Etats-Unis reste grande parmi la population palestinienne. △

Dans un tel contexte, le processus de paix semblait bien mort. Les tentatives ne manquèrent pas cependant pour mettre fin à ce sanglant gâchis. A Paris, le 4 octobre, la secrétaire d'Etat américaine Madeleine Albright rencontrait, tour à tour, Ehoud Barak et Yasser Arafat, mais elle n'obtenait que de vaines promesses d'apaisement, aussitôt trahies sur le terrain. Ni le premier ministre israélien, fragilisé sur le plan politique et désormais dépourvu de majorité à la Knesset, ni le président de l'Autorité palestinienne, impuissant à maîtriser la colère de son peuple, n'avaient le pouvoir d'imposer une trêve durable.

Après deux semaines d'affrontements qui avaient fait plus d'une centaine de morts, les deux hommes acceptaient toutefois de se rendre, le 16 octobre, dans la cité balnéaire égyptienne de Charm el-Cheikh où s'étaient également donné rendez-vous le président américain Bill Clinton, le secrétaire général de l'ONU Kofi Annan, le président égyptien Hosni Moubarak, le roi Abdallah de Jordanie et le représentant de l'Union européenne Javier Solana. A l'issue de deux jours de négociations difficiles, Israéliens et Palestiniens s'engagèrent, sous la pression des médiateurs, à prendre des mesures d'apaisement, sans rien signer cependant. On n'était guère plus avancé, car sur le terrain, la situation restait extrêmement tendue.

Quelques jours plus tard, les 21 et 22 octobre, un sommet arabe se tint au Caire en présence de quatorze chefs d'Etat. La question palestinienne figurait évidemment à l'ordre du jour. La condamnation d'Israël ne pouvait manquer, mais les pays arabes, divisés comme toujours, se contentèrent de promettre un soutien matériel à l'intifada sans adopter de mesures drastiques à l'égard de l'Etat hébreu. La ligne modérée l'avait emporté.

A peu près en même temps, le 21 octobre, une session extraordinaire de l'ONU adoptait une résolution condamnant à son tour "le recours excessif de la force" par Israël contre les civils palestiniens. Six pays seulement s'y étaient opposés, dont les Etats-Unis...

Claude Roosens
Professeur
à l'Université catholique
de Louvain (UCL)

La nouvelle flambée de violence au Proche-Orient

Artis-Historia : La visite d'Ariel Sharon sur l'esplanade des Mosquées est-elle l'unique cause de l'explosion de violence ?

Claude Roosens : Dans toute crise, un élément déclencheur est toujours présent. Mais sans le fond qui alimente la tension, ce déclencheur ne peut avoir les effets destructeurs qu'on lui attribue. La visite d'Ariel Sharon a été ce facteur, mais, plus fondamentalement, la montée de l'insatisfaction chez les Palestiniens, leur impression d'être lésés, de ne pas être respectés et pleinement reconnus fournissent l'explication principale de cette flambée de violence. La paix ne peut pas être concédée par l'un des partenaires, elle doit résulter de leur accord mutuel.

A.-H. : Selon certains observateurs, les Palestiniens aussi bien que les Israéliens estimaient que le processus de paix était agonisant, ce qui expliquerait cette fuite en avant des deux camps. Partagez-vous ce point de vue ?

C.R. : Le processus de paix conçu à Oslo présentait une grande complexité. Pour aboutir, il supposait que chacune des deux parties aille très vite dans sa réalisation. On devait poursuivre dans la dynamique lancée à Oslo, ne pas laisser le temps s'écouler permettant le retour des rancœurs, des revanches. La mort de Yitzhak Rabin tout d'abord, la direction de Benyamin Netanyahou ensuite ont pesé lourdement sur l'issue du processus enclenché. L'arrivée au pouvoir d'Ehoud Barak n'a pas arrangé les choses et il n'a pas répondu à tous les espoirs placés en lui. Ainsi, les colonies juives en Cisjordanie et à Gaza ont-elles connu un nouveau développement. Il y avait là comme une ambiguïté dans le comportement du premier ministre israélien, malgré les concessions faites à Camp David où il proposait une restitution d'au moins 90% des territoires. Le processus de paix ne pouvait être considéré comme complet. Il manquait fondamentalement d'une certaine confiance de la part des acteurs, qui aurait conduit chacun d'eux à reconnaître l'autre pleinement. La paix n'est, en effet, possible que si une égalité dans la considération, dans la dignité et dans les conditions d'existence même est acquise à chacun.

A.-H. : Comment expliquer le renoncement progressif de la gauche israélienne à privilégier la paix ? Dans quelle mesure la rancœur des Arabes israéliens a-t-elle pesé sur la détérioration du climat dans la région ?

C.R. : De sérieux doutes ont surgi en Israël à la suite de l'explosion de violence que l'on sait. Beaucoup d'intellectuels israéliens se sont montrés particulièrement critiques à l'égard de Yasser Arafat sans pour autant absoudre le premier ministre Barak. Ce dernier n'a probablement pas eu la vision d'un Rabin et n'a pu échapper aux difficultés intérieures israéliennes. Pouvait-on, en même temps, vouloir la paix et faire des concessions à ceux qui, en Israël, n'acceptaient que leur conception restrictive de la paix ? Une dimension nouvelle du conflit est également apparue : les conséquences de ces événements à l'intérieur même d'Israël et l'opposition des Arabes israéliens qu'ils ont suscitée. On touche à l'un des points essentiels : la question de l'identité israélienne. Le sionisme des origines, qui a fondé la légitimité de l'Etat israélien sur la terre, l'histoire et la religion, est remis en cause. Israël se trouve confronté au nationalisme palestinien à la légitimité tout autant assurée. La normalisation, dans laquelle Israël doit aujourd'hui pénétrer, implique nécessairement l'abandon de l'exclusivité dans laquelle il a vécu depuis sa fondation en 1948. Générée par les conséquences d'un conflit, cette prise de conscience ne pourra déboucher que sur une refondation intérieure qui passera par le règlement du conflit.

A.-H. : Le poète palestinien Mahmoud Darwich a déclaré qu'une intervention de la communauté internationale était désormais nécessaire pour convaincre Israël de ne pas tuer définitivement les acquis d'Oslo. Peut-on l'imaginer ?

C.R. : Une intervention extérieure est difficilement imaginable. Même si les Etats-Unis se trouvent contestés par une bonne partie des opinions de la région, vu le caractère ambigu de leur action de médiation en faveur d'Israël, le poids de leur présence empêcherait toute action internationale armée d'envergure de se développer. Par contre, une action concertée de l'Union européenne, appuyée par des moyens politiques, économiques et financiers, pourrait se révéler profitable et efficace.

A.-H. : Pouvez-vous, en quelques mots, faire la part du religieux et du politique dans ce conflit ?

C.R. : La nature du conflit et des enjeux autour desquels il se développe souligne bien le lien étroit qui existe entre le religieux et le politique. Qui pourrait d'ailleurs adresser un reproche à ceux qui expriment cette référence au religieux ? Tant qu'elle n'est pas transformée en un idéal absolu que l'on utiliserait comme moyen d'imposer une solution politique, elle reste une question qui mérite toute l'attention dans une négociation de paix ! Il importe même, sur ce terrain, d'élargir le débat à d'autres acteurs, comme le Vatican par exemple.

NOVEMBRE

CHRONOLOGIE

DOSSIERS

L'AVIS D'UN EXPERT

George W. Bush ou Al Gore ? Pendant plus d'un mois, les supporters des deux camps se sont affrontés alors que les scrutateurs de l'Etat de Floride n'en finissaient plus de compter et de recompter les bulletins de vote. Cet interminable feuilleton électoral n'a pas servi la cause de la démocratie américaine.

RUST
HE PEOPLE"
e-vote
ALM
BEACH!
George W.
BUSH
BUSH
CHENEY
BUSH=
FRAUD

CHRONOLOGIE

NOVEMBRE

Lu	Ma	Me	Je	Ve	Sa	Di
		1	2	3	4	5
6	7	8	9	10	11	12
13	14	15	16	17	18	19
20	21	22	23	24	25	26
27	28	29	30			

MONDE

1

* PROCHE-ORIENT - Le président de l'Autorité palestinienne, Yasser Arafat, et l'ancien premier ministre israélien Shimon Peres, tous deux prix Nobel de la paix en 1994, se rencontrent à Gaza et tombent d'accord pour observer une trêve après plus d'un mois de troubles.
* ONU - L'assemblée générale réadmet à l'unanimité la République fédérale de Yougoslavie (RFY) qui avait été exclue en 1992.

2

* PROCHE-ORIENT - Les effets de la trêve auront été de courte durée. Une voiture piégée explose à Jérusalem, au marché de Mahane Yuda, faisant deux morts parmi les Israéliens.

7

* ETATS-UNIS - Plus de cent millions d'Américains se rendent aux urnes pour désigner leur président, mais un doute subsiste sur les résultats de Floride. Il faudra vérifier les suffrages de cet Etat pour départager le républicain George W. Bush et le démocrate Al Gore. A la Chambre, les républicains gardent de justesse la majorité. 👁 **page 156**

13

* ETATS-UNIS - A la suite des contestations suscitées par les résultats des élections en Floride, le juge saisi par les républicains refuse d'interrompre les décomptes manuels dans plusieurs comtés de cet Etat. 👁 **page 156**
* PROCHE-ORIENT - Après une journée particulièrement meurtrière au cours de laquelle quatre Israéliens et quatre Palestiniens ont été tués, l'armée israélienne boucle toutes les villes palestiniennes de Cisjordanie.

16

* VIETNAM - Vingt-cinq ans après la fin d'une guerre qui s'était achevée par une défaite humiliante des Etats-Unis, Bill Clinton entame une visite officielle au Vietnam. Le conflit avait fait 3 millions de victimes vietnamiennes et 58 000 morts parmi les soldats américains.

20

* PROCHE-ORIENT - Après un attentat commis contre un autobus scolaire près de la colonie de Kfar Darom, dans la bande de Gaza, les hélicoptères et la marine israéliens tirent une cinquantaine de roquettes sur des cibles militaires et politiques de l'Autorité palestinienne, faisant deux morts.
* EUROPE - L'Union européenne finalise la décision prise au sommet de Helsinki en 1999 de créer une force d'intervention rapide de quelque 60 000 hommes. La Belgique y contribuera par l'apport de 3000 militaires au maximum, d'une escadrille de F-16, de onze avions de transport C- 130, de deux Airbus et de neuf navires.

21

* ETATS-UNIS - La Cour suprême de Floride ordonne la prise en considération des décomptes manuels des voix ainsi que le souhaitait le camp démocrate. 👁 **page 156**
* ESPAGNE - L'ancien ministre de la Santé du premier gouvernement Gonzalez, le socialiste Ernest Lunch, est assassiné, à Barcelone, par un commando de l'ETA.
* PEROU - Le Congrès destitue le président Alberto Fujimori "pour incapacité permanente". L'ancien homme fort du pays avait anticipé cette décision, présentant sa démission depuis Tokyo où il s'était réfugié.

25

* YOUGOSLAVIE - Slobodan Milosevic est réélu président du Parti socialiste serbe avec 85,6% des voix. Il prononce à cette occasion un discours virulent, affirmant qu'il a été victime d'un coup d'Etat.

26

* ETATS-UNIS - Les autorités de Floride déclarent George W. Bush vainqueur dans cet Etat par un écart de 537 voix sur 6 millions d'électeurs.

27

* CANADA - Le Parti libéral du premier ministre Jean Chrétien remporte une large victoire aux élections générales et rafle 172 des 301 sièges de la Chambre des communes. Assuré d'une majorité absolue, Jean Chrétien obtient un troisième mandat consécutif.

28

* ISRAËL - La Knesset vote à la majorité absolue sa propre dissolution et propose l'organisation d'élections anticipées en 2001.

BELGIQUE

9

* DROIT D'ASILE - Après deux jours de négociations, le gouvernement aboutit à un accord global sur le droit d'asile et les régularisations. Deux propositions de Guy Verhofstadt, sur la liste des "pays sûrs" et sur l'obligation de demander l'asile politique à la frontière, avaient suscité l'opposition des partis francophones de l'"arc-en-ciel".

21

* CVP - Devant le conseil du parti, le président Stefaan De Clerck expose son projet : "Trajet pour un renouveau de la démocratie chrétienne en Flandre".

ECONOMIE

3

* EURO - La Banque centrale européenne intervient à deux reprises sur le marché des changes pour soutenir l'euro face au dollar,

Echecs : Kramnik détrône Kasparov

Agé de 25 ans, le jeune Russe Vladimir Kramnik (notre photo) devient champion du monde d'échecs, le 2 novembre, à Londres, à l'issue de la quinzième des seize parties du duel qui l'opposait à son compatriote Garry Kasparov. Remarquable tacticien, le nouveau champion n'a pas concédé la moindre défaite, conservant toujours un calme imperturbable au point que la presse anglaise l'a surnommé l'"iceberg".

C'est un règne qui s'achève. Kasparov dominait les échecs depuis quinze ans et était devenu une sorte d'ambassadeur de ce jeu dont il s'était efforcé d'assurer la promotion à travers le monde, allant jusqu'à lancer une start-up (kasparovchess.com) pour s'emparer du marché des échecs sur Internet.

En 1997, l'"Ogre de Bakou" avait déjà subi une retentissante défaite, sans pour autant compromettre sa suprématie sur les meilleurs joueurs d'échecs du monde. Il s'était incliné devant l'ordinateur Deep Blue d'IBM...

sans réussir à le faire remonter. Depuis son lancement, la monnaie européenne a perdu quelque 30% par rapport au dollar.

SOCIETE

6

* TEMPETE - Après plusieurs semaines de pluie, une violente tempête frappe la Grande-Bretagne et aggrave les inondations. Les autorités font état de treize morts des suites de ces mauvaises conditions atmosphériques.
* CONTREBANDE - La Commission européenne dépose plainte, devant un tribunal des Etats-Unis, contre les cigarettiers américains Philip Morris et RJ Reynolds pour leur participation présumée à la contrebande de tabac en Europe.

14

* VACHE FOLLE - Dévoilant son plan de lutte contre l'extension de la maladie de la vache folle en France, le premier ministre, Lionel Jospin, décrète la suspension de l'utilisation de toutes les farines animales. page 164

19

* DROITS DE L'ENFANT - A l'initiative de l'Unicef, plusieurs centaines de manifestants participent, à Bruxelles, à une marche en faveur des Droits de l'enfant consacrés par l'ONU. Ils adressent ensuite leurs doléances aux responsables politiques et aux princes Philippe et Mathilde.

21

* VACHE FOLLE - Le Conseil des ministres de l'Agriculture européens décide d'étendre les tests de dépistage à tous les bovins "à risques", âgés de plus de trente mois, à partir du 1er janvier 2001. page 164

24

* VACHE FOLLE - Après l'identification de deux cas d'ESB, l'un

La catastrophe du funiculaire de Kaprun

Cent cinquante-neuf personnes périssent, le 11 novembre, dans l'incendie d'un funiculaire à Kaprun, dans les Alpes autrichiennes, au sud de Salzbourg.

Construit en 1974, mais entièrement refait en 1994, ce système de remontée mécanique, l'un des plus modernes d'Europe, permettait d'emmener des skieurs en huit minutes jusqu'au centre alpin du massif du Kitzsteinhorn. Les rames, analogues à celles d'un métro, entièrement métalliques et tractées sur des glissières, montaient de la gare de départ (911 mètres) jusqu'à la station (2452 mètres). Selon les résultats de l'enquête, un court-circuit s'est produit dans l'une des cabines, provoquant un violent incendie au moment où le train s'engageait dans le tunnel. (Notre photo : l'une des rames incendiées.) Une douzaine de personnes seulement ont pu s'échapper en brisant la fenêtre et en fuyant vers le bas. Les passagers qui tentaient de remonter à l'intérieur du tunnel ont été asphyxiés.

La station spatiale internationale accueille ses premiers habitants

Parti de Baïkonour, au Kazakhstan, le 31 octobre, le premier équipage de la nouvelle station spatiale internationale (ISS) s'installe, le 2 novembre, à bord du module habitable Zvevda. Cet équipage est composé d'un Américain, William Shepherd (commandant de la station spatiale internationale), et de deux Russes, Youri Guidzenko (commandant du vaisseau Soyouz) et Sergueï Krikalev (ingénieur de vol).

L'ISS est composée pour l'instant de trois modules, mais il est appelé à devenir en 2006 un gigantesque Meccano de l'espace. Il comprendra alors une trentaine d'éléments (laboratoires, panneaux solaires, modules logistiques et de recherche, sas, etc.). Il pèsera 450 tonnes et sept astronautes y séjourneront en permanence.

Cette station spatiale, qui sera le plus grand satellite jamais mis en orbite par l'homme, est un projet qui concerne seize pays. En plus des Etats-Unis et de la Russie, on y retrouve le Japon, le Canada, le Brésil et onze des quinze pays européens qui font partie de l'Agence spatiale européenne. La Belgique figure parmi ces pays.

aux Açores chez un bovin né en République fédérale et l'autre dans le Land de Schleswig-Holstein, l'Allemagne décide à son tour d'interdire toutes les farines animales. 👁 page 164

25

* ECOLOGIE - La conférence de La Haye sur la réduction des gaz à effet de serre s'achève sur un constat d'échec. 👁 page 161

* INCENDIE - L'église Saint-Jean-Baptiste au Béguinage de Bruxelles, l'une des plus belles églises baroques de Belgique, est ravagée par un incendie. La toiture est complètement détruite. L'église abritait depuis deux ans vingt-huit sans-papiers.

28

* EUTHANASIE - Le Parlement néerlandais donne son feu vert à la loi légalisant l'euthanasie et le suicide médicalement assisté. Il doit cependant être prouvé que le malade veut mettre fin à ses jours et qu'il n'y a plus d'espoir de guérison. Les médecins doivent également juger les souffrances du malade "insupportables".

29

* VACHE FOLLE - La Commission européenne décide également l'interdiction de toutes les farines animales et souhaite une extension draconienne du régime des tests. 👁 page 164

SCIENCES ET TECHNIQUES

6

* CHIRURGIE - A Manchester, une équipe chirurgicale sépare les deux sœurs siamoises Jodie et Mary, nées le 8 août. Comme on le craignait, Mary, la plus faible des deux, succombe à l'opération. Après une période critique, Jodie récupère assez rapidement.

20

* YAHOO! - La justice française oblige le portail américain Yahoo! de filtrer l'accès à un site d'enchères commercialisant des objets nazis.

24

* PLAYSTATION 2 - La nouvelle console, PlayStation 2, lancée par Sony au mois de mars au Japon, est enfin arrivée dans le Benelux.

CULTURE

4

* POLITIQUE CULTURELLE - Richard Miller, le nouveau ministre des Arts et Lettres et de l'Audiovisuel de la Communauté française (PRL), définit sa politique. Il entend notamment que la RTBF soit davantage "le véhicule de tous les secteurs culturels".

23

* ART CONTEMPORAIN - L'exposition "Cent ans d'art contemporain", organisée dans

le cadre de Bruxelles 2000, ouvre ses portes au Palais des Beaux-Arts de Bruxelles. L'exposition raconte l'aventure des avant-gardes de Manet à nos jours.

29
* LITTERATURE ENFANTINE - Mis sur le marché francophone par l'éditeur Gallimard qui a tiré d'emblée 450 000 exemplaires, le quatrième volume de la saga Harry Potter de l'Ecossaise Joanne Kathleen Rowling, intitulé "Harry Potter et la Coupe de feu", provoque une ruée dans les librairies.

SPORTS

5
* TENNIS - La jeune Limbourgeoise Kim Clijsters (17 ans) remporte le tournoi de Leipzig en battant la Russe Likhovtseva par 7-6 (8-6), 4-6, 6-4 et elle se hisse ainsi à la vingtième place du classement WTA.

19
*TENNIS - En finale du Masters féminin, Martina Hingis bat Monica Seles en trois sets.

Anderlecht au deuxième tour de la Ligue des champions

A la suite de sa victoire au PSV Eindhoven (2-3), Anderlecht se qualifie, le 8 novembre, pour le deuxième tour de la Ligue des champions. C'est une agréable surprise. Après avoir pris difficilement la mesure de Porto au tour préliminaire, l'équipe d'Aimé Anthuenis avait mal entamé l'épreuve dans le groupe G. Pour son premier match, elle avait été balayée par Manchester (5-1). Elle avait ensuite remporté une courte, mais peu convaincante victoire sur le PSV au parc Astrid (1-0), avant de s'incliner à nouveau à Kiev (4-0).

Tirant tout le profit possible de l'efficacité de leur attaquant canadien Tomasz Radzinski, les Mauves s'améliorèrent cependant au fil des rencontres, se montrant intraitables à domicile où ils imposèrent leur loi à Kiev (4-2) et surtout au grand favori du groupe, Manchester United (2-1).

A Eindhoven, les Anderlechtois menèrent 2-0 grâce à des buts de Bertrand Crasson et de Jan Koller, mais ils se firent rejoindre dès le début de la seconde mi-temps. Ils s'accrochèrent alors à un match nul qui assurait leur qualification. Dans les tout derniers instants, une contre-attaque de Youla leur permit d'arracher la victoire et de se classer à la première place du groupe.

"La femme aux bras croisés", l'une des toiles les plus célèbres de Picasso qui l'a peinte en 1902, à Barcelone, a été vendue 55,006 millions de dollars, soit 2,53 milliards de francs, chez Christie, à New York. Cette œuvre de la période bleue, empreinte d'une indicible mélancolie, a été adjugée par téléphone à un acquéreur anonyme. ◁

La démocratie américaine en panne ?

Philippe Paquet

En panne, la démocratie américaine ? On serait tenté de le croire après avoir observé les rebondissements rocambolesques de l'élection – de la "sélection", aurait-on envie de dire – du quarante-troisième président des Etats-Unis. De recomptages des bulletins de vote en audiences devant les tribunaux, le processus électoral a paru dramatiquement enrayé et cette saga sans précédent dans les annales du pays a incité les commentateurs (à l'étranger plus qu'en Amérique, il faut le préciser) à parler de crise constitutionnelle et à recommander une réforme du système électoral. Le scrutin indirect, avec la désignation au suffrage universel par la population de "grands électeurs" chargés d'élire formellement le président le 18 décembre à Washington, a été particulièrement mis en cause parce que la Floride et ses vingt-cinq grands électeurs ont semblé prendre en otage la nation tout entière. L'interprétation n'est pourtant pas exacte. Si l'élection présidentielle s'est finalement jouée dans le "Sunshine State", c'est le fruit d'un double hasard. D'abord, si le candidat démocrate, Al Gore, avait pu gagner dans un Etat supplémentaire, même le plus petit, il aurait empêché son adversaire républicain, George Walker Bush, de totaliser 246 grands électeurs, total qui lui permettait, en y ajoutant la seule Floride, de franchir la barre des 270 requise pour enlever la présidence. Dans cette éventualité, la Floride n'aurait pas eu l'importance cruciale qu'elle a fini par revêtir.

Ensuite, si la Floride est devenue l'ultime champ de bataille, c'est parce que le dépouillement des bulletins y a été le plus compliqué, finissant par s'éterniser au gré des contestations juridiques.

Le candidat démocrate, Al Gore (à gauche), et son adversaire républicain, George W. Bush, lors de leur débat télévisé à l'université du Massachusetts, à Boston. △

Dans de nombreuses villes américaines, le public a pu suivre en direct, sur des écrans géants, le duel entre les candidats à la Maison-Blanche. ▽

En toute logique, le résultat du vote aurait dû y être connu en cours de soirée, le 7 novembre, comme dans les autres grands Etats de la côte Est (la Pennsylvanie ou New York). Dans cette éventualité, ce sont probablement les Etats de l'Ouest qui auraient finalement fait pencher la balance en faveur d'un des deux candidats dans un scrutin resté de bout en bout très serré. Peut-être eût-il fallu attendre plusieurs jours le résultat de l'Oregon, où le vote se faisait exclusivement par correspondance.

Ce qui est en faute, ce n'est donc pas le système des grands électeurs, qui sert bien le fédéralisme américain en garantissant à chaque Etat de peser dans le choix du président. Une élection directe confierait ce choix à une poignée d'Etats, les plus peuplés, qui réunissent à eux seuls la majorité de la population nationale. Elle aurait pour effet de détourner les candidats en campagne des Etats sans importance démographique. On ne les verrait plus qu'en Californie et dans l'Etat de New York, au Texas et en Pennsylvanie, en Floride et au Michigan. Comme le dernier scrutin l'a brillamment démontré, le système actuel peut faire basculer une élection présidentielle en Iowa ou au Wisconsin, au Nouveau-Mexique ou dans l'Etat de Washington.

Ce qui est pris en défaut, c'est bien davantage l'hétérogénéité des techniques de vote et le manque de fiabilité des machines utilisées depuis les années 60 pour perforer les bulletins dans certains Etats comme la Floride – des machines critiquées depuis leur mise en service et dont l'élimination est explicitement réclamée depuis vingt ans. L'absence de standardisation des procédures entraîne des variations considérables dans les délais de dépouillement et conduit à des aberrations, voire des situations totalement surréalistes comme celles auxquelles on a assisté lors du décompte à la main dans plusieurs comtés de Floride.

Image de la campagne électorale. Entourée de supporters de George Bush, une partisane d'Al Gore, au centre, brandit une pancarte pour refuser un "président alcoolique". ▽

On compte et on recompte les bulletins de vote, perforés ou à moitié perforés. Pendant un mois, l'Amérique a attendu que les scrutateurs de Floride dévoilent lequel des deux candidats l'avait emporté. ▽

Ces déficiences ont révélé d'autres dysfonctionnements. Celui, surtout, des grandes chaînes de télévision, qui ont prématurément annoncé la victoire d'Al Gore en Floride, puis l'élection de George W. Bush à la présidence – comme s'il appartenait aux médias de proclamer les résultats d'un scrutin. Cette perversion de la démocratie, provoquée par la surenchère dans la concurrence commerciale entre les grands réseaux, est d'autant plus préoccupante que certaines chaînes (Fox News en l'occurrence) louent les services de consultants qui se révèlent liés aux candidats.

L'irruption de la justice dans le processus électoral, avec l'accumulation de décisions contradictoires provenant des juges locaux, de la Cour suprême de Floride, de la Cour d'appel d'Atlanta et finalement de la Cour suprême des Etats-Unis (d'ordinaire si réticente à se risquer dans les jeux politiques), aura illustré la nature foncièrement partisane des organes judiciaires mis en place par nomination, sans parvenir nécessairement à trancher des points de droit essentiels. La décision du juge Terry Lewis, du comté de Leon, autorisant la secrétaire d'Etat de Floride, la républicaine Katherine Harris, à certifier les résultats sans prendre en considération les nouveaux décomptes, fut annulée par l'arrêt de la Cour suprême de Floride, dont six des sept juges sont démocrates. George W. Bush entendait faire casser cet arrêt par la Cour suprême des Etats-Unis dont sept des neuf juges sont... républicains (deux ont, en outre, été nommés par son propre père, quand il occupait la Maison-Blanche).

En l'espèce, on pouvait suivre Al Gore quand il contestait des résultats électoraux entachés d'erreurs, mais on pouvait comprendre George W. Bush quand il dénonçait un recomptage manuel sélectif et empirique, susceptible de produire de nouvelles irrégularités. En légitimant les décomptes à la main et en ordonnant leur inclusion dans le résultat final en Floride, mais en n'imposant pas, ensuite, la reprise des opérations dans le comté de Miami-Dade (où la commission électorale avait arrêté le recomptage parce qu'elle estimait ne pas disposer d'assez de temps pour le mener à son terme), la Cour suprême de Floride a rendu deux arrêts incohérents qui ne contribueront pas à clarifier le débat.

Avec des "si", on récrirait facilement cette élection présidentielle, mais force est néanmoins de relever que des choix politiques déconcertants sont également responsables de l'imbroglio dans lequel se sont retrouvés les deux prétendants à la Maison-Blanche. Le choix des candidats à la vice-présidence, tant par George W. Bush que par Al Gore, défiait, en effet, le bon sens arithmétique qui sied aux scrutins présidentiels. Si, au lieu de Dick Cheney (qui ne lui a apporté que les trois grands électeurs du Wyoming, un Etat aux traditions républicaines

Al Gore et Joe Lieberman, le "ticket" démocrate a perdu. Il a réuni le plus de voix, mais pas le plus de "grands électeurs". C'est l'un des paradoxes de la démocratie américaine... △

de toute façon solidement établies), le premier avait préféré, pour colistier, le populaire gouverneur de Pennsylvanie, Tom Ridge, il aurait certainement privé Al Gore d'une victoire dans cet Etat décisif et se serait adjugé vingt-trois grands électeurs supplémentaires, de quoi rendre l'enjeu en Floride nettement plus relatif... Pareillement, en s'associant à Joe Lieberman, le sénateur du Connecticut, le second ne mettait dans son escarcelle que les huit grands électeurs de ce petit Etat de l'Atlantique.

Sans doute ces choix répondaient-ils à des objectifs plus larges. En s'appuyant sur l'ancien secrétaire à la Défense, George W. Bush entendait crédibiliser son message sur la revitalisation des forces armées et rassurer ceux qui s'inquiétaient de son ignorance des affaires étrangères. De façon comparable, Al Gore voulait frapper les imaginations en inscrivant pour la première fois un Juif sur le ticket présidentiel. Mais,

La joie de Hillary Clinton et de sa fille Chelsea. La "first lady" du règne précédent a réussi ce qu'aucune autre épouse présidentielle n'avait tenté auparavant. Elle a obtenu un siège de sénateur, remportant même un véritable triomphe dans l'Etat de New York. A cinquante-trois ans, sa carrière politique ne fait sans doute que commencer. ▽

George W. Bush :
le quarante-troisième président des Etats-Unis

Au terme d'un feuilleton juridico-électoral qui a singulièrement écorné l'image de la démocratie américaine, George W. Bush est devenu, à cinquante-quatre ans, le quarante-troisième président des Etats-Unis. Le successeur de Bill Clinton à la Maison-Blanche est l'héritier fortuné d'une dynastie politique de la Nouvelle-Angleterre, petit-fils du sénateur Prescott Bush, fils du président George H.W. Bush (1989-1993) et frère du gouverneur de Floride, Jeb Bush.

Selon certains, il est toutefois le moins doué intellectuellement de la famille et, s'il est passé par les grandes universités Yale et Harvard, il n'y a pas laissé forte impression. Pendant sa jeunesse, il s'est surtout distingué par quelques virées trop arrosées. Il l'a d'ailleurs reconnu avec une louable honnêteté. "J'étais jeune et irresponsable", a-t-il avoué.

Au début de sa carrière, il a d'abord tâté médiocrement de l'industrie pétrolière avant de se montrer plus brillant dans la gestion de l'équipe de base-ball des Texas Rangers. Sympathique aux yeux de ses proches, résolument optimiste et surtout disposant de moyens financiers considérables, il est devenu assez rapidement le chef de file du parti républicain du Texas.

Elu gouverneur de cet Etat dont il incarne parfaitement le caractère, dès 1994, il a obtenu un deuxième mandat, quatre ans plus tard, avec un large consensus (67% des suffrages). Il possède certainement un talent naturel pour charmer les électeurs. Ses concitoyens lui reconnaissent également une réelle efficacité. On dit qu'"il obtient des résultats parce qu'il sait faire travailler les gens ensemble".

Assagi après une folle jeunesse, George W. Bush répète aujourd'hui que "son philosophe préféré est Jésus", mais il faut bien avouer qu'il a une conception personnelle de la charité chrétienne. Depuis qu'il occupe les fonctions de gouverneur, le Texas détient le record des exécutions capitales. En 1998, il a laissé mourir sans état d'âme une femme condamnée à mort, Karla Faye Tucker, malgré les supplications de l'opinion mondiale. Cette intransigeance n'est cependant pas un élément défavorable aux yeux des électeurs américains. On pourrait même affirmer le contraire...

En outre, sa vie privée a sans doute largement contribué à son ascension. Ses frasques passées ne sont plus qu'un lointain souvenir. Il est devenu, en effet, un mari modèle qui protège jalousement ses deux filles jumelles de la curiosité publique. Il incarne, pour la majorité des Américains, ce bonheur tranquille que la Providence promet à ceux qui le méritent. Sa femme, Laura, une ancienne bibliothécaire, a de son côté la réputation de se tenir parfaitement à sa place, sans s'occuper de politique. Ce sera une "first lady" à l'opposé de la forte personnalité de Hillary. Mais avec le nouveau ménage Bush, la Maison-Blanche semble assurée de retrouver la respectabilité que l'affaire Lewinski avait quelque peu compromise. C'était un argument de poids pour le candidat républicain.

Il reste que les lacunes de l'ancien gouverneur du Texas en matière de politique étrangère sont proverbiales. Ni les Balkans, ni le Proche-Orient, ni l'Afrique ne paraissent susciter son intérêt. Lors de la campagne électorale, il a répondu d'une manière catastrophique aux questions touchant les grands problèmes internationaux. Ces dossiers, dit-on, ne le passionnent pas. Il fera confiance à son administration...

Pendant que les magistrats de la Cour suprême de Washington délibèrent, les supporters démocrates et républicains manifestent devant l'édifice. George W. Bush sera le premier président depuis plus d'un siècle à entrer à la Maison-Blanche après avoir attendu pendant plus d'un mois une décision sans appel de la justice. △

dans les deux cas, les candidats prêchaient à des convertis : les militaires ont plus d'affinités avec les Républicains et l'électorat juif vote massivement pour les Démocrates. Leur investissement paraissait donc purement symbolique et on peut d'autant plus s'en étonner que le scrutin s'annonçait dès le départ des plus serrés.

Tout aussi déroutante, même s'il est évidemment plus aisé de la juger a posteriori, est l'option stratégique retenue par Al Gore en se dissociant aussi radicalement de Bill Clinton. Certes, on peut comprendre que le vice-président ait voulu se distancier d'un homme dont le comportement personnel, depuis l'affaire Lewinski, est désapprouvé par une majorité d'Américains. Mais, ce faisant, le candidat s'est privé aussi de l'héritage d'une présidence qui a généré la plus longue période de prospérité de l'après-guerre aux Etats-Unis, créé 22 millions d'emplois, ramené le chômage à son niveau le plus bas, dopé la Bourse et le dollar, et nourri un climat d'euphorie qui procure aux Américains le sentiment de mieux vivre aujourd'hui qu'il y a huit ans, en dépit de l'accroissement des inégalités sociales et de l'extension de la pauvreté, notamment infantile.

Au-delà des péripéties politico-juridiques du scrutin en Floride, dominées par l'intervention inhabituelle de la Cour suprême des Etats-Unis, ce qu'on retiendra de cette élection présidentielle, c'est précisément l'inaptitude quasi inexplicable d'Al Gore de remporter sur un nuage une victoire que tout lui prédestinait. Une inaptitude que James Chalmers, professeur de sciences politiques à la Wayne State University de Detroit (Michigan) résumait – avant le scrutin – par ce paradoxe éloquent : "Si c'était Bill Clinton qui avait affronté George W. Bush, il l'aurait certainement battu. Pourtant, si Al Gore perd cette élection, ce sera probablement parce que l'opinion l'a trop étroitement associé au président sortant..." C'est peut-être la meilleure explication de l'interminable feuilleton américain et la victoire finale de l'ancien gouverneur du Texas.

L'échec de la conférence de La Haye

La conférence de La Haye s'est achevée sur un constat d'échec. Pendant près de deux semaines, du 13 au 25 novembre, les délégations de quelque cent quatre-vingts pays s'étaient réunies aux Pays-Bas pour combattre le réchauffement de la planète, dont les conséquences risquent d'être désastreuses à plus ou moins long terme pour l'humanité entière. L'égoïsme a malheureusement prévalu et aucun accord n'a pu être trouvé.

Alerte au changement de climat : les députés verts du Parlement européen siègent à Strasbourg sous un parapluie ! △

Les négociations de La Haye devaient, en principe, définir la mise en application du protocole signé à Kyoto en décembre 1997. Les pays industrialisés y avaient pris l'engagement de réduire de 5,2% leurs émissions de gaz à effet de serre d'ici à 2010. Or ils sont loin d'avoir tenu leurs promesses. Chaque pays propose des solutions selon ses intérêts et ses ressources, mais à peine une trentaine a ratifié le texte de Kyoto. Après plus de dix jours de discussions infructueuses, les négociations se sont durcies au cours de la dernière nuit. Alors qu'un accord semblait en vue, il apparut soudain que les positions de l'Union européenne et des Etats-Unis étaient toujours inconciliables.

Les Européens avaient fait pourtant de nombreuses concessions. Ils avaient cédé sur la supplémentarité, c'est-à-dire qu'ils avaient admis que le recours au marché pour réduire les émissions de gaz ne soit pas limité. Depuis les premières négociations, en effet, les Américains entendent imposer l'"échange de permis d'émission", à savoir la possibilité d'acheter des quotas de CO_2 à des pays moins émetteurs, plutôt que de réduire les émissions à domicile. Les Européens estiment, au contraire, que limiter cet usage à moins de 50% obligerait les pays industrialisés à prendre des mesures pour réduire leurs émissions et à témoigner ainsi de leur volonté de respecter l'environnement, mais ils étaient sur le point d'accepter les exigences des Etats-Unis en dépit de leur caractère choquant sur le plan moral.

Les Européens renonçaient aussi aux sanctions financières pour les pays qui ne respecteraient pas leurs engagements en 2010. Ils avaient même cédé sur les puits de carbone, dont ils admettaient qu'ils puissent être inclus dans l'effort de réduction des émissions. Ce dispositif prévoit de prendre en compte pour chaque pays sa capacité d'absorption de CO_2 par ses forêts. C'est sur les chiffres mesurant cette capacité que se produisit la rupture aux environs de 3 heures du matin. Il faut regretter que l'Union se soit montrée à nouveau divisée. La France, l'Allemagne et la Grande-Bretagne n'étaient visiblement pas sur la même longueur d'onde, la Française Dominique Voynet et l'Anglais John Prescott étalant même au grand jour leur querelle personnelle. Il ne restait plus qu'à se séparer en se promettant d'examiner un nouveau texte en 2001 lorsque la nouvelle administration américaine sera installée. "Il vaut mieux pas d'accord qu'un mauvais accord" conclut avec philosophie Olivier Deleuze, le secrétaire d'Etat à l'Energie et au développement durable qui représentait la Belgique. En attendant, l'état de la planète Terre ne cesse de se dégrader...

Le premier véritable cri d'alarme fut lancé, en juin 1992, à Rio. Organisée par les Nations unies, cette conférence avait été regardée par l'opinion publique, non sans une certaine satisfaction, comme une prise de conscience générale de l'importance pour l'humanité de préserver l'environnement et surtout de stabiliser les émissions de gaz à effet de serre. Cinq ans plus tard, à Kyoto, les pays industrialisés allaient plus loin et décidaient de réduire leurs émissions de 5,2%. Il restait à appliquer cette louable initiative et c'est là que la situation se complique. Car il s'agit de modifier considérablement les structures économiques et de changer un certain mode de vie dans les pays riches.

A l'origine, l'effet de serre est un phénomène naturel qui se révèle même bénéfique. Il permet à la

Enfermés dans leur égoïsme, les grands pays industrialisés sont restés sourds aux appels à la raison que de nombreuses organisations avaient lancés pendant le sommet de La Haye. △

Terre de conserver une part de la chaleur du Soleil. Sans lui, notre planète serait un astre mort où il régnerait une température moyenne de moins 18 degrés et où l'eau serait constamment gelée. Toutefois, si ce régulateur thermique s'emballe, on risque la surchauffe. C'est ce qui est en train de se produire...

Dès 1896, le chimiste suédois Svante Arrhenius avait estimé que les rejets de gaz carbonique dus à la combustion du charbon devaient conduire à un réchauffement du climat. Les scientifiques n'ont cependant pris réellement conscience de la complexité de ce problème qu'au cours de la seconde moitié du XXe siècle. Ils ont aussitôt tiré la sonnette d'alarme, car le réchauffement favorise l'évaporation et l'air chaud peut contenir davantage de vapeur d'eau, d'où des changements climatiques considérables. En outre, la couverture neigeuse de la surface de la Terre et les glaciers se réduisent, ce qui fait monter le niveau des océans et menace de vastes zones habitables.

Selon l'IPCC (Intergovernmental Panel on Climate Change), la température moyenne de la planète s'est élevée, en moyenne, d'un demi-degré en un siècle, mais elle a atteint des niveaux record pendant la dernière décennie. Certes, au cours des âges géologiques, la Terre a connu tantôt un climat plus chaud, tantôt un climat plus froid en raison notamment de sa position par rapport au Soleil. Il y a 18 000 ans, on a calculé que la température moyenne était de 4,5° plus froide, mais il y a 8000 ans, elle était de 2° plus chaude. Ces changements se sont cependant toujours effectués avec lenteur. Aujourd'hui, sous l'action de l'homme, on est en présence de bouleversements beaucoup plus rapides.

Même si les scientifiques restent très prudents dans l'interprétation des catastrophes naturelles, il est évident que l'année 2000 a été

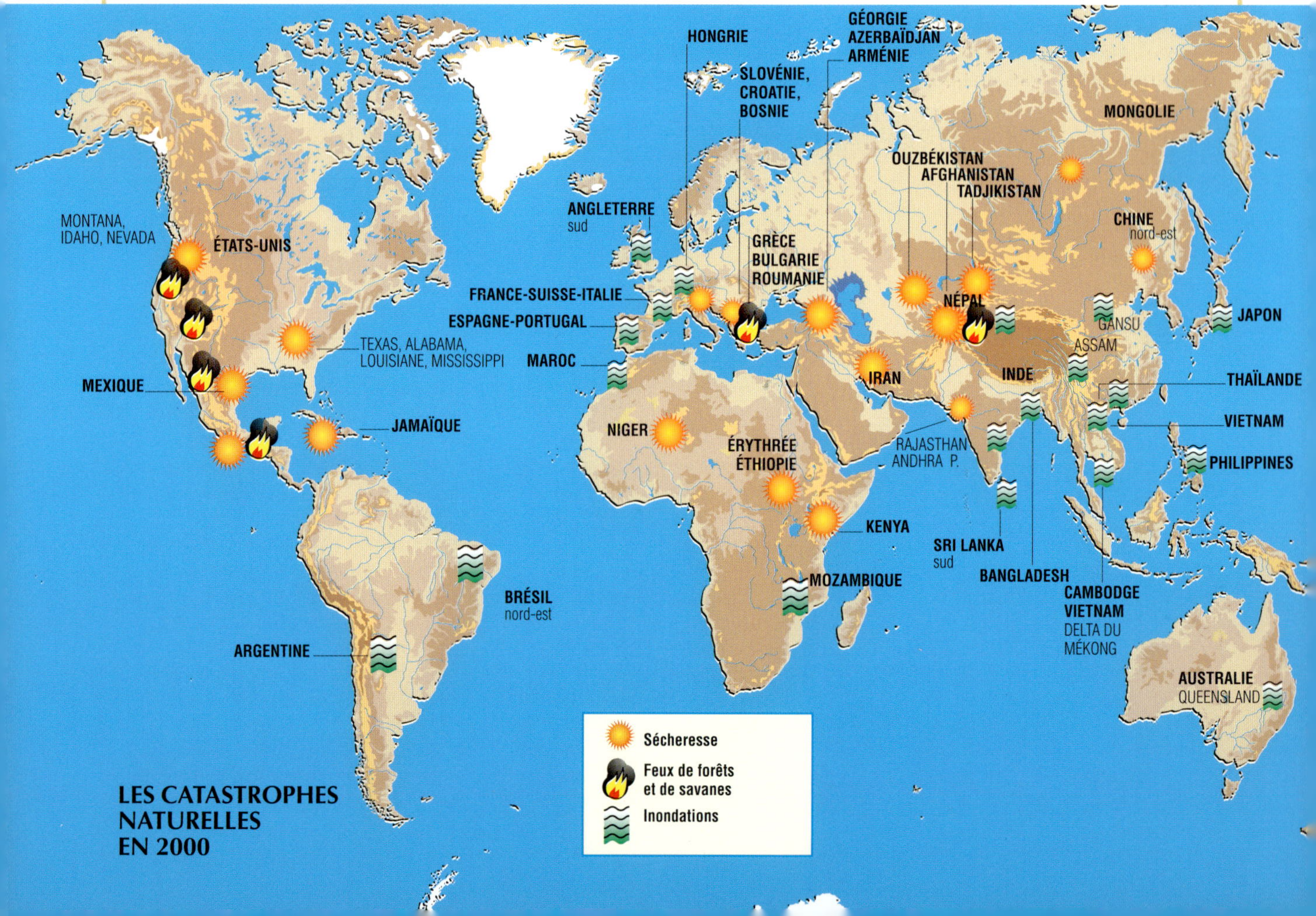

LES EMETTEURS DE GAZ A EFFET DE SERRE

Les scientifiques ont évalué, pour l'année 1998, l'émission des gaz à effet de serre. Les chiffres repris ci-dessous expriment d'abord les gaz émis par le pays ou la région en millions de tonnes, puis par habitant en tonnes, et enfin l'évolution en pourcentage par rapport à 1990.

Etats-Unis	5410	20,10	+11,7%
Union européenne	3327	8,47	+0,2%
Chine	2893	2,30	+21,1%
Asie (sans la Chine et le Japon)	2446	1,13	+50,0%
Russie	1415	9,64	-38,5%
Japon	1128	8,92	+7,6%
Amérique latine	1222	2,15	+32,5%
Afrique	729	0,96	+21,7%

caractérisée par une succession de problèmes majeurs pour les populations : périodes de grande sécheresse en Afrique centrale, au Moyen-Orient, en Chine et aux Etats-Unis, inondations en Europe, au Mozambique, au Japon, en Asie du Sud-Est et en Australie, innombrables feux de forêt ou de savane. On en est arrivé à se poser des questions : notre vieille Terre a-t-elle vraiment perdu la boule ? A moins que les humains ne l'aient rendue folle ?

Si le XXe siècle a été le plus chaud du millénaire, on peut déjà affirmer que le XXIe battra tous les records. Car il ne s'agit plus de savoir si la température va augmenter, mais de combien. Sur ce plan, le problème n'est plus simplement scientifique, il est devenu politique.

C'est pourquoi les pays du Sud, trop souvent écartés des grands débats diplomatiques, se montrent de plus en plus préoccupés par ces changements climatiques et qu'ils n'ont pas hésité à parler à La Haye d'irresponsabilité des pays du Nord. Qu'ils le veuillent ou non, Européens et Américains sont condamnés à s'entendre sur l'épineux dossier de la limitation des gaz à effet de serre. Afin que l'espèce humaine ne soit pas, un jour, réellement menacée d'extinction...

La planète se réchauffe et la banquise fond. Dans les régions arctiques, elle perd chaque année 37 000 km², soit plus que la Belgique et le Luxembourg réunis. Comme le montre cette photo, la situation est tout aussi préoccupante dans l'Antarctique où la fonte des glaces provoque de gigantesques dépressions. ▽

Les gaz produisant un effet de serre

Le dioxyde de carbone, ou gaz carbonique (CO_2), est le plus répandu des gaz produisant l'effet de serre (55%). Il est présent naturellement dans l'atmosphère en raison de l'éruption des volcans et de la respiration animale. Il est partiellement absorbé par les végétaux et les océans. Aujourd'hui dénoncée, l'augmentation des rejets de CO_2 est due surtout à la combustion de pétrole, charbon et gaz naturel pour les transports (notre photo), l'industrie et la production d'énergie. Cette augmentation est également la conséquence de la destruction des forêts. En un siècle, la concentration de CO_2 a progressé de 30%.

Les principaux autres gaz produisant un effet de serre sont les chlorofluorocarbones (CFC), couramment utilisés dans l'industrie (17%), le méthane (CH_4), dégagé par la décomposition de la matière organique et lié à l'augmentation de la production agricole (15%) et l'oxyde nitreux (N_2O), dont les sources sont le milieu océanique, l'humus forestier, la combustion des végétaux et l'utilisation d'engrais azotés (6%).

L'Europe connaît une nouvelle psychose de la "vache folle"

L'application des mesures de précaution pose de plus en plus de problèmes. Que faire des carcasses du bétail abattu ? La solution la plus rationnelle est de les incinérer. △

La psychose de la "vache folle" s'est répandue à nouveau en Europe au cours de l'automne 2000. C'est une histoire récurrente. Les scientifiques connaissent la "vache folle" depuis 1985, lorsque les laboratoires du ministre britannique de l'Agriculture décelèrent l'apparition d'une nouvelle maladie du bétail, l'encéphalopathie spongiforme bovine (EBS), mais le problème fut longtemps occulté, permettant une progression rapide de l'épidémie et provoquant de graves dommages pour la santé publique. Ce n'est que le 20 mars 1996 que le gouvernement britannique admit officiellement qu'il pouvait exister un lien entre la grave maladie neurodégénérative de Creutzfeldt-Jakob (MCJ) et l'encéphalopathie spongiforme bovine. Il était trop tard. A l'époque, on avait déjà décelé plus de 160 000 bovins atteints en Angleterre.
La viande britannique fut aussitôt frappée d'embargo par les partenaires européens du Royaume-Uni, mais cette première mesure ne suffit pas à éradiquer la maladie ni à rassurer les consommateurs. Alors que les scientifiques prévoyaient la disparition de la "vache folle" avant la fin du siècle, une recrudescence de la maladie a été malheureusement signalée au cours de l'année 2000. L'alerte a été donnée en France où six nouveaux cas d'EBS furent diagnostiqués en quelques jours au mois de novembre, mais l'Allemagne et la Suisse n'allaient pas être épargnées. Selon les services vétérinaires de l'Union européenne, aucun pays ne peut aujourd'hui affirmer être totalement à l'abri de l'épidémie.
Pourtant, trois catégories ont été établies suivant des critères de "dangerosité". La Belgique y occupe une place honorable avec seulement dix-huit cas signalés depuis la première "vache folle" abattue à Havelange en 1997. C'est fort peu par rapport à nos voisins, ce qui n'exclut pas une certaine vigilance dans une Europe sans frontières. Les autorités de Bruxelles ne pouvaient manquer d'ailleurs de se pencher sur ce grave problème. Dès le 29 novembre, la Commission proposait un plan radical de lutte contre l'EBS. Le point principal en était l'élimination pour une période initiale de six mois des farines carnées dans l'alimentation de tous les animaux d'élevage.
Depuis le début de l'épidémie, les farines animales sont soupçonnées, en effet, d'être le principal vecteur de l'EBS. Il faut savoir que, depuis plusieurs années, les consommateurs préfèrent les morceaux "nobles" de la viande de bœuf, ce qui conduit à la production d'une quantité de plus en plus grande de déchets. Ceux-ci sont transformés en farines, malheureusement dans des conditions sanitaires qui ne sont pas toujours exemplaires.

Depuis 1996, les farines carnées sont certes interdites dans l'alimentation des bovins, car il a été prouvé que le "cannibalisme" augmentait les risques de contamination, mais la Commission a été plus loin en étendant la précaution à tous les animaux d'élevage pour éviter que les protéines animales n'aboutissent par le biais de fraudes dans l'auge des bovins. Elle a aussi imposé l'élimination de la chaîne alimentaire de tous les bovins âgés de plus de trente mois qui n'auraient pas été testés vis-à-vis de la "vache folle" à l'abattoir.
Réunis le 4 décembre, à Bruxelles, les ministres européens de l'Agriculture prirent la décision que l'on attendait. Ils s'alignèrent sur les recommandations de la Commission dans le souci évident de rassurer leurs opinions publiques. Seules, la Finlande, qui s'estime épargnée par le fléau, et l'Allemagne, qui désirait au contraire des mesures plus drastiques, s'étaient opposées à la décision communautaire. La Belgique s'est montrée solidaire malgré les réticences de certains secteurs.

Johan Thielemans
Professeur à l'Institut
des Hautes Etudes Mercator
de Gand

La démocratie américaine

Artis-Historia : Pour expliquer la confusion qui a suivi le scrutin du 7 novembre, on a souvent mis en cause le système électoral américain. Est-il aussi démocratique qu'on le dit ?

Johan Thielemans : Les Américains ont une forme de démocratie qui a vu le jour après la révolution, à la fin du XVIIIe siècle, lorsque fut adoptée la Constitution. Des hommes politiques et des philosophes s'étaient réunis avec une certaine idée de l'Etat à l'esprit. Ils discutèrent déjà à l'époque de tous les éléments que l'on évoque actuellement, pour ou contre ce système électoral. Finalement, ils aboutirent à la solution qui est toujours en vigueur. C'est pour que les petits Etats aient aussi leur mot à dire qu'ils n'ont pas choisi le suffrage universel, lui préférant une élection présidentielle à deux degrés. La protection de la puissance des Etats était à leurs yeux primordiale. Ils ne voulaient pas d'un grand Etat centralisé, mais plutôt un gouvernement fédéral où chaque Etat conserverait de nombreuses compétences. Selon moi, c'est un système démocratique.

A.-H. : Est-il conforme au concept même de démocratie, c'est-à-dire à l'idée d'un "gouvernement par le peuple" telle que l'ont conçue les Grecs, de dépenser quatre milliards de dollars pour une élection présidentielle ?

J.T. : Le problème de l'argent est un vieux problème. On sait désormais quel genre de candidat a encore des chances de se présenter : il doit surtout posséder de grands moyens financiers. Pensez à Ross Perot qui pouvait se permettre d'avoir son propre parti. George Bush est également très riche. Certes, il y a par ailleurs des hommes politiques qui bénéficient du soutien de leur parti et dont la carrière prouve qu'ils ont du talent, qu'ils sont capables de réaliser quelque chose, mais ils doivent tout de même chercher une aide financière dans l'industrie, les grandes firmes et les syndicats. Ce qui est à craindre c'est que, recevant autant d'argent, ils aient une contrepartie à donner, une fois élus président. Les candidats relativement pauvres qui participent à cette grande compétition sont donc beaucoup plus exposés à une éventuelle corruption. Perot ne doit évidemment rien à personne. Ce sont les problèmes du système et l'on ne voit pas de solution. Si l'on examine les trente dernières années, on peut se poser la question de savoir si ce sont les hommes politiques les plus brillants qui sont arrivés au pouvoir. Je ne le pense pas. Certains présidents étaient même loin d'être remarquables...

A.-H. : Les faibles taux de participation enregistrés lors des derniers scrutins ne mettent-ils pas en cause la représentativité de la démocratie américaine ? Des groupes entiers de la société ne sont pas représentés. Les élections ne sont-elles plus que l'affaire d'une minorité ?

J.T. : Exactement. Cela, c'est le résultat des élections libres. Il faut prendre en compte une donnée sociologique. Plus l'éducation est limitée, moins il y a d'intérêt pour les problèmes abstraits, techniques ou difficiles. Aux Etats-Unis, il n'y a pas suffisamment de gens qui sont politiquement conscients. En plus, le système qui comporte une obligation de s'inscrire pour participer aux élections n'incite évidemment pas une grande partie de la population à voter. Le président élu a certes derrière lui la majorité des électeurs qui se sont présentés, mais il s'agit toujours du président d'une minorité.

A.-H. : L'autorité d'un président qui s'est installé à la Maison-Blanche après tant de péripéties n'est-elle pas amoindrie et à quelle légitimité peut-il prétendre ?

J.T. : Par le simple fait que ces élections ont donné un résultat approximatif de 50-50, il est évident que le nouveau président devra affronter une forte opposition. Si l'un des candidats reproche à l'autre d'avoir "volé" l'élection, l'autorité du vainqueur est fatalement diminuée. Le quarante-troisième président des Etats-Unis sera vraisemblablement un président faible.

A.-H. : Malgré les nombreuses critiques émises à l'étranger sur le "grand cafouillage" de Floride, la majorité des Américains ont refusé de parler de crise constitutionnelle. Personnellement, quelle leçon tirez-vous de ce feuilleton électoral ?

J.T. : La garantie d'indépendance des Etats va très loin. C'est tellement irrationnel que l'on ne peut s'empêcher de se dire que tout cela n'est pas possible. La vérité est que la Constitution ne régit pas les districts électoraux, qu'elle ne précise pas la manière dont ceux-ci doivent organiser les élections et présenter leurs listes. Qu'avons-nous constaté en Floride ? On y a vu que non seulement l'Etat, mais les districts électoraux décidaient de leurs listes, des appareils utilisés et de la méthode employée, au point que tout était différent dans chaque district. Et cela a été vrai dans tous les Etats de l'Union.
La première question est dès lors : ne faut-il pas voter une loi à ce sujet ? Ne conviendrait-il pas d'imposer une uniformité dans le déroulement des élections ? On peut le croire, tout en maintenant le principe que la puissance de Washington doit rester la plus limitée possible et celle des Etats la plus importante possible. La Cour suprême de Justice de Washington savait cela aussi.

DECEMBRE

CHRONOLOGIE

DOSSIERS

L'AVIS D'UN EXPERT

Quatre nouveaux sites de Belgique ont été intégrés au patrimoine culturel de l'UNESCO. Parmi eux le centre historique de Bruges. Sur notre photo, la place du Marché avec, à l'avant-plan, la statue de Jan Breydel et Pieter de Coninck.

Lu	Ma	Me	Je	Ve	Sa	Di
				1	2	3
4	5	6	7	8	9	10
11	12	13	14	15	16	17
18	19	20	21	22	23	24
25	26	27	28	29	30	31

MONDE

1

* AFFAIRE PINOCHET – Le juge chilien Juan Guzman inculpe le général Augusto Pinochet pour les crimes commis par la "Caravane de la mort", en octobre 1973.

4

* ETATS-UNIS – La Cour suprême fédérale donne raison à George W. Bush en cassant l'arrêt de la Cour suprême de Floride concernant le décompte manuel des bulletins.
* CÔTE D'IVOIRE – De nouveaux affrontements ont lieu entre les forces de l'ordre et les partisans de l'ancien premier ministre Alassane Ouattara. Ils font une trentaine de morts.

7

* ETATS-UNIS – Le feuilleton électoral se poursuit. La Cour suprême de Floride relance Al Gore en ordonnant le décompte manuel de plusieurs milliers de bulletins de vote non comptabilisés jusque là.

10

* ISRAËL – Le premier ministre Ehoud Barak présente sa démission. Le chef du gouvernement israélien étant élu au suffrage universel, le souci de Barak est d'affronter au plus tôt le scrutin afin de barrer la route au candidat de la droite, Benyamin Netanyahou. page 172
* ROUMANIE – Au second tour de l'élection présidentielle, l'ex-communiste Ion Iliescu l'emporte avec 66% des suffrages aux dépens du candidat de l'extrême-droite, Vadim Tudor.

11

* EUROPE – Le plus long sommet de l'histoire de l'Union européenne s'achève à Nice. Le bilan

Deux Noirs à la tête de la nouvelle diplomatie américaine

Enfin assuré de sa victoire, George W. Bush annonce, le 16 décembre, les premières nominations de la nouvelle administration américaine. Ainsi qu'il l'avait laissé entendre depuis longtemps, le président élu confirme la désignation du général Colin Powell au poste de secrétaire d'Etat, qui équivaut à celui de ministre des Affaires étrangères (photo ci-dessous). C'est la première fois dans l'histoire des Etats-Unis qu'un Noir occupera ces fonctions.

Colin Powell est né, en 1937, à Harlem dans une famille d'immigrés de la Jamaïque. Il a grandi dans le Bronx avant d'entrer à l'armée où il a rapidement gravi les échelons de la hiérarchie. Ancien chef d'état-major de l'armée américaine, il fut l'un des grands artisans de la victoire alliée dans la guerre du Golfe.

C'est une Noire également, Condoleeza Rice (photo ci-dessus), qui devient conseiller pour la politique étrangère et la sécurité nationale, c'est-à-dire conseiller diplomatique du nouveau président. Née en 1954, Condoleeza Rice a fait de brillantes études universitaires en sciences politiques avant de devenir une spécialiste de l'Union soviétique et du contrôle des armements. Elle parle d'ailleurs parfaitement le russe.

Colin Powell et Condoleeza Rice ont travaillé, tous les deux, dans l'administration du président George Bush père.

est estimé très inférieur aux ambitions affichées. page 177
* AFFAIRE PINOCHET – La cour d'appel de Santiago annule l'inculpation et l'ordre d'assignation à résidence pris à l'encontre du général Pinochet.

12
* ETATS-UNIS – Après un suspense de trente-cinq jours, George W. Bush est désormais assuré de devenir le quarante-troisième président des Etats-Unis. La Cour suprême fédérale a refusé un nouveau décompte des voix en Floride. Al Gore reconnaît sa défaite.

14
* ESPAGNE – En réponse au pacte antiterroriste signé entre la majorité et l'opposition, l'ETA assassine à nouveau un élu du Parti populaire, le conseiller municipal de Terrassa, Francisco Cano.

16
* VATICAN – De violentes manifestations éclatent à Rome, à proximité du Vatican, pour protester contre la visite du leader de l'extrême-droite autrichienne, Jorg Haider, reçu par le pape au sein d'une délégation de la Carinthie. Cette région a offert le sapin de Noël de la place Saint-Pierre.

17
* ALGERIE – La politique de la "concorde civile" parrainée par le président Bouteflika n'est plus qu'un souvenir. Au cours du week-end, trois nouveaux massacres ont fait plus de quarante victimes dont une quinzaine de lycéens en pleine ville de Médéa.
* KOSOVO - De violents affrontements ont lieu à Leposavic, dans le nord du Kosovo, où les soldats belges de la KFOR sont pris à partie. Deux civils sont tués.

18
* ISRAËL – La Knesset refuse finalement de s'autodissoudre. Benyamin Netanyahou décide de retirer sa candidature au poste de

Une coalition laborieusement formée à Anvers

Deux mois et dix jours après les élections communales, le collège échevinal d'Anvers est enfin formé le 18 décembre. Après de laborieuses négociations, Leona Detiège (SP), Ludo Van Campenhout (VLD), Marc Van Peel (CVP) et Chantal Pauwels (Agalev) signent le document qui scelle leur accord. L'un des points les plus importants des discussions a été le problème de la sécurité. Leona Detiège est confirmée dans ses fonctions de bourgmestre qui, en vertu de la loi, lui donne l'autorité de chef de la police, mais elle aura à ses côtés un échevin de la sécurité, Dirk Grootjans (VLD).

Trois jours plus tard, les quatre partis concernés, réunis chacun en congrès, approuvent la coalition. Dans deux partis, la désignation des échevins a cependant donné lieu à des difficultés. Au VLD, l'homme d'affaires, Christian Leysen (3500 voix de préférence) a été battu par Luc Bungeneers. Chez Agalev, l'allochtone Fatima Bali n'a pas été choisie malgré sa popularité.

Leona Detiège rempile donc à l'Hôtel de Ville (notre photo) avec un collège composé de Kathy Lindekens et Tuur Van Wallendael (SP), Leo Delwaide, Ann Coolsaet, Dirk Grootjans et Luc Bungeneers (VLD), Erwin Pairon et Chantal Pauwels (Agalev). La Volksunie rejoint le Vlaams Blok dans l'opposition.

premier ministre. Ariel Sharon devient le candidat unique de la droite. page 172

20
* RUSSIE-BELGIQUE – Une délégation du gouvernement belge composée de Guy Verhofstadt, Louis Michel et Annemie Neyts se rend en visite à Moscou.
* ESPAGNE – L'ETA commet son vingt-troisième meurtre de l'année, un policier municipal est tué à Barcelone.

23
* SERBIE – La coalition de partis qui a porté Vojislav Kostunica à la présidence de la Yougoslavie remporte, avec 65% des voix, une nette victoire lors des élections législatives de Serbie.

24
* INDONESIE – Déposées au pied des églises dans huit villes du pays, plusieurs bombes explosent au moment où devait commencer la messe de minuit, faisant quatorze morts.

27
* PROCHE-ORIENT – A la suite des idées formulées par Bill Clinton, un nouveau sommet entre Yasser Arafat et Ehoud Barak est convoqué pour le lendemain à Charm el-Cheikh. Il est annulé en dernière minute.
page 172

BELGIQUE

9
* BRUXELLES – Le ministre-président flamand Patrick Dewael lance l'idée d'un district spécial pour Bruxelles dans une Belgique à deux. Sa proposition est mal reçue dans les milieux francophones.

15
* DEMANDEURS D'ASILE – Le gouvernement achète deux centres de vacances à Westende et à Houthalen pour accueillir, dans les mois suivants, quinze cents demandeurs d'asile supplémentaires.

24
* MESSAGE ROYAL – S'adressant à la population belge dans son traditionnel discours de Noël, Albert II condamne sans appel le racisme, la xénophobie et l'exaltation démesurée de l'identité.

29
* DIOXINE – Au moment de terminer son mandat, Freddy Willockx (SP), commissaire du gouvernement pour le problème de la dioxine, estime que la crise a coûté finalement trente milliards au pays, et non soixante comme on l'avait craint un moment, au cours de l'année 1999.

ECONOMIE

7
* UNION MINIERE – La Société Générale de Belgique vend les derniers 25% qu'elle détenait dans l'Union Minière, mettant ainsi un terme à son dégagement progressif amorcé il y a plusieurs années.

8
* LERNOUT & HAUSPIE – Le tribunal d'Ypres déclare irrecevable la demande de concordat de la société de technologie vocale, estimant qu'elle n'avait pas produit des chiffres crédibles.

12
* PRESSE – "Le Soir" change sa formule et sa maquette. Bien qu'il reste le premier quotidien francophone du pays avec un tirage de 125 000 exemplaires, il a perdu, en dix ans, un lecteur sur cinq.

19
* AIRBUS – Les actionnaires d'Airbus Industrie donnent le feu vert à la fabrication de l'Airbus 830, le nouveau nom pour le gros porteur (800 passagers), appelé jusque là A3XX.

SOCIETE

4
* VACHE FOLLE – S'alignant sur les recommandations de la Commission européenne, les ministres de l'agriculture des Quinze confirment l'interdiction des farines animales pour une période de six mois au moins.

8
* TEMPETE – L'Europe occidentale est à nouveau balayée par une tempête. En Espagne et au Portugal, on déplore neuf morts ainsi que de catastrophiques inondations. En Angleterre, deux personnes ont également perdu la vie.

15
* CRIME ORGANISE – Réunis à Palerme pendant cinq jours, cent vingt-quatre pays ayant répondu à l'appel des Nations unies signent une convention contre le crime organisé.

19
* HOMOSEXUALITE – Le Sénat néerlandais adopte une loi autorisant le mariage homosexuel et l'adoption d'enfants par des parents du même sexe.
* PRISONS TURQUES – Les forces de l'ordre donnent l'assaut à des prisons où des détenus observaient une grève de la faim depuis deux mois. Le bilan est de trente morts, vingt-huit prisonniers et deux gendarmes.

25
* INCENDIE – Plus de trois cents personnes périssent dans l'incendie d'un centre commercial à Luoyang, dans la province centrale du Henan, en Chine.

SCIENCES ET TECHNIQUES

14
* GENOME – La revue "Nature" publie le génome complet d'un végétal, l'"arabette des dames" (Arabidopsis thaliana). Les scientifiques considèrent qu'il s'agit

d'un pas important pour percer les secrets du monde végétal, ce qui aura des répercussions considérables pour l'agriculture, les biotechnologies et la médecine.

15
* NUCLEAIRE – Le dernier réacteur de la centrale nucléaire de Tchernobyl, en Ukraine, est mis hors service. Quatorze ans après la catastrophe, Kiev a enfin cédé aux pressions occidentales.

CULTURE

1
* PATRIMOINE – La presse révèle que le Comité du patrimoine mondial de l'UNESCO a inscrit soixante et un nouveaux sites sur sa liste dont quatre en Belgique : les minières néolithiques de silex de Spiennes, le centre de Bruges, la cathédrale de Tournai et les maisons Victor Horta à Bruxelles.
👁 page 179

6
* LITTERATURE – Le prix Victor Rossel, pour le meilleur roman belge est attribué à Laurent de Graeve pour "Le mauvais genre".

SPORTS

10
* TENNIS – A Barcelone, l'Espagne remporte pour la première fois la finale de la Coupe Davis, en battant l'Australie, tenante du titre, par 3-1. Le dernier match n'a pas été disputé.

22
* CYCLISME – Le tribunal correctionnel de Lille fait preuve de clémence dans le procès concernant le dopage de l'équipe Festina. Huit des neuf inculpés sont condamnés à des peines avec sursis. Richard Virenque est relaxé.

29
* TOUS LES SPORTS – Après le COIB, l'Association professionnelle belge des journalistes sportifs désigne, à son tour, les sportifs belges du siècle. Si Eddy Merckx est à nouveau plébiscité chez les hommes, c'est Ingrid Berghmans qui l'emporte chez les femmes.

Eddy Merckx : "Sportif belge du siècle"

Le Comité olympique et interfédéral belge désigne, le 15 décembre, à Bruxelles, le "Sportif belge du siècle". Pas de surprise : c'est Eddy Merckx qui est couronné (notre photo). Devant la princesse Astrid et quelque sept cents cinquante personnalités du sport national invitées par le COIB, le quintuple vainqueur du Tour de France recueille d'ailleurs, sur le plateau du Heysel, une formidable ovation. Très ému, il avoue : "C'est un grand moment dans ma vie. Quand le public s'est levé, je n'ai pu cacher mon bonheur".

Au cours du même après-midi, les résultats du traditionnel référendum organisé par l'Association professionnelle belge des Journalistes sportifs sont également communiqués. Le "Sportif belge de l'année 2000" est le champion du monde de motocross, Joël Smets, et la "Sportive" est la jeune et prometteuse joueuse de tennis Kim Clijsters, dont le talent avait déjà été consacré en 1999.

Proche-Orient 2000 : les espoirs déçus

Baudouin Loos

Pour beaucoup, l'année 2000 eût pu signifier la fin d'un des conflits les plus vieux et inextricables de cette planète, celui qui met aux prises Juifs et Arabes, puis Israéliens et Palestiniens depuis plus d'un siècle pour la possession – le partage, espère-t-on – d'une même terre, trois fois sainte, la Palestine. Las ! plutôt qu'un accord entre les parties, l'année s'est close sur trois mois de quasi-guerre qui ont fait plus de trois cents morts et une grosse dizaine de milliers de blessés.

Il y a sept ans, pourtant, d'énormes espoirs avaient fleuri dans les cœurs, au Proche-Orient, lorsque l'Israélien Yitzhak Rabin et le Palestinien Yasser Arafat décidèrent de sceller les accords d'Oslo, un processus intérimaire graduel censé se terminer le 4 mai 1999 par la mise en œuvre d'un accord permanent – la paix ! – qui aurait été conclu entre-temps. L'importance de la signature des accords d'Oslo, le 13 septembre 1993 sur la pelouse de la Maison-Blanche à Washington, ne peut se contester : pour la première fois, les Israéliens reconnaissaient l'OLP (Organisation pour la libération de la Palestine) en tant que "représentante du peuple palestinien", tandis que cette OLP reconnaissait officiellement et clairement l'existence d'Israël. Les deux parties signaient aussi un document qui précisait que la résolution 242 du Conseil de sécurité (1967) des Nations unies cadrait leurs négociations passées et futures. Ce texte condamne la conquête de territoires par la force et pose le principe d'un échange des territoires conquis contre la paix. Il avait été adopté à New York quelques mois après la guerre des Six-Jours, en juin 1967, qui avait vu Israël s'emparer du Sinaï égyptien, du Golan syrien, et de territoires palestiniens (l'un, Gaza, administré par l'Egypte depuis 1948 et l'autre, la Cisjordanie dont Jérusalem-Est, annexé par la Jordanie en 1949).

Juifs en prière devant le Mur des Lamentations. A l'arrière-plan, la coupole de la Mosquée Al-Aqsa, l'un des trois lieux saints de l'Islam. △

Le processus de paix a avancé de manière chaotique au gré des réticences et des résistances des uns et des autres. Les plus extrémistes ont cru pouvoir en venir à bout par la violence. Comme celui qui tua des dizaines de Palestiniens en prière à Hébron en 1994 ou son semblable qui abattit Yitzhak Rabin l'année suivante. Comme ces islamistes responsables de la mort de dizaines de civils israéliens, principalement entre 1994 et 1996. Malgré quoi, les choses progressèrent : Arafat est rentré à Gaza en juillet 1994 avec plusieurs milliers de combattants promptement rebaptisés "policiers", Israël s'est peu à peu retiré d'une partie des territoires occupés, qui ont commencé à expérimenter une autonomie relative (et le joug autoritaire et corrompu d'Arafat). En 1999, à la fin prévue du processus d'Oslo, l'armée israélienne s'était retirée de 19 % de la Cisjordanie et de 70 % de la bande de Gaza. Mais "Oslo" avait prévu que l'Etat juif aurait dû, à ce moment, ne plus demeurer présent militairement qu'à Jérusalem-Est, dans les colonies juives et dans les "zones militaires" (non précisées). En outre, si les négociations sur le statut permanent des territoires palestiniens ont bien débuté avec l'arrivée d'un Premier ministre israélien de gauche, Ehoud Barak, après mai 1999, ces négociations auraient dû débuter avant mai 1997 et se clore dans les deux ans. Des deux côtés, nombre de faiblesses et de manquements ont été observés par rapport aux accords intérimaires.

Les Palestiniens n'ont réussi à juguler le terrorisme qu'après la vague de terreur de 1996, qui ramena la droite au pouvoir en Israël. Ils n'ont pas, par ailleurs, mis en œuvre la collecte d'armes privées comme ils s'y étaient engagés. Enfin, ils n'ont pas davantage mis fin aux incitations à la haine antijuive banalisées dans leur presse (pourtant très contrôlée) et dans les cours scolaires.

Les Israéliens ont tout fait pour retarder leurs retraits territoriaux. Plusieurs phases de retrait prévues n'ont jamais eu lieu. Les libérations de prisonniers n'ont pas été menées à leur terme, plusieurs milliers de concernés n'ont pas quitté leurs cellules. En outre, les Israéliens ont continué, dès le début du processus de paix et sans jamais s'arrêter, à coloniser les territoires sur lesquels portait ce processus, comme s'ils voulaient, par la création de faits accomplis, restreindre comme une peau de chagrin l'espace territorial dont la future Palestine serait faite. Les chiffres parlent : les colons sont passés de 110 000 en 1993 à plus de 200 000 en l'an 2000, l'accession au pouvoir de Barak correspondant même à une accélération de la colonisation également marquée par de nouvelles confiscations de terres, encore en l'an 2000 ! Et par l'extension de routes à usage exclusif des colons juifs, reliant les colonies à Israël. Ce phénomène de la colonisation a convaincu la majorité des Palestiniens qu'Israël ne parlait pas sérieusement de paix.

On en était là à l'aube de cette année 2000, quand le président

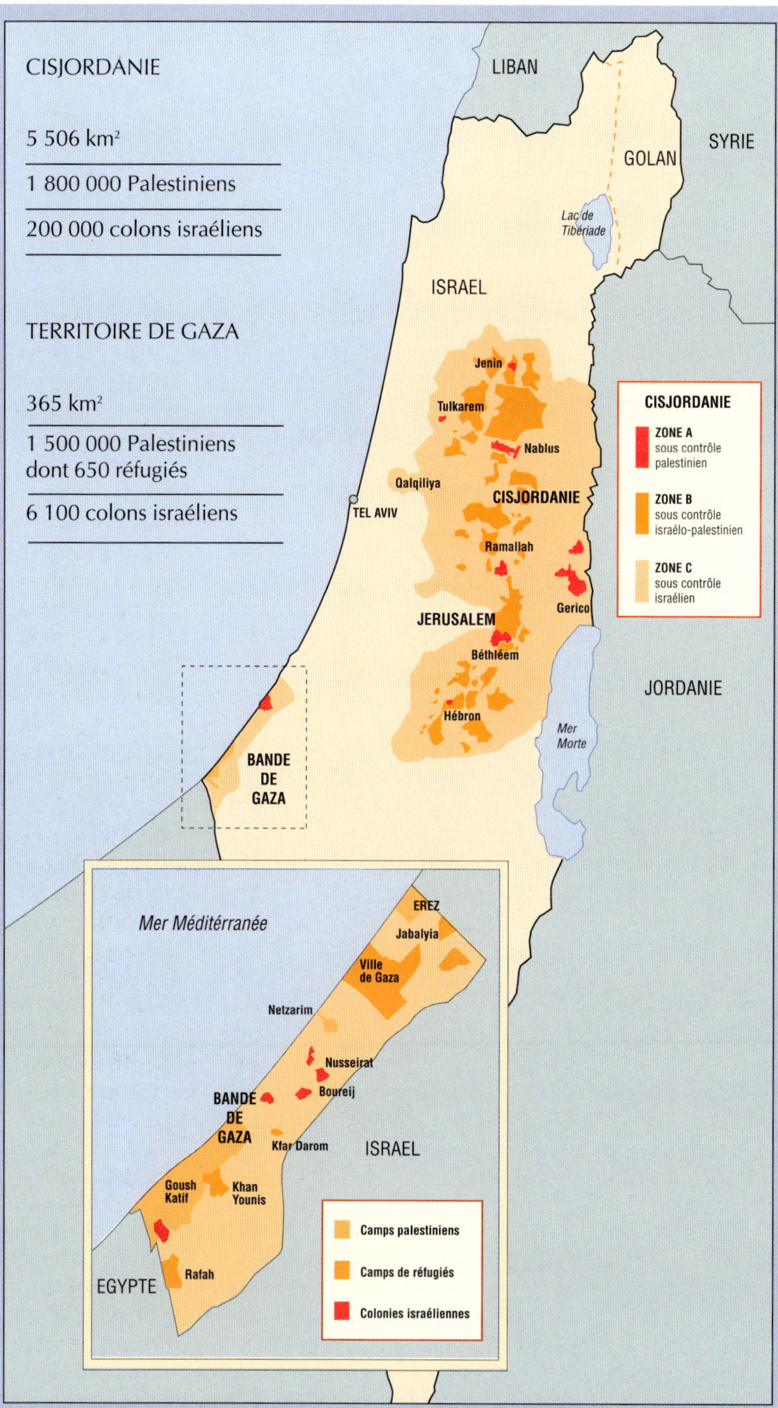

Jérusalem

La capitale contestée est la ville sainte pour les trois grandes religions monothéistes. La guerre de 1967 l'a réunifiée comme capitale d'Israël, mais Arafat veut Jérusalem-Est comme capitale de l'Etat palestinien. Pour de nombreux Palestiniens, la division de la ville en deux capitales pourrait être envisagée avec deux administrations et deux souverainetés distinctes.

La Cisjordanie et Gaza

Depuis 1967, Israël occupe la Cisjordanie, la partie arabe de Jérusalem et la bande de Gaza. Pour les Palestiniens, c'est l'année de al-Naqsa, la retraite.

américain Bill Clinton, qui parraine activement le processus de paix dans cette région qui le passionne, décida de frapper un grand coup diplomatique en invitant les parties à Camp David, sa résidence d'été dans le Maryland, pour y forger (y forcer ?) un accord définitif. A partir du 11 juillet, Arafat, Barak et Clinton tinrent donc ce sommet auquel le premier était venu avec des pieds de plomb compte tenu des nombreux travaux préparatoires peu convaincants à ses yeux. Ce fut d'ailleurs l'échec. Pressé d'accepter des propositions américano-israéliennes, le Palestinien se résolut à refuser. Mal lui en prit : l'Américain et l'Israélien réussirent ensuite à convaincre beaucoup de monde, au moins en Occident, qu'Israël avait formulé à Camp David les propositions les plus osées de l'histoire, les plus "généreuses" pour les Palestiniens et les plus "douloureuses" pour les Israéliens. Ces propositions restèrent néanmoins confinées dans le secret, seuls quelques bruits et autres fuites alimentant les analyses des observateurs.

La paix avec les Palestiniens n'est pas le seul problème à résoudre pour Israël. Les manifestations se sont succédées également à Tel-Aviv pour protester contre le retour du Golan à la Syrie. △

Sur ce que l'on sait donc de manière officieuse des propositions de Barak grâce à ces fuites et, aussi, grâce aux révélations tardives mais non démenties de Palestiniens présents à Camp David, on peut tenter de comprendre le refus d'Arafat : Israël lui "offrait" un Etat palestinien démilitarisé sur Gaza et sur 88 à 90 % de la Cisjordanie (qui serait composée de trois cantons non homogènes, donc discontinus), les frontières externes demeurant contrôlées par l'Etat juif. Sur Jérusalem-Est (arabe) – qui comprend les Lieux saints des trois religions révélées – Barak entendait octroyer une autonomie administrative (sauf pour les quartiers arabes éloignés, annexés à l'Etat palestinien), en conservant sur le Mont du Temple (Esplanade des Mosquées) la souveraineté israélienne avec statu quo dans la gestion quotidienne laissée aux musulmans. S'agissant de la question des réfugiés, Israël refusait d'admettre le droit au retour et sa responsabilité dans la création du problème en 1947-1948, acceptant seulement le retour de quelques milliers d'entre eux à titre de réunification familiale. Il semble aussi qu'Israël souhaitait un droit de regard sur le nombre de réfugiés admis à s'installer dans le futur Etat palestinien.

Le leader d'extrême droite, Ariel Sharon, que l'on voit priant devant le Mur des Lamentations, a mis le feu aux poudres en faisant une visite pleine de provocation sur l'Esplanade des Mosquées. ▽

Considérant que ces propositions restaient loin de la légalité internationale figée dans les résolutions de l'ONU et très loin des aspirations de son peuple, Yasser Arafat, malgré d'intenses pressions américaines et israéliennes, se refusa à accepter le "marché". Lui qui ne réclamait que 22 % de la Palestine historique (les "territoires occupés", les 78 % restants composant Israël) aurait-il dû signer un compromis qui lui ôtait une partie de ces 22 % sans contrôle des frontières, sans souveraineté sur la ville sainte et sans reconnaissance du droit au retour ? "Vous voulez assister à mon enterrement ?", aurait-il répliqué à Clinton qui l'enjoignait d'accepter…

Le premier ministre israélien Ehoud Barak aux côtés du nouveau président, Moshe Katzav, lors d'une conférence de presse. △

Ces données formaient donc l'arrière-plan politique régional lorsqu'Ariel Sharon, chef de la droite israélienne nationaliste dans l'opposition, décida de se rendre avec mille policiers sur le Mont du Temple-Esplanade des Mosquées le 28 septembre, pour une visite vécue comme une ultime humiliation, de nature religieuse qui plus est, par les Palestiniens. Ce fut l'étincelle qui mit le feu aux poudres avec d'autant plus de rapidité que, dès le lendemain, les premiers protestataires palestiniens sur l'Esplanade des Mosquées furent réprimés par une fusillade qui tua sept d'entre eux. La violence se répandit ensuite dans un mouvement désordonné et chaotique dans lequel Arafat s'est trouvé entraîné sans qu'il estime pouvoir s'y opposer – si seulement il en eût été capable, ce dont certaines sources de renseignement israéliennes doutent –, chaque décès de Palestinien ajoutant à la colère populaire.

En face, l'opinion publique israélienne s'est également radicalisée d'importance contre les Palestiniens. Le lynchage de deux soldats, la mise à sac d'un lieu saint juif à Naplouse, des attentats à la bombe contre des civils en Israël même ont exacerbé une opinion publique aussi effrayée par la solidarité palestinienne exprimée par une partie de la minorité arabe israélienne (et réprimée dans le sang).

En cette fin d'année 2000, le gouvernement israélien de Ehoud Barak vit ses derniers mois. Des élections ont été décidées pour l'année prochaine, qui porteront une fois de plus sur le thème central de la paix avec les Palestiniens. Selon les sondages, les Israéliens révèlent des sentiments contradictoires : ils se montrent décidés à revenir à un gouvernement de droite (très opposé au processus d'Oslo) tout en s'affirmant majoritairement partisans d'un accord de paix avec les Palestiniens. Ce paradoxe s'explique : la droite incarne la "sécurité" pour des Israéliens qui savent en même temps qu'ils ne peuvent gagner la guerre, malgré leur écrasante supériorité militaire, contre un peuple qui ne supporte plus ses chaînes. Mais ni la droite ni la gauche israéliennes n'ont montré qu'elles étaient capables d'analyser ce dilemme jusqu'au bout et, comme le dit le chercheur français Alain Dieckhoff dans "le Monde" du 28 novembre : "Œuvrer à une partition véritable (de la Palestine), sur une base égalitaire. Cet objectif ne peut être atteint que par le désengagement effectif d'Israël des Territoires, ce qui suppose le démantèlement de la majeure partie des colonies et le retrait de l'armée".

Comme ses compatriotes, le leader palestinien Yasser Arafat ne pouvait accepter la visite d'Ariel Sharon sur l'Esplanade des Mosquées. △

La paix, la vraie, attendra.

L'Ukraine accepte de fermer le dernier réacteur de Tchernobyl

Le président ukrainien, Leonid Koutchma, a ordonné l'arrêt définitif du dernier réacteur encore en service dans la centrale nucléaire de Tchernobyl. Prise officiellement le 15 décembre, cette décision a été pratiquement imposée par les Occidentaux qui ont promis à l'ancienne république soviétique une aide importante pour construire deux autres centrales nucléaires.

Le 26 avril 1986, à 1 heure 23 du matin, deux explosions détruisaient le réacteur n°4 de la centrale de Tchernobyl, à quelque 100 km au nord de Kiev. Sous la puissance de la réaction en chaîne, la dalle de protection biologique qui recouvrait la partie supérieure du réacteur fut soulevée comme une plume et une pluie de débris hautement radioactifs et de graphite brûlant furent projetés dans l'atmosphère.

On sait aujourd'hui que des essais de maintenance effectués par du personnel mal préparé et dans des conditions de sécurité insuffisantes furent à l'origine de l'accident. Dans un premier temps, les responsables de la centrale tentèrent de minimiser la catastrophe, y compris aux yeux des autorités soviétiques. Le Kremlin ne reconnut d'ailleurs la gravité de la situation que le 28. Il était toutefois impossible de dissimuler longtemps l'ampleur du désastre, dont les conséquences furent ressenties bien au delà des frontières de l'ex-URSS. Dès le jour de l'explosion, les Suédois avaient alerté la communauté internationale. Dans l'après-midi du 27 avril, le nuage radioactif survola même, au gré des vents, une partie de l'Europe occidentale, sans conséquences sanitaires toutefois.

Quatorze ans plus tard, il est toujours difficile d'évaluer exactement le nombre des victimes. Trente et un membres du personnel, dont des pompiers appelés à maîtriser le sinistre, perdirent la vie dans les heures qui suivirent la catastrophe. Mais ces chiffres sont évidemment insignifiants en regard des populations qui furent contaminées et décédèrent par la suite.

Journée Portes Ouvertes à Tchernobyl : des femmes âgées des environs de la centrale "maudite" écoutent les explications d'un jeune ingénieur. ▽

En janvier 2000, le bureau des Nations unies pour la coordination des affaires humanitaires faisait état de 11 000 cancers de la thyroïde constatés dans les régions touchées, dont une grande partie de la Biélorussie actuelle. En outre, 350 000 personnes ont dû être déplacées.

Malgré de multiples incidents et la hantise croissante d'un nouveau séisme nucléaire, il aura fallu de longues années de pression pour que les autorités ukrainiennes acceptent de mettre totalement hors service la centrale maudite. Le réacteur n°2 avait été fermé en 1991 et le réacteur n°1 en 1996. C'est en 1995 que le G7, qui réunit les pays les plus industrialisés du monde, avait fixé le montant de l'aide internationale pour la condamnation de la centrale et pour le reclassement des travailleurs : il promit alors 2,3 milliards de dollars, soit 104 milliards de francs.

A la veille de la fermeture, environ 14 000 personnes continuaient à travailler non seulement sur le site de la centrale, mais aussi dans la zone interdite où les risques de contamination sont toujours considérables. Ce sont ces populations, angoissées par la crainte du chômage, qui ont dénoncé le plus vivement la décision de fermer Tchernobyl, prise selon elles "sous la pression internationale".

Le sommet européen de Nice : laborieux et décevant

Malgré les difficultés des négociations, les principaux dirigeants européens conservent le sourire après le sommet de Nice. △

Le sommet européen de Nice s'est achevé le 11 décembre, à l'aube, après quatre jours de laborieuses négociations. Certes, les Quinze sont arrivés à un accord au bout de ce marathon, mais les résultats sont jugés, partout, très inférieurs aux ambitions affichées. Assumant la présidence de l'Union, et donc chargée de préparer les travaux, la France a essuyé de nombreux reproches. Visiblement, l'esprit européen n'était pas au rendez-vous. La frilosité de certains membres, voire leur égoïsme, ont constamment pesé sur les débats. Bref, tous les problèmes que va susciter l'élargissement à vingt-sept Etats sont loin d'avoir été résolus sur les bords de la Méditerranée.

L'enjeu majeur du sommet de Nice était, en effet, de réformer le fonctionnement des institutions pour permettre l'intégration progressive de douze nouveaux membres, en majorité des pays de l'Europe de l'Est, la Pologne, la Roumanie, la République tchèque, la Hongrie, la Bulgarie, la Slovaquie, la Slovénie, la Lituanie, la Lettonie et l'Estonie, ainsi que les îles de Chypre et de Malte, le cas de la Turquie demeurant en suspens.

Quatre grands dossiers figuraient à l'ordre du jour, à savoir la taille de la Commission européenne, une nouvelle clé de répartition des voix au sein du Conseil des ministres, l'extension des décisions prises à la majorité qualifiée et, enfin, les coopérations renforcées. Sur ce dernier point seulement, des progrès appréciables ont été réalisés. Dans l'ensemble, le bilan est donc médiocre...

Actuellement, la Commission est composée de vingt membres dont son président, deux commissaires pour chacun des grands Etats (Allemagne, France, Grande Bretagne, Italie et Espagne), un pour les autres. Gonfler la commission présente le risque d'en paralyser le fonctionnement.
Les grands ont accepté de perdre un commissaire en 2005, mais les petits ont tenu à conserver leur unique représentant. Après l'élargissement, on arrivera ainsi à un collège de vingt-sept commissaires. Ce qui ne simplifiera pas les choses...

C'est toutefois la repondération des voix au sein du Conseil des ministres qui a fait l'objet des marchandages les plus délicats. Le chancelier Schröder voulait trois voix de plus que la France (33 contre 30), ce qui pouvait paraître normal compte tenu de la différence de population (82 millions d'habitants pour l'Allemagne et 59 pour la France), mais le tandem Chirac-Jospin, exceptionnellement solidaire pour la circonstance, n'a rien voulu entendre.
Quel que soit leur poids démographique, les quatre grands pays (Allemagne, France, Grande Bretagne et Italie) continueront donc à disposer du même nombre de voix (29), deux de plus que l'Espagne et la Pologne lorsque celle-ci sera acceptée.

On comprend la mauvaise humeur de la Belgique en se voyant traiter différemment. On lui fit valoir qu'elle n'aurait plus la même importance que les Pays-Bas (12 voix pour 13) puisqu'elle ne comptait que 10 millions d'habitants pour 16 millions à son voisin du nord. Deux poids deux mesures donc. Comme la chèvre de Daudet, Guy Verhofstadt et son ministre des Affaires étrangères, Louis Michel, résistèrent jusqu'au petit matin, puis ils s'inclinèrent, non sans une certaine amertume, ayant perdu leurs derniers alliés parmi les petits pays.

Pour éviter le blocage de l'Union, il était évident que les votes à l'unanimité du Conseil des ministres devaient être désormais exceptionnels. L'objectif était de supprimer le droit de veto dans une cinquantaine de domaines.

Un invité inattendu à Nice devant le bâtiment où se déroule le sommet européen : un paysan italien tirant sa vache. △

Le traité de Nice en a retenu moins de quarante, d'un intérêt inégal. En ce qui concerne le commerce international, l'immigration, la fiscalité et la politique sociale, les résultats sont manifestement inférieurs à l'attente, renvoyant souvent à plus tard le passage à la majorité qualifiée (255 voix sur 345 dans une Europe à 27).

Après l'élargissement, le futur Parlement européen comptera 728 députés pour 626 actuellement. L'Allemagne y a obtenu la compensation que justifie son poids démographique (99 députés pour 72 à la France, à la Grande Bretagne et à l'Italie). La Belgique passera de 25 députés à 22, ce qui parut donner satisfaction à nos négociateurs, car des pays avec des populations sensiblement égales, comme la Hongrie, le Portugal et la République tchèque, n'en auront que 20.

Enfin, notre pays retirera sans doute un autre avantage de la bonne volonté dont il a finalement témoigné au moment où l'on craignait que ce sommet de Nice ne capotât réellement. Bruxelles devrait renforcer son rôle de capitale européenne en organisant tous les sommets de l'avenir. "Nous n'avons rien demandé, a déclaré Guy Verhofstadt, même si nous sommes heureux qu'on nous donne cela. La présidence française a annoncé que nous organiserions la moitié des sommets européens jusqu'à ce que l'Union compte dix-huit pays, ensuite nous les organiserons tous."

Quoique Jacques Chirac ait parlé de "meilleur accord possible", le traité de Nice a été sévèrement jugé dans la plupart des milieux européens. Le président de la Commission, Romano Prodi, a été jusqu'à parler de "délit à l'égard des générations futures".

Si l'Europe a indiscutablement progressé dans les domaines monétaire et de la défense, elle n'est encore nulle part, en effet, dans celui de sa gouvernance. Les conceptions demeurent trop différentes entre des pays comme la Grande Bretagne et la Suède, ainsi que la plupart des futurs membres de l'Est sans doute, qui continuent à la considérer comme un grand marché, et les autres qui souhaiteraient la voir devenir réellement la puissance mondiale qu'elle pourrait être.

Les rapports n'ont pas toujours été aussi souriants entre Jacques Chirac et Guy Verhofstadt. Jusqu'au dernier moment, le premier ministre belge s'est opposé à la pondération des voix souhaitée par la présidence française. ▽

Quatre nouveaux sites belges dans le patrimoine de l'Unesco

Quatre nouveaux sites belges figurent sur la liste du patrimoine mondial de l'Unesco. Ce sont les minières néolithiques de silex de Spiennes, près de Mons, le centre historique de Bruges, la cathédrale Notre-Dame de Tournai et les maisons de l'architecte Horta à Bruxelles. Après les Béguinages flamands, la Grand-Place de Bruxelles et les ascenseurs du Canal du Centre distingués en 1998, puis les beffrois de Flandres et de Wallonie en 1999, on peut dire que le patrimoine de notre pays a été particulièrement mis en valeur au cours des dernières années.

Mais que signifie d'abord ce patrimoine mondial que veut protéger

La maison de l'architecte Victor Horta a été classée parmi le patrimoine mondial de l'UNESCO, avec trois autres réalisations du même architecte dans le style Art Nouveau. △

Le centre historique de Bruges, capitale de la Flandre occidentale, vu du ciel. ▷

l'Unesco ? C'est une liste de sites naturels ou culturels qui répondent aux termes d'une convention établie en novembre 1972. Aujourd'hui, cent quatre-vingt-huit Etats ont signé cette convention s'engageant à la bonne conservation des sites qui se trouvent sur leur territoire, ainsi que d'ailleurs la totalité de leur patrimoine national. La convention définit par ailleurs les conditions d'octroi d'une aide financière qui est accordée par le Fonds du patrimoine mondial.

Quels critères sont-ils exigés pour figurer sur cette liste ? Ce sont les pays qui proposent l'inscription d'un site sur la liste de l'Unesco et déposent en même temps un dossier détaillé sur la gestion et la protection du site. La candidature est alors transmise au Centre du patrimoine mondial à Paris.
Le Comité du patrimoine mondial se réunit une fois par an et étudie les propositions qui ont été auparavant sélectionnées par deux organismes consultatifs, le Conseil international des monuments et des sites et l'Union mondiale pour la nature.

La cathédrale de Tournai, est un chef-d'œuvre de l'architecture religieuse, que les experts de l'UNESCO ont distingué a juste titre. △

Les mines de silex à Spiennes, datent du Néolithique. Elles sont le centre d'extraction de silex le plus ancien d'Europe. ▽

Pendant une vingtaine d'années, les experts de l'Unesco ont surtout classé de grandes réalisations architecturales, mais ils s'intéressent de plus en plus aujourd'hui aux sites naturels et aux "paysages culturels" de manière à élargir le champ de la sauvegarde des beautés de la nature. C'est ainsi par exemple qu'ils ont retenu les rizières en terrasses de la cordillère des Andes. Il faut d'ailleurs souligner que l'Unesco s'est donné aussi la mission de surveiller les sites en péril pour lesquels une demande de classement n'a pas été introduite.

La vingt-quatrième session annuelle du Comité du patrimoine mondial de l'Unesco s'est achevée, à Cairns, en Australie, le 2 décembre. Vingt et un des pays membres, dont la Belgique, y ont participé ainsi que des délégations d'observateurs venus de quarante autres pays.

Soixante et un nouveaux sites ont été ajoutés à la liste. Outre les quatre sites belges, on y trouve la cité fortifiée de Bakou en Azerbaïdjan, les églises de Chiloé au Chili, le château de Kronborg au Danemark, le centre historique de Kyongjiu en Corée et la ville de pierre de Zanzibar en Tanzanie. A l'heure actuelle, l'Unesco a classé 690 sites dans 122 pays. L'Italie et l'Espagne sont les pays qui en comptent le plus.

Fons Verplaetse
Ancien gouverneur
de la Banque nationale

Le bilan économique de la Belgique

Artis-Historia : Comment jugez-vous le bilan économique de la Belgique en 2000 ?

Fons Verplaetse : Du point de vue économique, l'année 2000 a été exceptionnelle avec un taux de croissance compris entre 3,75 et 4%. La Belgique était habituée, au cours des années précédentes, à une moyenne de 2%. Je crois que cela va continuer, quoique dans une mesure un peu moindre. Il est évident que nous bénéficions d'une conjoncture favorable. L'introduction de l'euro y est pour quelque chose, mais nous récoltons surtout les fruits de l'effort d'assainissement budgétaire qui a été fait auparavant. On a enregistré, en 2000, environ 50 000 emplois supplémentaires. Grâce à la reprise de l'activité et à la réduction des cotisations patronales, il y en aura probablement 55 000 en 2001. En matière de finances publiques, l'année a été bonne également. En 1993, nous avions un déficit de plus de 7%. Il a été ramené à 0,9% en 1998. On espère avoir un excédent de 0,5% en 2002. Cela correspond pratiquement à la réduction des charges d'intérêt. Bref, le contraste est assez grand entre la période 1993-1998 et la période actuelle. En politique, il y a parfois une certaine injustice. Ceux qui sèment et ceux qui récoltent ne sont pas toujours les mêmes. Mais c'est la vie…

A.-H. : L'écart se creuse-t-il entre la Flandre et la Wallonie ?

F.V. : Je n'en sais rien. Il y a dans le sud du pays un renouveau qui a commencé à se manifester au cours des dernières années. Du point de vue économique, la Wallonie n'est pas une région homogène. Il y a des parties qui font aussi bien que la Flandre et il faut d'ailleurs souligner qu'il existe aussi des différences entre les provinces de Flandre. Le drame de la Wallonie, ce sont les zones avec une forte tradition industrielle ancienne et une population extrêmement dense où l'effort de restructuration n'a pas atteint le niveau que l'on espérait. Mais cela va souvent très bien ailleurs, par exemple dans la nord du Hainaut, dans les régions d'Ath, de Mouscron, autour de l'axe Luxembourg - Namur - Charleroi - Bruxelles, ainsi que dans les cantons germanophones. Il reste toutefois un noyau dur qui influence fortement le chiffre moyen de la Wallonie. Il ne faut pas poser le problème en termes aussi tranchés, là tout est rose, là tout est sombre…

A.-H.: Quel est votre avis sur la manière dont le gouvernement Verhofstadt a géré sa première grande crise, la flambée des prix du pétrole et la grogne de certains secteurs ?

F.V. : Je préfère ne pas porter un jugement sur le gouvernement, mais je peux donner mon avis sur certains problèmes économiques. Il est certain que la dernière crise pétrolière a eu des conséquences beaucoup moins graves que celles que l'on a connues dans les années 70, parce que notre dépendance en matière de pétrole et d'énergie a fortement diminué, en gros de moitié pour le pétrole, d'un tiers pour l'énergie. On a compris la leçon. En outre, la réaction des gouvernements et des partenaires sociaux a été tout à fait différente. En Europe, on estime que l'actuelle crise pétrolière tend à diminuer l'activité de 0,25%, ce qui n'est pas beaucoup. L'influence sur les prix va aller aussi en s'atténuant car les deux éléments qui ont été réunis, un dollar fort et un pétrole en hausse, ne se rencontrent pas tous les ans.

A.-H. : Depuis son lancement en janvier 1999, l'euro a perdu quelque 30% par rapport au dollar. Quelles sont les raisons majeures de cette baisse ?

F.V. : Jadis, un secrétaire d'Etat américain a dit : "Le dollar est notre monnaie et votre problème". Actuellement, l'économie européenne est aussi importante que l'américaine, à peu de choses près. Mais l'euro est un nouveau produit extrêmement large qui, sur les marchés internationaux, flotte à l'égard du dollar. Au fond, les Européens pourraient répondre à leurs partenaires commerciaux : "L'euro est notre monnaie et votre problème." Personnellement, j'ai connu, au cours des vingt dernières années, un dollar à 27 francs belges et un dollar à 72 francs. En comparaison, les 30% dont on parle aujourd'hui représentent une certaine stabilité. Les chefs d'Etat et de gouvernement n'ont d'ailleurs pas dit à la Banque centrale européenne : "Nous voulons un euro fort". Mais plus simplement : "Vous devez limiter la hausse des prix." Je crois justement que, compte tenu de la hausse du pétrole et la force du dollar, l'inflation n'est pas trop importante. On ne peut donc pas adresser de reproches à la Banque centrale.

A.-H. : Comment situer la Belgique dans la "nouvelle économie" mondiale ?

F.V. : Si les Etats-Unis ont une croissance plus forte que l'Europe, c'est en bonne partie parce qu'ils ont réussi beaucoup plus rapidement que nous à mettre à la disposition du commerce et de l'industrie toutes les nouvelles découvertes. L'Europe a donc un certain retard et nous ne sommes pas dans le peloton de tête européen. La dimension de notre pays n'a rien à voir dans cette constatation. Les bons exemples nous viennent de Finlande et de Suède. Voilà deux pays, guère plus peuplés que la Belgique, qui sont beaucoup plus avancés. Ils nous ont montré la voie en produisant un effort de collaboration véritable entre le monde des entreprises et celui de l'enseignement et de la recherche. Il serait bon de nous en inspirer…

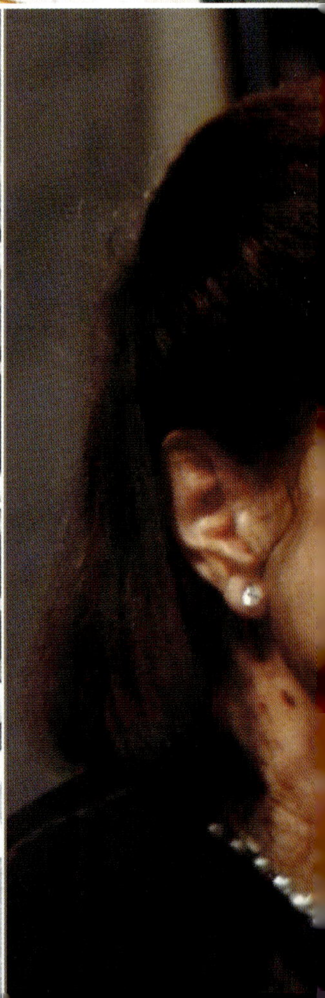

CULTURE

❑ FILM

Festival de Berlin

Ours d'Or :
'Magnolia' de Paul Thomas Anderson.

Prix du jury :
'The Road Home' de Zhang Yimou.

Meilleur acteur :
Denzel Washington pour 'The hurricane'.

Meilleure actrice :
Bibiana Beglau et Nadja Uhl pour 'Die Stille nach dem Schuss'.

Meilleur réalisateur :
Milos Forman pour 'Man on the Moon'.

Festival de Cannes

Palme d'Or:
'Dancer in the dark' de Lars von Trier.

Prix du Jury :
'Guizi Lai Le' (Devils on the doorstep) de Jiang Wen.

Meilleur acteur :
Tony Leung Chiu-Wai dans 'In the mood for love'.

Meilleure actrice : Björk dans 'Dancer in the dark'.

Meilleur réalisateur :
Edward Yang pour 'Yi Yi' (A one and a two).

Caméra d'Or (meilleur premier film) :
Ex-aequo :
'Djemah' et 'Un temps pour l'ivresse des chevaux'.

Festival de Venise

Lion d'Or: Jafar Panahi pour 'Dayereh'.

Meilleur acteur :
Javier Bardem dans 'Before Night Falls'.

Meilleure actrice :
Rose Byrne dans 'The Goddess of 1967'.

Festival de Gand

Grand Prix du Festival :
'Amores perros' de Alejandro Gonzales Inarritu.

Prix Joseph Plateau

Prix du public : 'Rosetta'.

Meilleur acteur :
Josse De Pauw.

Meilleure actrice :
Emilie Dequenne.

Meilleur réalisateur:
Jean-Pierre Dardenne et Luc Dardenne.

Meilleur film belge :
'Rosetta'.

'Les Césars'

Meilleur film :
Venus Beauté (Institut)' de Tonie Marshall.

Meilleur acteur : Daniel Auteuil dans 'La fille sur le pont'.

Meilleure actrice : Karin Viard dans 'Haut les Cœurs'.

Meilleur réalisateur :
Tonie Marshall pour 'Venus Beauté (Institut)'.

Meilleur film étranger :
'Todo sobre mi madre' de Pedro Almodovar.

Oscars

Meilleur film : 'American Beauty' de Bruce Cohen et Dan Jinks.

Meilleur réalisateur :
Sam Madden pour 'American Beauty'.

Meilleur acteur : Kevin Spacey dans 'American Beauty'.

Meilleure actrice : Hilary Swank dans 'Boys don't Cry'.

Meilleur second rôle masculin:
Michael Caine dans 'The Cider House Rules'.

Meilleur second rôle féminin:
Angelina Jolie dans 'Girl Interrupted'.

Meilleur film en langue non-anglaise : 'Todo sobre mi madre' de Pedro Almodovar.

Prix André Cavens

Meilleur film belge :
'Lijmen, het been' de Robbe de Hert.

❑ LITTERATURE

Littérature mondiale
IMPAC Dublin Literary Award :
Nicola Barker pour 'Wide Open'.

Littérature française

Prix Goncourt :
Jean-Jacques Schuhl pour 'Ingrid Caven'.

Prix Fémina :
Camille Laurens pour 'Dans ces bras-là'.

Prix Fémina Etranger :
Jamaïca Kincaid pour 'Mon frère'.

Prix Fémina de l'Essai :
Roger Badinter pour 'L'Abolition'.

Prix Médicis :
Yann Appery pour 'Diabolus in Musica'.

Prix Médicis étranger :
Michael Ondaatje pour 'Le Fantôme d'Anil'.

Prix Interallié:
Patrick Poivre d'Arvor pour 'L'Irrésolu'.

Prix Rossel :
Laurent de Graeve pour 'Le Mauvais genre'.

Littérature néerlandaise

Gouden Uil :
Peter Verhelst pour 'Tongkat. Een verhalen-bordeel'.

Prix P.C. Hooft :
Gerrit Krol, pour l'ensemble de son œuvre.

Libris :
Thomas Rosenboom pour 'Publieke Werken'.

NCR-Literair :
Joris Note pour son recueil 'Kindergezang'.

Prix triennal de la Communauté flamande pour critiques et essais :
Patricia de Martelaere pour son recueil 'Verrassingen'.

Prix triennal de la Communauté flamande pour la littérature théâtrale :
Tom Lanoye pour 'Ten oorlog'.

Prix AKO :
Arnon Grunberg pour 'Fantoompijn'.

Prix Constantijn Huygens:
Charlotte Mutsaers pour l'ensemble de son œuvre.

Prix Bordewijk (prose) :
Peter Verhelst pour son roman 'Tongkat'.

Prix Fortis pour le premier roman (ancien prix CGER) :
Erwin Mortier pour son roman 'Marcel'.

Littérature anglaise

Brooker Prize :
Margaret Atwood pour 'The Blind Assassin'.

Pulitzer :
Jhumpa Lahiri pour 'Interpreter of Maladies'.

Le prix Nobel de littérature a été attribué à Gao Xingjian. Agé de 60 ans, cet écrivain de langue chinoise est peu connu du grand public. Victime de la Révolution culturelle, ce dissident de la génération de Tienanmen est réfugié politique en France depuis 1988. Il a dénoncé le totalitarisme dans ses deux plus importants romans, "La Montagne de l'âme" et "Le Livre d'un homme seul". Le régime de Pékin n'a pu cacher son embarras devant la consécration internationale d'un auteur interdit. ◁

❑ PRIX NOBEL

Littérature :
Gao Xingjian (CHN)

Paix :
Kim Dae-jung (KOR)

Médecine :
Arvid Carlsson (SWE),
Paul Greengard (USA) et
Eric Kandel (AUT)

Economie :
James Heckman (USA) et
Daniel McFadden (USA)

Chimie :
Alan Heeger (USA),
Alan McDiarmid (USA) et
Hideki Shirakawa (JPN)

Physique :
Zhores Alferov (RUS),
Herbert Kroemer (USA) et
Jack Kilby (USA)

❑ SCIENCES

Prix Francqui :
Marc Henneaux

❑ MUSIQUE

Concours international Reine Elisabeth de Belgique

Chant :
1. Marie-Nicole Lemieux (CAN), contre-alto.
2. Marius Brenciu (ROM), ténor.
3. Olga Pasichnyk (UKR), soprano.
4. Pierre-Yves Pruvot (FRA), baryton.
5. Lubana Al Quntar (SYR), soprano.
6. Margriet Van Reisen (NED), contre-alto.

Finalistes non classés :
David Dong Qyu Lee (KOR), contre-ténor.
Sunhae Im (KOR), soprano.
Robert Pomakov (CAN), basse.
Marina Poplavskaya (RUS), soprano.
Véronique Solhosse (BEL), soprano.
Karen Wierzba (CAN), soprano.

Prix du Lied :
Marie-Nicole Lemieux (CAN)

Prix de l'Oratorio :
Olga Pasichnyk (UKR)

Prix de l'opéra :
Marius Brenciu (ROM)

44ème Grand Prix de l'Eurovision de la chanson à Jérusalem

24 participants
1. Danemark (Niels et Jörgen Olsen avec 'Fly on the Wings of Love') 195 points.
2. Russie (Alsou avec 'Solo') 155 points.
3. Lettonie (Brainstorm avec 'My Star') 136 points.
24. Belgique (Nathalie Sorce avec 'Envie de Vivre') 2 points.

Grammy Awards

Chanson et disque de l'année :
'Smooth'
de Carlos Santana.

Chanson rock de l'année :
'Scar Tissue'
de Red Hot Chili Peppers.

Meilleur chanteur rock :
Lenny Kravitz
avec 'American Woman'.

Meilleure chanteuse rock :
Sheryl Crow
avec 'Sweet child O'Mine'.

Meilleur album rock :
'Supernatural'
de Carlos Santana.

Meilleur chanteur pop:
Sting, avec 'Brand New Day'.

Meilleure chanteuse pop :
Sarah McLachlan
avec 'I will Remember You'.

Meilleur album pop:
'Brand New Day'
de Sting

Album de l'année:
'Supernatural'
de Carlos Santana.

Meilleur nouveau venu:
Christina Aguilera.

❑ THEATRE

Prix du meilleur spectacle :
'Rwanda' de Groupov

POLITIQUE

❑ BELGIQUE

Gouvernement fédéral *
G. Verhofstadt (I)

Premier Ministre :
G. Verhofstadt (VLD)

Vice-Premier Ministre, Emploi :
L. Onkelinx (PS)

Vice-Premier Ministre, Affaires étrangères :
L. Michel (PRL-FDF-MCC)

Vice-Premier Ministre, Budget, Intégration et Economie sociale:
J. Vande Lanotte (SP)

Vice-Premier Ministre, Mobilité et Transports:
I. Durant (Ecolo)

Protection des consommateurs, Santé publique et Environnement :
M. Aelvoet (Agalev)

Intérieur:
A. Duquesne (PRL-FDF-MCC)

Affaires sociales et Pensions :
F. Vandenbroucke (SP)

Fonction publique et Modernisation de l'administration :
L. Vanden Bossche (SP)

Défense nationale :
A. Flahaut (PS)

Agriculture et Classes moyennes : J. Gabriëls (VLD)

Justice : M. Verwilghen (VLD)

Finances:
D. Reynders (PRL-FDF-MCC)

Télécommunications, Entreprises et Participations publiques : R. Daems (VLD)

Economie, Politique des grandes villes et Recherche scientifique : Ch. Picqué (PS)

Secrétaire d'Etat au Commerce extérieur, adjoint au Ministre des Affaires étrangères :
A. Neyts (VLD)

Secrétaire d'Etat à la Coopération au développement, adjoint au Ministre des Affaires étrangères :
E. Boutmans (Agalev)

Secrétaire d'Etat à l'Energie et au Développement durable, adjoint au Ministre de la Mobilité et des transports :
O. Deleuze (Ecolo)

Commissaire à l'Europe et à la crise de la dioxine :
F. Willockx (SP)

Commissaire à la Recherche Scientifique : Y. Ylieff (PS)

Commissaire à la Simplification administrative :
A. Zenner (PRL-FDF-MCC)

Gouvernement wallon*
J. C. Van Cauwenberghe (I)

Ministre-président :
J.-C. Van Cauwenberghe (PS)

Economie, PME, Recherche et Technologies :
S. Kubla (PRL-FDF-MCC)

Transport, Mobilité et Energie :
J. Daras (Ecolo)

Budget, Logement, Equipement et Travaux publics:
M. Daerden (PS)

Aménagement du Territoire, Urbanisme et Environnement :
M. Foret (PRL-FDF-MCC)

Agriculture et Ruralité :
J. Happart (PS)

Affaires intérieures et Fonction publique :
C. Michel (PRL-FDF-MCC)

Affaires sociales et Santé :
T. Detienne (Ecolo)

Emploi et Formation :
M. Arena (PS)

Gouvernement de la Communauté française*
H. Hasquin (I)

Ministre-président et Relations internationales :
H. Hasquin (PRL-FDF-MCC)

Budget, Culture et Sports :
R. Demotte (PS)

Enfance, Enseignement fondamental, Accueil et Missions confiées à l'ONE :
J.-M. Nollet (Ecolo)

Enseignement secondaire et Enseignement spécial :
P. Hazette (PRL-FDF-MCC)

Enseignement supérieur et Recherche scientifique :
F. Dupuis (PS)

Audiovisuel, Arts et Lettres :
R. Miller (PRL-FDF-MCC)

Enseignement de Promotion sociale, Fonction publique et Jeunesse : W. Taminiaux (PS)

* Au 31 décembre 2000.

Santé et Aide à la Jeunesse :
N. Maréchal (Ecolo)

Gouvernement flamand*
P. Dewael (I)

Ministre-président, Finances, Budget, Politique extérieure, Affaires européennes :
P. Dewael (VLD)

Ministre vice-président, Mobilité, Energie et Travaux publics : S. Stevaert (SP)

Aide sociale, Santé et Egalité des chances :
M. Vogels (Agalev)

Culture, Affaires bruxelloises, Jeunesse et Coopération au développement :
B. Anciaux (VU-ID21)

Enseignement et Formation :
M. Vanderpoorten (VLD)

Emploi et Tourisme :
R. Landuyt (SP)

Environnement et Agriculture :
V. Dua (Agalev)

Affaires intérieures, Fonction publique et Sports :
J. Sauwens (VU-ID21)

Economie, Média et Aménagement du territoire :
D. Van Mechelen (VLD)

Gouvernement de la Communauté germanophone*
K.-H. Lambertz (I)

Ministre-président, Emploi, Politique des handicapés, Sports et Média :
K.-H. Lambertz (PS)

Enseignement, Formation, Culture et Tourisme :
B. Gentges (PFF)

Jeunesse et Famille, Affaires sociales, Santé, Monuments et Sites : H. Niessen (Ecolo)

Gouvernement de la Région de Bruxelles-Capitale*
F.-X. de Donnéa (I)

Ministre-président, Pouvoirs locaux, Aménagement du territoire, Monuments et Sites, Rénovation urbaine, Recherche scientifique :
F.-X. de Donnéa (PRL-FDF-MCC)

Travaux publics, Transports, Lutte contre l'incendie, Aide médicale urgente :
J. Chabert (CVP)

Emploi, Economie et Energie :
E. Thomas (PS)

* Au 31 décembre 2000.

Ministre de la Mobilité et des Transports dans le gouvernement fédéral, l'écologiste Isabelle Durant assume aussi les fonctions de vice-Premier Ministre. Au cours de l'année 2000, elle a tenté à plusieurs reprises d'imposer des mesures afin de limiter le bruit pendant la nuit dans la zone de l'aéroport de Zaventem. Sur cette photo, elle montre l'exemple afin d'essayer de résoudre l'éternel problème de la circulation routière. △

Environnement et Commerce extérieur:
D. Gosuin (PRL-FDF-MCC)

Budget, Finances, Fonction publique et Relations extérieures: G. Vanhengel (VLD)

Secrétaire d'Etat à l'Aménagement du territoire, Rénovation urbaine, Monuments et Sites, Transport rémunéré des personnes : W. Draps (PS)

Secrétaire d'Etat au Logement :
A. Hutchinson (PS)

Secrétaire d'Etat à la Fonction publique, Mobilité, Lutte contre l'incendie et Aide médicale : R. Delathouwer (SP)

Pouvoir législatif*

Chambre des Représentants
Président : H. De Croo (VLD)

Sénat
Président :
A. De Decker (PRL-FDF-MCC)

Conseil de la Communauté française
Président :
J.-M. Séverin (PRL-FDF-MCC)

Conseil Régional Wallon
Président: R. Collignon (PS)

Parlement Flamand
Président : N. De Batselier (SP)

Conseil de la Communauté germanophone
Président : A. Evers (PFF)

Conseil de la Région de Bruxelles-Capitale
Président : M. De Galan (PS)

❑ **EUROPE**

Union Européenne (UE)

Allemagne, Autriche, Belgique, Danemark, Espagne, Finlande, France, Grande-Bretagne, Grèce, Irlande, Italie, Luxembourg, Pays-Bas, Portugal, Suède.

Commission européenne
Depuis le 1 septembre 1999

Romano Prodi (ITA), *président.*

Neil Kinnock (GBR), *vice-président, Réforme administrative.*

Loyola de Palacio (ESP), *vice-président, Relations avec le Parlement européen, Transport et Energie.*

Mario Monti (ITA), *Concurrence.*

Franz Fischler (AUT), *Agriculture, Développement rural et Pêche.*

Erkki Liikanen (FIN), *Politique d'entreprises et Médias.*

Frits Bolkestein (NED), *Marché intérieur.*

Philippe Busquin (BEL) *Recherche.*

Pedro Solbes Mira (ESP), *Economie, Affaires monétaires.*

Poul Nielson (DEN), *Développement et Aide humanitaire.*

Günter Verheugen (GER), *Elargissement.*

Chris Patten (GBR), *Affaires extérieures.*

Pascal Lamy (FRA), *Commerce.*

David Byrne (IRL), *Santé et Protection du consommateur.*

Michel Barnier (FRA), *Politique régionale.*

Viviane Reding (LUX), *Enseignement et Culture.*

Michaele Schreyer (GER), *Budget.*

Margot Wallström (SWE), *Environnement.*

Antonio Vitorino (POR), *Justice et Affaires intérieures.*

Anna Diamantopoulou (GRE), *Emploi, Travail et Affaires sociales.*

Union de l'Europe occidentale (UEO)

Allemagne, Belgique, Espagne, France, Grande-Bretagne, Grèce, Italie, Luxembourg, Pays-Bas, Portugal.

❑ **MONDE**

Nations Unies

Secrétaire-général :
Kofi Annan (GHA)

Conseil de sécurité:
Membres permanents (5) : Chine, France, Grande-Bretagne, Russie, Etats-Unis.
Membres non-permanents (10) : Bengladesh (jusqu'à fin 2001), Colombie (jusqu'à fin 2002), Irlande (2002), Jamaïque (2001), Mali (2001), Ile Maurice (2002), Norvège (2002), Singapour (2002), Tunisie (2001) et Ukraine (2001).

SPORT

❑ TOUS LES SPORTS

Trophée national du Mérite sportif
Joël Smets (motocross)

Sportif de l'année
Joël Smets (motocross)

Sportive de l'année
Kim Clijsters (tennis)

❑ ATHLETISME

Spike d'Or

Hommes
Mohammed Mourhit

Femmes
Veerle Dejaeghere

Champions de Belgique

Hommes
100 m : Patrick Stevens
200 m : Patrick Stevens
400 m : Kjell Provost
800 m : Nathan Kahan
1500 m : Luc Bernaert
5000 m : Koen Allaert
10 000 m : Koen Allaert
Semi-marathon :
Christian Nemeth
Marathon :
Peter De Vocht
110 m haies :
Hubert Grossard
400 m haies :
Jean-Paul Bruwier
3000 m steeple : Maarten Vergote
Hauteur : Patrick De Paepe
Longueur : David Branle
Perche : Thibaut Duval
Triple saut : Djeke Mambo
Poids :
Filip Eeckhout
Disque :
Jo Van Daele
Javelot :
Marc Van Mensel
Marteau :
Walter De Wijngaert
Décathlon :
Steve De Baer

Femmes
100 m : Kim Gevaert
200 m : Kathleen De Caluwe
400 m : Sandra Stals
800 m : Ludivine Michel
1500 m : Veerle Dejaeghere
5000 m : Anja Smolders
10 000 m : Marleen Renders
Semi-marathon :
Ann Parmentier
Marathon : Katja Merlin
100 m haies : Nadine Grouwels
400 m haies : Ann Mercken
Hauteur : Tia Hellebaut
Longueur : Sandrine Hennart
Perche : Liesbet Van Roie
Triple saut : Sandra Swennen
Poids : Veerle Blondeel
Disque : Veerle Blondeel
Javelot : Cindy Stas
Marteau :
Hannelore Poissonier
Décathlon : Tia Hellebaut

Champions de Belgique de cross-country

Hommes
Jerry Van den Eede

Femmes
Anja Smolders

Crosscup belge

Hommes
Tom Copernolle

Femmes
Veerle Dejaeghere

Champions de Belgique en salle

Hommes
60 m : Patrick Stevens
200 m : Erik Wijmeersch
400 m : Kjell Provost
800 m : Bart De Temmerman
1500 m : Patrick Grammens
3000 m : Monder Rizki
60 m haies : Jonathan Nsenga
Hauteur :
Benoît Braconnier
Longueur : Gert Messiaen
Triple saut :
Djeke Mambo
Perche :
Thibault Duval
Poids : Wim Blondeel
Heptathlon:
Serge Desmedt

Femmes
60 m : Kim Gevaert
200 m : Rinske Daniëls
400 m : Sandra Stals
800 m : Ludivine Michel
1500 m : Fatima Baouf
60 m haies :
Nadine Grouwels
Hauteur : Sabrina De Leeuw
Longueur : Sandrine Hennart
Triple saut : Sandra Swennen
Perche :
Caroline Goetghebuer
Poids : Veerle Blondeel
Pentathlon : Tia Hellebaut

Champions du monde de semi-marathon

Hommes
Paul Tergat (KEN)

Femmes
Paula Radcliffe (GBR)

Champions du monde de cross-country

Hommes
12 km :
Mohammed Mourhit (BEL)
4 km : John Kibowen (KEN)

Femmes
8 km : Derartu Tulu (ETH)
4 km : Kutre Dulecha (ETH)

Coupe du monde de cross-country

Hommes
Paul Tergat (KEN)

Femmes
Lydia Cheromei (KEN)

Champions d'Europe en salle

Hommes
60 m : Jackson Gardener (GBR)
200 m :
Christian Malcolm (GBR)
400 m : Ilya Tsevontov (BUL)
800 m :
Yuri Borzakovskiy (RUS)
1500 m :
Jose Antonio Redolat (ESP)
3000 m : Mark Carroll (IRL)
60 m haies :
Stanislavs Olijars (LAT)
Hauteur :
Viatsjeslav Voronin (RUS)
Longueur :
Petar Dachev (BUL)
Perche : Alex Averbukh (ISR)
Triple saut :
Charles Friedek (GER)
Poids :
Aleksandr Bagach (UKR)
Heptathlon :
Tomas Dvorak (CZE)

Femmes
60 m :
Ekaterina Thanou (GRE)
200 m : Muriel Hurtis (FRA)
400 m :
Svetlana Pospelova (RUS)
800 m : Stefanie Graf (AUT)
1500 m :
Violeta Szekely (ROM)
3000 m :
Gabriela Szabo (ROM)
60 m haies :
Linda Ferga (FRA)
Hauteur :
Kajsa Bergqvist (SWE)
Longueur :
Erica Johansson (SWE)
Perche :
Pavla Hamackova (CZE)
Triple saut :
Tatjana Lebedeva (RUS)
Poids :
Larisa Pelesjenko (RUS)
Pentathlon :
Karin Ertel (GER)

Champions d'Europe de cross-country

Hommes
Individuel :
Paulo Guerra (POR)
Equipe: France

Femmes
Individuel :
Katalina Szentgyorgui (HUN)

Equipe : Portugal

RECORDS DE BELGIQUE EN PLEIN AIR AU 31 DÉCEMBRE 2000

Hommes
100 m
Temps : 10.02
Ronald Desruelles en 1985

200 m
Temps : 20.19
Patrick Stevens en 1996

400 m
Temps : 45.04
Fons Brijdenbach en 1976

800 m
Temps : 1.43.86
Ivo Van Damme en 1976

1500 m
Temps : 3.34.13
Christophe Impens en 1996

5000 m
Temps : 12.49.71
Mohammed Mourhit en 2000

10 000 m
Temps : 26.52.30
Mohammed Mourhit en 1999

Marathon
Temps : 2.07.19
Vincent Rousseau en 1995

110 m haies
Temps : 13.25
Jonathan Nsenga en 1998

400 m haies
Temps : 48.91
Marc Dollendorf en 1996

3000 m steeple
Temps : 8.10.01
William Van Dijck en 1986

Hauteur
Hauteur : 2.36
Eddy Annys en 1985

Longueur
Distance : 8.25
Eric Nijs en 1996

Perche
Hauteur : 5.70
Thibaut Duval en 2000

Triple saut
Distance : 16.86
Didier Falise en 1986

Poids
Distance : 19.34
Georges Schroeder en 1976

Disque
Distance : 63.49
Jo Van Daele en 2000

Javelot
Distance : 83.65
Johan Kloeck en 1999

Marteau
Distance : 71.76
Marnix Verhegghe en 1989

Décathlon
Points : 7998
Freddy Herbrand en 1972

Marche
20 000 m
Temps : 1.23.13
Jos Martens en 1988

50 000 m
Temps : 3.47.34
Godfried Dejonckheere en 1989

Femmes
100 m
Temps : 11.17
Kim Gevaert en 1999

200 m
Temps : 23.03
Kim Gevaert en 1999

400 m
Temps : 52.00
Rosine Wallez en 1980

800 m
Temps : 1.58.31
Sandra Stals en 1998

1500 m
Temps : 4.07.43
Veerle Dejaeghere en 2000

5000 m
Temps : 15.16.10
Lieve Slegers en 1995

10 000 m
Temps : 31.03.60
Marleen Renders en 2000

Semi-marathon
Temps : 1.09.35
Marleen Renders en 2000

Marathon
Temps : 2.23.44
Marleen Renders en 2000

100 m haies
Temps : 12.98
Sylvia Dethier en 1991

400 m haies
Temps : 54.95
Ann Mercken en 1996

Hauteur
Hauteur : 1.95
Natalja Jonckheere en 1995

Longueur
Distance : 6.63
Sandrine Hennart en 1996

Triple saut
Distance : 13.43
Sandra Swennen en 1999

Perche
Hauteur : 3.95
Sophie Zubiolo en 1995

Poids
Distance : 16.41
Veerle Blondeel en 2000

Disque
Distance : 61.40
Marie-Paule Geldhof en 1994

Javelot
Distance : 54.05
Heidi Mariën en 2000

Marteau
Distance : 54.78
Jennifer Petit en 1997

Heptathlon
Points : 6056
Ingrid Didden en 1991

Marche
5000 m
Temps : 23.18.2
Sabine Desmet en 1987

10 000 m
Temps : 51.18.9
Christa Ceulemans en 1992

RECORDS DE BELGIQUE EN SALLE AU 31 DECEMBRE 2000

Hommes
60 m
Temps : 6.56
Ronald Desruelles en 1985

200 m
Temps : 20.66
Patrick Stevens en 1995
Erik Wijmeersh en 1997

400 m
Temps : 45.90
Fons Brijdenbach en 1974

800 m
Temps : 1.47.81
Luc Bernaert en 1993

1500 m
Temps : 3.38.01
Christophe Impens en 1997

3000 m
Temps : 7.39.20
Miel Puttemans en 1973

60 m haies
Temps : 7.55
Jonathan Nsenga en 1998

Hauteur
Hauteur : 2.31
Eddy Annys en 1986

Longueur
Distance : 8.08
Erik Nijs en 1995

Perche
Hauteur : 5.65
Domitien Mestré en 1995

Triple saut
Distance : 16.62
Djeke Mambo en 2000

Poids
Distance : 18.26
Wim Blondeel en 2000

Heptathlon
Points : 5607
Wim Van Meerbeek en 1999

Marche
3000 m
Temps : 12.08.90
Philippe Burton en 1987

5000 m
Temps : 18.54.67
Jos Martens en 1988

Femmes
60 m
Temps : 7.22
Kim Gevaert en 2000

200 m
Temps : 23.66
Kim Gevaert en 2000

400 m
Temps : 53.13
Regine Berg en 1984

800 m
Temps : 2.00.46
Sandra Stals en 2000

1500 m
Temps: 4.16.14
Tania Merchiers en 1990

3000 m
Temps : 8.51.96
Veerle Dejaeghere en 2000

60 m haies
Temps : 8.09
Sylvia Dethier en 1993

Hauteur
Hauteur : 1.95
Natalja Jonckheere en 1995

Longueur
Distance : 6.34
Hilde Vervaet en 1992

Triple saut
Distance : 12.90
Sandra Swennen en 1998

Perche
Hauteur : 3.90
Sophie Zubiolo en 1997

Poids
Distance: 16.90
Greet Meulemeester en 1997

Pentathlon
Points : 4268
Tia Hellebaut en 1999

Marche
3000 m
Temps : 13.58.3
Sabine Desmet en 1987

RECORDS DU MONDE EN PLEIN AIR AU 31 DECEMBRE 2000

Hommes
100 m
Temps : 9.79
Maurice Greene (USA) en 1999

200 m
Temps : 19.32
Michael Johnson (USA) en 1996

400 m
Temps : 43.18
Michael Johnson (USA) en 1999

800 m
Temps : 1.41.11
Wilson Kipketer (DEN) en 1997

1500 m
Temps : 3.26.00
Hicham El Guerrousj (MAR) en 1998

5000 m
Temps : 12.39.36
Haile Gebreselassie (ETH) en 1998

10 000 m
Temps : 26.22.75
Haile Gebreselassie (ETH) en 1998

Semi-marathon
Temps : 59.05
Paul Tergat (KEN) en 2000

Marathon
Temps : 2.05.42
Khalid Khannouchi (MAR) en 1999

110 m haies
Temps : 12.91
Colin Jackson (GBR) en 1993

400 m haies
Temps : 46.78
Kevin Young (USA) en 1992

3000 m steeple
Temps : 7.55.72
Bernard Barmasai (KEN) en 1997

Hauteur
Hauteur : 2.45
Javier Sotomayor (CUB) en 1993

Longueur
Distance : 8.95
Mike Powell (USA) en 1991

Perche
Hauteur : 6.14
Sergei Bubka (UKR) en 1994

Triple saut
Distance : 18.29
Jonathan Edwards (GBR) en 1995

Poids
Distance : 23.12
Randy Barnes (USA) en 1990

Disque
Distance : 74.08
Jurgen Schult (GER) en 1986

Javelot
Distance : 98.48
Jan Zelezny (TCH) en 1996

Marteau
Distance : 86.74
Joeri Sedykh (RUS) en 1986

Décathlon
Points : 8994
Tomas Dvorak (CZE) en 1999

Marche
20 000 m
Temps : 1.18.04
Lingtang Pu (CHN) en 1994

50 000 m
Temps : 3.37.41
Andrey Perlov (RUS) en 1989

Femmes
100 m
Temps : 10.49
Florence Griffith (USA) en 1988

200 m
Temps : 21.34
Florence Griffith (USA) en 1988

400 m
Temps : 47.60
Marita Koch (GDR) en 1985

800 m
Temps : 1.53.28
Jarmila Krtosjvilova (TCH) en 1983

1500 m
Temps : 3.50.46
Qu Yunxia (CHN) en 1993

5000 m
Temps : 14.28.09
Jiang Bo (CHN) en 1997

10 000 m
Temps : 29.31.78
Wang Junxia (CHN) en 1993

Marathon
Temps : 2.20.43
Tegla Loroupe (KEN) en 1999

100 m haies
Temps : 12.21
Jordanka Donkova (BUL) en 1988

400 m haies
Temps : 52.61
Kim Batten (USA) en 1995

3000 m steeple
Temps : 9.40.20
Christina Iloc-Casandra (ROM) en 2000

Hauteur
Hauteur : 2.09
Stefka Kostadinova (BUL) en 1987

Longueur
Distance : 7.52
Galina Tsjistjiakova (URS) en 1988

Triple saut
Distance : 15.50
Irina Kravets (UKR) en 1995

Perche
Hauteur : 4.63
Stacy Dragila (USA) en 2000

Poids
Distance : 22.63
Natalia Lissovskaia (URS) en 1987

Disque
Distance : 76.80
Gaby Reinsch (GDR) en 1988

Javelot
Distance : 69.48
Trine Hattestad (NOR) en 2000

Marteau
Distance : 76.07
Mihaela Melinte (ROM) en 1999

Heptathlon
Points : 7291
Jackie Joyner-Kersee (USA) en 1988

Marche
5000 m
Temps : 20.13.26
Kerry Saxby (AUS) en 1996

10 000 m
Temps : 41.56.23
Nadezhda Ryasjkina (URS) en 1990

RECORDS DU MONDE EN SALLE AU 31 DECEMBRE 2000

Hommes
60 m
Temps : 6.39
Maurice Greene (USA) en 1998

200 m
Temps : 19.92
Frank Fredericks (NAM) en 1996

400 m
Temps : 44.63
Michael Johnson (USA) en 1995

800 m
Temps : 1.42 67
Wilson Kipketer (DEN) en 1997

1500 m
Temps : 3.31.18
Hicham El Gerrousj (MAR) en 1997

3000 m
Temps : 7.24.90
Daniel Komen (KEN) en 1998

60 m haies
Temps : 7.30
Colin Jackson (GBR) en 1994

Hauteur
Hauteur : 2.43
Javier Sotomayor (CUB) en 1989

Longueur
Distance : 8.79
Carl Lewis (USA) en 1984

Perche
Hauteur : 6.15
Sergei Bubka (UKR) en 1993

Triple saut
Distance : 17.83
Aliacer Urrutia (CUB) en 1997

Poids
Distance : 22.66
Randy Barnes (USA) en 1989

Heptathlon
Punten : 6476
Dan O'Brien (USA) en 1993

Marche
5000 m
Temps : 18.07.08
Mikhail Schennikov (RUS) en 1995

Femmes
60 m
Temps : 6.92
Irina Privalova (RUS) en 1993

200 m
Temps : 21.87
Merlene Ottey (JAM) en 1993

400 m
Temps : 49.59
Jarmila Kratosjvilova (TCH) en 1983

800 m
Temps : 1.56.36
Maria Motula (MOZ) en 1998

1500 m
Temps : 4.00.27
Doina Melinte (ROM) en 1990

3000 m
Temps : 8.33.82
Ellie Van Hulst en 1989

60 m haies
Temps : 7.69
Lyudmila Narozilenko (RUS) en 1990

Hauteur
Hauteur : 2.07
Heike Henkel (GER) en 1992

Perche
Hauteur : 4.62
Stacy Dragila (USA) en 2000

Longueur
Distance : 7.37
Heike Drechsler (GDR) en 1988

Triple saut
Distance : 15.16
Ashia Hansen (GBR) en 1998

Poids
Distance : 22.50
Helena Fibingerova (TCH) en 1977

Pentathlon
Points : 4991
Irina Belova (RUS) en 1992

Marche
3000 m
Temps : 11.44.00
Alina Ivanova (UKR) en 1992

❑ AUTOMOBILE

CHAMPIONS DU MONDE

Formule 1

Grands prix
Melbourne (AUS):
Michael Schumacher (GER)

Sao Paulo (BRA):
Michael Schumacher (GER)

Imola (ITA):
Michael Schumacher (GER)

Silverstone (GBR):
David Coulthard (GBR)

Barcelone (ESP):
Mika Häkkinen (FIN)

Nürburgring (GER):
Michael Schumacher (GER)

Monte Carlo (MON):
David Coulthard (GBR)

Montréal (CAN):
Michael Schumacher (GER)

Magny Cours (FRA):
David Coulthard (GBR)

Zeltweg (AUT):
Mika Häkkinen (FIN)

Hockenheim (GER):
Rubens Barrichello (BRA)

Budapest (HUN):
Mika Häkkinen (FIN)

Spa-Francorchamps (BEL):
Mika Häkkinen (FIN)

Monza (ITA):
Michael Schumacher (GER)

Indianapolis (USA):
Michael Schumacher (GER)

Suzuka (JPN):
Michael Schumacher (GER)

Kuala Lumpur (MAS):
Michael Schumacher (GER)

Classement final
Conducteurs :
Michael Schumacher (GER)

Constructeurs: Ferrari

Rallye

Conducteurs :
Marcus Grönholm (FIN)

Marques : Peugeot

Endurance

24 Heures du Mans (FRA) :
Frank Biela-Tom Kristensen-Emanuele Pirro (GER-DEN-ITA)

Westhoek Ypres Rally (BEL) :
Henrik LundgaardJens-Christian Anker (DEN-DEN)

24 Heures de Francorchamps :
Frédéric Bouvy-Kurt Mollekens-Didier Defourny (BEL-BEL-BEL)

Dakar-Le Caire:
Jean-Louis Schlesser (FRA)

❑ BADMINTON

Champions de Belgique

Simple messieurs :
Ruud Kuijten

Double messieurs :
Patrick Boonen-David Vandewinkel

Simple dames :
Caroline Persyn

Double dames :
Manon Albinus-Peggy Mampaey

Double mixte :
Ruud Kuijten-Manon Albinus

❑ BILLARD

Champions de Belgique

Cadre 47/1 :
Frédéric Caudron

Cadre 47/2 :
Patrick Niessen

Cadre 71/2 :
Frédéric Caudron

Libre : Eddy Leppens

Par la bande :
Frédéric Caudron

Trois bandes : Eddy Merckx

Artistique : Walter Bax

Snooker :
Bjorn Haneveer

Champions d'Europe

Cadre 47/2 : Louis Edelin (FRA)

Cadre 71/2 :
Frédéric Caudron (BEL)

Libre : Patrick Niessen (BEL)

Par la bande :
Fabian Blondeel (GER)

Trois bandes : Sanchez (ESP)

Artistique :
Thomas Ahrens (GER)

Snooker : Craig Butler (GBR)

Champions du monde

Trois bandes :
Dick Jaspers (NED)

Snooker :
Mark Williams (GBR)

❑ BASKET-BALL

Champions de Belgique

Hommes
RBT Antwerpen

Femmes
Saint-Servais Namur

Coupes de Belgique

Hommes
RBT Antwerpen

Femmes
Namur

Coupes d'Europe

Hommes
Champions :
Panathinaikos Athènes (GRE)

Vainqueur de coupe :
AEK Athènes (GRE)

Coupe Koraç :
CSP Limoges (FRA)

Femmes
Champions :
Ruzomberok (SVK)

Coupe Ronchetti :
Lavozinni Basket Parma (ITA)

❑ BOWLING

Champions de Belgique

Hommes
Simple : Roger Pieters

Double : Gery Verbruggen-Jean-Marc Lebon

Trio : Yves Van Damme-Olivier Leroy-Giorgio Desimio

Femmes
Simple : Patricia Vezzu

Double : Christine Van Boom-Susanne Jerusalem

Trio : Christine Van Boom-Yolanda Van Regenmortel-Cindy Jaspers

Interclubs : Pieters ProShop

❑ CYCLISME

Coupe du Monde
Milan-San Remo :
Erik Zabel (GER)
Tour des Flandres :
Andrei Tchmil (BEL)
Paris-Roubaix :
Johan Museeuw (BEL)
Liège-Bastogne-Liège :
Paolo Bettini (ITA)
Amstel Gold Race :
Erik Zabel (GER)
Hew Cyclassic :
Gabriele Missaglia (ITA)
Clasica San Sebastian :
Erik Dekker (NED)
Championnat de Zürich :
Laurent Dufaux (SUI)
Paris-Tours : Andrea Tafi (ITA)
Tour de Lombardie :
Raimondas Rumsas (LIT)

Classiques hors Coupe du monde

Circuit Het Volk :
Johan Museeuw (BEL)
Gand-Wevelgem :
Geert Van Bondt (BEL)
Flèche wallonne :
Francesco Casagrande (ITA)
Henninger Turm Frankfort :
Kai Hundertmark (GER)
Paris-Bruxelles :
Max Van Heeswijk (NED)

Grands tours

Tour d'Italie
1. Stefano Garzelli (ITA)
2. Francesco Casagrande (ITA)
3. Gilberto Simoni (ITA)
4. Andrea Noe (ITA)
5. Pavel Tonkov (RUS)
6. Hernan Buenahora (COL)
7. Wladimir Belli (ITA)
8. Jose Luis Rubiera (ESP)
9. Serguei Gonchar (UKR)
10. Leonardo Piepoli (ITA)

Tour de France
1. Lance Armstrong (USA)
2. Jan Ullrich (GER)
3. Joseba Beloki (ESP)
4. Christophe Moreau (FRA)
5. Roberto Heras (ESP)
6. Richard Virenque (FRA)
7. Santiago Botero (COL)
8. Fernando Escartin (ESP)
9. Francisco Mancebo (ESP)
10. Daniele Nardello (ITA)

Tour d'Espagne
1. Roberto Heras (ESP)
2. Angel Casero (ESP)
3. Pavel Tonkov (RUS)
4. Santos Gonzalez (ESP)
5. Raimondas Rumsas (LIT)
6. Roberto Laiseka (ESP)
7. Fernando Escartin (ESP)
8. Carlos Sastre (ESP)
9. Massimiliano Gentili (ITA)
10. Haimar Zubeldia (ESP)

Champions de Belgique

Route hommes :
Axel Merckx
Contre la montre hommes :
Rik Verbrugghe
Route femmes :
Evy Van Damme
Contre la montre femmes :
Heidi Van de Vijver
Cyclo-cross :
Sven Nys
Mountainbike hommes :
Roel Paulissen
Mountainbike femmes :
Hilde Quintens

Piste hommes :
Poursuite :
Jan Meeus
Vitesse :
Dimitri De Fauw
1 km départ arrêté :
Dimitri De Fauw
Course aux points :
Luc De Duytsche
Omnium :
Wouter Van Mechelen
Américaine :
Luc De Duytsche-Nicky Vermeersch
Poursuite par équipes:
Luc De Duytsche-Nicky Vermeersch-Andries Verspeeten-Kenneth Van de Wiele
Sprint olympique :
Dimitri De Fauw-Luc De Duysche-Nicky Vermeersch
Keirin :
Björn Nachtergaele

Piste femmes :
Vitesse :
Evy Van Damme
Poursuite :
Evy Van Damme
500 m départ arrêté :
Evy Van Damme
Course aux points :
Evy Van Damme
Omnium :
Inne Wannijn

Champions du monde

Route hommes :
Romans Vainsteins (LAT)
Contre la montre hommes :
Sergei Gontchar (UKR)
Route femmes :
Zinaida Srahurskaia (BLR)
Contre la montre femmes :
Mari Holden (USA)

Cyclo-cross hommes :
Richard Groenendaal (NED)
Cyclo-cross femmes :
Hanka Kupfernagel (GER)
Mountainbike cross-country hommes :
Miguel Martinez (FRA)
Mountainbike downhill hommes :
Myles Rockwell (USA)
Mountainbike cross-country femmes :
Margarita Fullana (ESP)
Mountainbike downhill femmes : Anne Chausson (FRA)

Piste hommes
Keirin : Frederic Magné (FRA)
Kilomètre contre la montre :
Arnaud Tournant (FRA)
Poursuite individuelle:
Jens Lehmann (GER)
Poursuite par équipes :
Allemagne
Course aux points:
Juan Llaneras (ESP)
Américaine : Stefan Steinweg-Erik Weisspfennig (GER)
Vitesse :
Jan Van Eijden (NED)
Sprint olympique: France

Piste femmes
500 m :
Natalia Markovnitsjenko (BLR)
Vitesse :
Natalia Markovnitsjenko (BLR)
Course aux points :
Marion Clignet (FRA)
Poursuite individuelle :
Yvonne McGregor (GBR)

Coupes du monde

Route hommes :
Erik Zabel (GER)
Route femmes :
Diana Ziliute (LTU)
Cyclo-cross : Sven Nys (BEL)
Mountainbike hommes :
Miguel Martinez (FRA)
Mountainbike femmes :
Barbara Blatter (SUI)

Record du monde de l'heure

Hommes :
Chris Boardman (GBR)
49 km 441 m (record du monde officiel sur vélo normal) 27 octobre 2000.

Chris Boardman (GBR)
56 km 375 m (meilleure prestation mondiale sur un vélo de haute technologie).

Femmes:
Jeannie Longo (FRA)
44 km 767 m (record du monde officiel sur vélo normal) 4 novembre 2000.

Jeannie Longo (FRA)
48 km159 m (meilleure prestation mondiale sur un vélo de haute technologie) en 1996.

❑ EQUITATION

Champions de Belgique

Jumping : Ludo Philippaerts

Dressage: Jan Dupont

Concours complet :
Walter Van Massenhoven

Coupe du monde

Jumping : Rodrigo Pessoa (BRA)

❑ FLECHETTES

Champions de Belgique

Hommes
Pascal Rabau

Femmes
Vicky Pluim

Champion du monde

Hommes
Ted Hankey (GBR)

❑ FOOTBALL

BELGIQUE

Classement final championnat 1999-2000 en Division 1

Hommes

1.	SC Anderlecht	34	22	3	9	86	36	75
2.	FC Brugeois	34	21	9	4	70	32	67
3.	La Gantoise	34	20	11	3	78	54	63
4.	Exc. Mouscron	34	16	9	9	67	45	57
5.	Standard CL	34	18	14	2	66	52	56
6.	Westerlo	34	16	10	8	73	66	56
7.	GB Anvers	34	16	11	7	56	45	55
8.	RC Genk	34	16	12	6	61	61	54
9.	SK Lierse	34	15	12	7	65	47	52
10.	SC Lokeren	34	12	11	11	56	57	47
11.	FC Malinois	34	12	17	5	47	77	41
12.	Eendracht Alost	34	11	19	4	53	72	35
13.	Saint-Trond VV	34	10	17	7	41	65	37
14.	RC Harelbeke	34	10	19	5	56	72	35
15.	SK Beveren	34	9	17	8	51	69	35
16.	SC Charleroi	34	7	17	10	42	62	31
17.	Verbr. Geel	34	5	16	13	32	60	28
18.	SK Lommel	34	5	17	12	35	66	27

Femmes
Eendracht Alost

Coupe de Belgique

Hommes
Finale :
Racing Genk-Standard CL 4-1

Femmes
Finale :
Eendracht Alost-Eva's Kumtich 7-0

Soulier d'or :
Lorenzo Staelens
(SC Anderlecht)

Equipe nationale

Matches amicaux :
Belgique-Portugal 1-1
Belgique-Pays-Bas 2-2
Norvège-Belgique 0-2
Danemark-Belgique 2-2
Bulgarie-Belgique 1-3

Championnat d'Europe :
Belgique-Suède 2-1
Italie-Belgique 2-0
Turquie-Belgique 2-0

Tour éliminatoire de la Coupe du Monde :
Belgique-Croatie 0-0
Lettonie-Belgique 0-4

Coupes d'Europe

Champions League – Finale :
Real Madrid (ESP)-Valence (ESP) 3-0

Coupe UEFA
Finale :
Galatasaray (TUR)-Arsenal (GBR)
(après prolongation) 0-0
Tirs au but 4-1

Championnat d'Europe

Groupe A
Allemagne-Roumanie 1-1
Portugal-Angleterre 3-2
Roumanie-Portugal 0-1
Angleterre-Allemagne 1-0
Angleterre-Roumanie 2-3
Portugal-Allemagne 3-0

Classement final

1. Portugal	3	3	0	0	7	2	9
2. Roumanie	3	1	1	1	4	4	4
3. Angleterre	3	1	2	0	5	6	3
4. Allemagne	3	0	2	1	1	5	1

Groupe B
Belgique-Suède 2-1
Turquie-Italie 1-2
Italie-Belgique 2-0
Suède-Turquie 0-0
Turquie-Belgique 2-0
Italie-Suède 2-1

Classement final

1. Italie	3	3	0	0	6	2	9
2. Turquie	3	1	1	1	3	2	4
3. Belgique	3	1	2	0	2	5	3
4. Suède	3	0	2	1	2	4	1

Groupe C
Espagne-Norvège 0-1
Yougoslavie-Slovénie 3-3
Slovénie-Espagne 1-2
Norvège-Yougoslavie 0-1
Yougoslavie-Espagne 3-4
Slovénie-Norvège 0-0

Classement final

1. Espagne	3	2	1	0	6	5	6
2. Yougoslavie	3	1	1	1	7	7	4
3. Norvège	3	1	1	1	1	1	4
4. Slovénie	3	0	1	2	4	5	2

Groupe D
Pays-Bas-Rep. Tchèque 1-0
France-Danemark 3-0
R. Tchèque - France 1-2
Danemark - Pays-Bas 0-3
Danemark - R. Tchèque 0-2
France - Pays-Bas 2-3

Classement final

1. Pays-Bas	3	3	0	0	7	2	9
2. France	3	2	1	0	7	4	6
3. R. Tchèque	3	1	2	0	3	3	3
4. Danemark	3	0	3	0	0	8	0

Quarts de finale
Portugal-Turquie 2-0
Italie-Roumanie 2-0
Pays-Bas - Yougoslavie 6-1
Espagne-France 1-2

Demi-finales
Portugal-France 1-2
Italie - Pays-Bas 0-0
Tirs au but 3-1

Finale
France-Italie 2-1

Footballeur européen de l'année
Luis Figo
(POR-Real Madrid)

Coupe du monde interclubs
Boca Juniors (ARG)-Real Madrid (ESP) 2-1

Footballeur mondial de l'année
Zinedine Zidane
(FRA-Juventus Turin)

Football en salle
Champion de Belgique :
Ac. Charleroi

❑ GYMNASTIQUE

Champions de Belgique GRS

Femmes
Celine Darimont

Champions de Belgique Gymnastique artistique

Hommes
Jean-Mathieu Zeebergh

Femmes
Sigrid Persoon

Champions d'Europe Gymnastique artistique

Femmes
Individuel :
Svetlana Khorkina (RUS)

Equipe : Russie

❑ HANDBALL

Champions de Belgique

Hommes
Eynatten

Femmes
Fémina Visé

Coupe de Belgique

Hommes
Eynatten

Femmes
Fémina Visé

Champions d'Europe

Hommes
Suède

❑ HOCKEY

Champions de Belgique

Hommes
Dragons

Femmes
Leopold

Coupe de Belgique

Hommes
White Star

Femmes
Leopold

❑ HOCKEY SUR GLACE

Coupe de Belgique
HYC Herentals

Champion du monde
République tchèque

❑ JUDO

Champions de Belgique

Hommes
-60 kg : Yung Gascard
-66 kg : Frédéric Georgery
-73 kg : Koen Sleeckx
-81 kg : Pieter Sleeckx
-90 kg : Daan De Cooman
-100 kg : Nikolai Nikiforov
+100 kg :
Harry Van Barneveld

Femmes
-48 kg : Ann Simons
-52 kg : Inge Clement
-57 kg : Valérie Degrijse
-63 kg : Gella Vandecaveye
-70 kg : Greet Wellens
-78 kg : Catherine Jacques
+78 kg : Sophie Delwiche

Champions d'Europe

Hommes
-60 kg : Elchin Ismaylov (AZE)
-66 kg :
Patrick Van Kalken (NED)
-73 kg : Michel Almeida (POR)
-81 kg :
Sergei Aschwanden (SUI)
-90 kg : Adrian Croitoru (ROM)
-100 kg : Joeri Stepkin (RUS)
+100 kg :
Dennis Van der Geest (NED)
Open : Aythami Ruano (ESP)

Femmes
-48 kg : Laura Moise (ROM)
-52 kg : Laetitia Tignola (FRA)
-57 kg : Barbara Harel (FRA)
-63 kg :
Gella Vandecaveye (BEL)
-70 kg : Ursula Martin (ESP)
-78 kg : Celine Lebrun (FRA)
+78 kg : Karina Bryant (GBR)
Open : Katja Gerber (GER)

Le Sporting Anderlecht a brillamment entamé sa saison européenne. Après avoir remporté le vingt-cinquième titre de leur histoire, les Mauves ont réussi l'exploit d'accéder au second tour de la Ligue des champions. ▽

❑ MOTOCYCLISME

Champions de Belgique

Motocross :
125 cc : Steve Ramon
250-500 cc : Joël Smets

Champions du monde

Vitesse :
125 cc : Roberto Locatelli (ITA)
250 cc : Olivier Jacque (FRA)
500 cc : Kenny Roberts jr (USA)

Motocross :
125 cc : Grant Langston (RSA)
250 cc : Fréderic Bolley (FRA)
500 cc : Joël Smets (BEL)

Side-cars :
Kristers Sergis-Artis Rasmanis (LET)

Cross des Nations
Etats-Unis

Rallye
Dakar-Le Caire :
Richard Sainct (FRA)

❑ NATATION

Champions de Belgique

Hommes
Nage libre
50 m : Renaat Dreesen
100 m : Renaat Dreesen
200 m : Kristof Verachten
400 m : Roel Janssen
1500 m : Tom Vangeneugden

Papillon
50 m : Renaat Dreesen
100 m : Didier Mortier
200 m : Didier Mortier

Dos
50 m : Bruno Claeys
100 m : Bruno Claeys
200 m : Sven Vereecken

Brasse
50 m : Christiaan Van Camp
100 m : Cédric Bavay
200 m : Cédric Bavay

4 nages
200 m : Roel Janssen
400 m : Roel Janssen

Femmes
Nage libre
50 m : Liesbet Dreesen
100 m : Nina Van Koeckhoven
200 m : Nina Van Koeckhoven
400 m : Sofie Goffin
800 m : Sofie Goffin

Papillon
50 m : Tine Bossuyt
100 m : Fabienne Dufour
200 m : Fabienne Dufour

Dos
50 m : Tine Bossuyt
100 m : Sofie Wolfs
200 m : Yseult Gervy

Brasse
50 m : Bénédicte Vincent
100 m : Bénédicte Vincent
200 m : Yseult Gervy

4 nages
200 m : Yseult Gervy
400 m : Yseult Gervy

Champions d'Europe

Hommes
Nage libre
50 m : Alexander Popov (RUS)
100 m : Alexander Popov (RUS)
200 m :
Massimiliano Rosolino (ITA)
400 m : Emiliano Brembilla (ITA)
1500 m :
Igor Chervynskiy (UZB)
4 x 100 m : Russie
4 x 200 m : Italie

Dos
50 m : Stev Theloke (GER)
100 m : David Ortega (ESP)
200 m : Gordan Kozulj (CRO)

Brasse
50 m :
Mark Warnecke (GER)
100 m :
Domenico Fioravanti (ITA)
200 m :
Dimitri Komornikov (RUS)

Papillon
50 m : Jere Hard (FIN)
100 m : Lars Frölander (SWE)
200 m : Anatoli Poliakov (RUS)

4 nages
200 m :
Massimiliano Rosolino (ITA)
400 m : Istvan Bathazi (HUN)
4 x 100 m : Russie

Eau de mer
5 km : Leonardo Baldini (ITA)
25 km : Stephane Lecat (FRA)

Plongeon
1 m : Alexander Mesch (GER)
3 m : Dmitry Sautin (RUS)
10 m : Dmitry Sautin (RUS)

Synchronisé
3 m : Andreas Wels-Tobias Schellenberg (GER)
10 m : Dmitry Sautin-Igor Loukashin (RUS)

Femmes
Nage libre
50 m :
Therese Alshammar (SWE)
100 m :
Therese Alshammar (SWE)
200 m :
Natalia Baranovskaia (BLR)
400 m :
Jana Klotsjkova (UKR)
800 m :
Flavia Rigamonti (ITA)
4 x 100 m : Suède
4 x 200 m : Roumanie

Dos
50 m :
Nina Zhivanevskaya (ESP)
100 m :
Nina Zhivanevskaya (ESP)
200 m :
Nina Zhivanevskaya (ESP)

Brasse
50 m : Agnes Kovacs (HUN)
100 m : Agnes Kovacs (HUN)
200 m :
Béatrice Caslaru (ROM)

Papillon
50 m :
Anna-Maria Kammerling (SWE)
100 m :
Martina Moravcova (SLO)
200 m :
Otylia Jedrzejczak (POL)

4 nages
200 m :
Béatrice Caslaru (ROM)
400 m :
Jana Klotsjkova (UKR)
4 x 100 m : Suède

Eau de mer
5 km : Peggy Büchse (GER)
25 km : Peggy Büchse (GER)

Plongeon
1 m : Vera Ilina (RUS)
3 m : Youlia Pakhanina (RUS)
10 m :
Svetlana Timosjinina (RUS)

Synchronisé
3 m : Russie
10 m : Allemagne

Natation synchronisée
Solo : Olga Brusnikina (RUS)
Duo : Olga Brusnikina-Maria Kisseleva (RUS)
Equipe : Russie

RECORDS DE BELGIQUE AU 31 DÉCEMBRE 2000

Hommes
Nage libre
50 m
22.92
Thierry Wouters en 2000

100 m
50.50
Thierry Wouters en 2000

200 m
1.51.19
Stefaan Maene en l992

400 m
3.53.94
Jean-Marie Arnould en l987

1500 m
15.45.50
Marc Van de Weghe en l984

Dos
50 m
26.99
Stefaan Maene en l995

100 m
55.96
Stefaan Maene en l995

200 m
1.59.64
Stefaan Maene en l992

Brasse
50 m
28.23
Frederik Deburghgraeve en 1996

100 m
1.00.60
Frederik Deburghgraeve en l996

200 m
2.14.01
Frederik Deburghgraeve en 1995

Papillon
50 m
24.80
Frédéric Tonus en 1999

100 m
54.98
Stefaan Maene en 1995

200 m
2.00.99
Jean-Marie Arnould en 1995

4 nages
200 m
2.04.88
Roel Janssen en 2000

400 m
4.19.82
Stefaan Maene en 1995

Femmes
Nage libre
50 m
25.96
Liesbet Dreesen en 2000

100 m
56.33
Tine Bossuyt en l997

200 m
2.00.90
Nina Van Koeckhoven en 2000

400 m
4.11.71
Isabelle Arnould en 1988

800 m
8.34.56
Isabelle Arnould en 1988

Dos
50 m
30.29
Sofie Wolfs en 1998

100 m
1.03.82
Carine Verbauwen en 1980

200 m
2.14.67
Yseult Gervy en 2000

Brasse
50 m
32.52
Brigitte Becue en 1998

100 m
1.09.16
Brigitte Becue en 1998

200 m
2.27.66
Brigitte Becue en 1995

Papillon
50 m
27.26
Fabienne Dufour en 2000

100 m
1.00.79
Fabienne Dufour en 1999

200 m
2.14.12
Brigitte Becue en 1996

4 nages
200 m
2.16.15
Brigitte Becue en 1995

400 m
4.46.15
Yseult Gervy en 2000

RECORDS DU MONDE AU 31 DÉCEMBRE 2000

Hommes
Nage libre
50 m
21.64
Alexander Popov (RUS) en 2000

100 m
47.84
Pieter van den Hoogenband (NED) en 2000

200 m
1.45.35
Pieter van den Hoogenband (NED) en 2000

400 m
3.40.59
Ian Thorpe (AUS) en 2000

1500 m
14.41.66
Kieren Perkins (AUS) en 1994

Dos
50 m
24.99
Lenny Krayzelburg (USA) en 1999

100 m
53.60
Lenny Krayzelburg (USA) en 1999

200 m
1.55.87
Lenny Krayzelburg (USA) en 1999

Brasse
50 m
27.61
Alexander Dzaburiya (UKR) en 1996

100 m
1.00.36
Roman Sloudnov (RUS) en 2000

200 m
2.10.16
Mike Borrowman (USA) en 1992

Papillon
50 m
23.60
Geoffrey Huegill (AUS) en 2000

100 m
51.81
Michael Klim (AUS) en 1999

200 m
1.55.18
Tom A. Malchow (USA) en 2000

4 nages
200 m
1.58.16
Jani Sievinen (FIN) en 1994

400 m
4.11.76
Tom Dolan (USA) en 2000

Femmes
Nage libre
50 m
24.13
Inge de Bruijn (NED) en 2000

100 m
53.77
Inge de Bruijn (NED) en 2000

200 m
1.56.72
Franziska van Almsick (GER) en 1994

400 m
4.03.85
Janet Evans (USA) en 1988

800 m
8.16.22
Janet Evans (USA) en 1989

Dos
50 m
28.25
Sandra Völker (GER) en 2000

100 m
1.00.16
He Cihong (CHN) en 1994

200 m
2.06.62
Krzstina Egerszegi (HUN) en 1991

Brasse
50 m
30.83
Penny Heyns (RSA) en 1999

100 m
1.06.52
Penny Heyns (RSA) en 1999

200 m
2.23.64
Penny Heyns (RSA) en 1999

Papillon
50 m
25.64
Inge de Bruijn (NED) en 2000

100 m
56.61
Inge de Bruijn (NED) en 2000

200 m
2.05.81
Susann O'Neill (AUS) en 2000

4 nages
200 m
2.09.72
Yanyan Wu (CHN) en 1997

400 m
4.33.59
Yana Klochkova (UKR) en 2000

❏ PATINAGE SUR GLACE

Champions de Belgique de patinage artistique

Hommes
Kevin Van der Perren

Femmes
Ellen Mareels

Champions de Belgique de shorttrack

Hommes
Pieter Gijsel

Femmes
Els Bauters

Champions d'Europe de patinage artistique

Hommes
Evgeny Ploesjenko (RUS)

Femmes
Irina Sloetskaja (RUS)

Couples
Elena Berezhnaja-Anton Sikharulidze (RUS)

Danse sur glace
Marina Annisina-Gwendal Peizerat (FRA)

Champions du monde de patinage artistique

Hommes
Alexei Jagoedin (RUS)

Femmes
Michelle Kwan (USA)

Couples
Maria Petrova-Alexei Tikhonov (RUS)

Danse sur glace
Marina Annisina-Gwendal Peizerat (FRA)

Champions d'Europe de vitesse allround

Hommes
Rintje Ritsma (NED)

Femmes
Anni Friesinger (GER)

Champions du monde de vitesse allround

Hommes
Gianni Romme (NED)

Femmes
Claudia Pechstein (GER)

Champions du monde de sprint

Hommes
Jeremy Wotherspoon (CAN)

Femmes
Monique Garbrecht (GER)

Champions du monde de vitesse par distances

Hommes
500 m :
Hiroyasu Shimizu (JPN)
1000 m :
Adne Söndral (NOR)
1500 m :
Ids Postma (NED)
5000 m :
Gianni Romme (NED)
10 000 m :
Gianni Romme (NED)

Femmes
500 m :
Monique Garbrecht (GER)
1000 m :
Monique Garbrecht (GER)
1500 m :
Claudia Pechstein (GER)
3000 m :
Claudia Pechstein (GER)
5000 m :
Gunda Niemann (GER)

Champions d'Europe de shorttrack

Hommes
Fabio Carta (ITA)

Femmes
Evgenia Radanova (BUL)

Champions du monde de shorttrack

Hommes
Ryoung Min (KOR)

Femmes
Evgenia Radanova (BUL)

❏ RUGBY

Champion de Belgique
Visé

Coupe de Belgique
Visé

Tournoi des Six Nations
Angleterre

❏ SKI

Champions de Belgique

Hommes
Slalom :
Jerke Van den Bogaert
Slalom géant:
Jerke Van den Bogaert
Super-G :
Jerke Van den Bogaert
Descente :
Bart Mollin
Combiné :
Jerke Van den Bogaert
15 km ski de fond style libre :
Pascal Parmentier
30 km ski de fond classique :
Pascal Parmentier

Femmes
Slalom : Kathleen Nagels
Slalom géant : Karen Persijn
Super-G :
Saskia Van den Bogaert
Descente : Kathleen Nagels et Karen Persijn
Combiné : Kathleen Nagels

Coupe du monde saison 1999-2000

Hommes
Général :
Hermann Maier (AUT)
Descente :
Hermann Maier (AUT)
Slalom :
Kjetil Andre Aamodt (NOR)
Slalom géant :
Hermann Maier (AUT)
Super-G :
Hermann Maier (AUT)

Femmes
Général :
Renate Götschl (AUT)
Descente :
Regina Häusl (GER)
Slalom :
Spela Pretnar (SLO)
Slalom géant :
Michaela Dorfmeister (AUT)
Super-G :
Renate Götschl (AUT)

Tremplin

Tournoi des quatre tremplins :
Andreas Widhölzl (AUT)
Coupe du monde :
Martin Schmitt (GER)

❏ SQUASH

Champions de Belgique

Hommes
Stefaan Casteleyn

Femmes
Kim Hannes

❏ TENNIS DE TABLE

Champions de Belgique

Hommes
Jean-Michel Saive

Femmes
Martine Hubert

Top-12

Hommes
Werner Schlager (AUT)

Femmes
Qianhong Gotsch (GER)

Champions d'Europe

Hommes
Simple : Peter Karlson (SWE)
Double : Patrick Chila-Jean-Philippe Gatien (FRA)
Equipe : Suède

Femmes
Simple :
Qianhong Gotsch (GER)
Double : Csilla Batorfi-Krisztina Toth (HUN)
Equipe : Hongrie

Mixte
Double :
Aleksandar Karakasevic
Ruta Garkauskaite-Budiene
(YUG-LTU)

❑ **TENNIS**

Champions de Belgique

Hommes
Simple : Arnaud Fontaine
Double : Dominique Coene-Stefan Wauters
Interclubs : Primerose

Femmes
Simple : Daphné Vande Zande
Double :
Elke Clijsters-Caroline Maes
Interclubs : Madison Ninove

Championnats Open d'Australie à Melbourne

Hommes
Simple : André Agassi (USA)
Double : Ellis Ferreira-Rick Leach (RSA-USA)

Femmes
Simple :
Lindsay Davenport (USA)
Double : Lisa Raymond-Rennae Stubbs (USA-AUS)

Double mixte *:* Jared Palmer-Rennae Stubbs (USA-AUS)

Championnats Open de France à Roland-Garros

Hommes
Simple : Gustavo Kuerten (BRA)
Double : Todd Woodbridge-Mark Woodforde (AUS-AUS)

Femmes
Simple : Mary Pierce (FRA)
Double : Mary Pierce-Martina Hingis (FRA-SUI)

Double mixte
Mariaan De Swardt-David Adams (RSA-RSA)

Championnats Open d'Angleterre à Wimbledon

Hommes
Simple : Pete Sampras (USA)
Double : Todd Woodbridge-Mark Woodforde (AUS)

Femmes
Simple : Venus Williams (USA)
Double : Venus Williams-Serena Williams (USA)

Double mixte *:* Donald Johnson-Kimberly Po (USA)

Championnats Open des Etats-Unis à Flushing Meadow

Hommes
Simple : Marat Safin (RUS)
Double : Lleyton Hewitt-Max Mirnyi (AUS-BLR)

Femmes
Simple : Venus Williams (USA)
Double : Julie Halard–Ai Sugiyama (FRA-JPN)

Double mixte
Arantxa Sanchez-Jared Palmer (ESP-USA)

Masters

Hommes
Gustavo Kuerten (BRA)

Femmes
Martina Hingis (SUI)

Federation Cup
Etats-Unis

Coupe Davis
Espagne

Classements mondiaux au 31 décembre 2000

Hommes
1. Gustavo Kuerten (BRA)
2. Marat Safin (RUS)
3. Pete Sampras (USA)
4. Magnus Norman (SWE)
5. Yevgeny Kafelnikov (RUS)
6. André Agassi (USA)
7. Lleyton Hewitt (AUS)
8. Alex Corretja (ESP)
9. Thomas Enqvist (SWE)
10. Tim Henman (GBR)

Femmes
1. Martina Hingis (SUI)
2. Lindsay Davenport (USA)
3. Venus Williams (USA)
4. Monica Seles (USA)
5. Conchita Martinez (ESP)
6. Serena Williams (USA)
7. Mary Pierce (FRA)
8. Anna Kournikova (RUS)
9. Arantxa Sanchez (ESP)
10. Nathalie Tauziat (FRA)

❑ **TRIATHLON**

Champions de Belgique

Hommes
Quart de triathlon :
Rutger Beke
Semi-triathlon : Luc Van Lierde
Triathlon complet :
Dirk Van Gossum

Femmes
Quart de triathlon :
Kathleen Smet
Semi-triathlon :
Christel Van Eesbeek
Triathlon complet :
Christel Van Eesbeek

Champions d'Europe

Hommes
Quart de triathlon :
Andrew Johns (GBR)

Femmes
Quart de triathlon :
Kathleen Smet (BEL)

Champions du monde

Hommes
Longue distance :
Peter Sandvang (DEN)

Femmes
Longue distance :
Isabelle Mouthon (FRA)

❑ **VOILE**

Champion du monde

Finn :
Mateusz Kusznierewicz (POL)

❑ **VOLLEYBAL**

Champions de Belgique

Hommes
Roulers

Femmes
Kieldrecht

Coupe de Belgique

Hommes
Roulers

Femmes
Tongres

Coupes d'Europe

Hommes
Champions : Trevise (ITA)
Vainqueurs de coupe :
Paris (FRA)
Coupe confédérale : Rome (ITA)

Femmes
Champions : Bergame (ITA)
Vainqueurs de coupe :
Pérouse (ITA)
Coupe confédérale :
Reggio Calabria (ITA)

❑ **JEUX OLYMPIQUES A SYDNEY**

ATHLETISME

Femmes
100 m :
1. Marion Jones (USA),
2. Ekaterini Thanou (GRE),
3. Tanya Lawrence (BAH).

200 m :
1. Marion Jones (USA),
2. Pauline Davis-Thompson (BAH),
3. Susanthika Jayasinghe (SRI).

400 m :
1. Cathy Freeman (AUS),
2. Lorraine Graham (JAM),
3. Katherine Merry (GBR).

800 m :
1. Maria Mutola (MOZ),
2. Stephanie Graf (AUT),
3. Kelly Holmes (GBR).

1500 m :
1. Nouria Merah-Benida (ALG),
2. Violeta Szekely (ROM),
3. Gabriela Szabo (ROM).

5000 m :
1. Gabriela Szabo (ROM),
2. Sonia O'Sullivan (IRL),
3. Gete Wami (ETH).

10 000 m :
1. Derartu Tulu (ETH),
2. Gete Wami (ETH),
3. Fernanda Ribeiro (POR).

4x100 m :
1. Bahamas,
2. Jamaïque,
3. Etats-Unis.

4x400 m :
1. Etats-Unis,
2. Jamaïque,
3. Russie.

100 m haies :
1. Olga Sjisjigina (KAZ),
2. Gloria Alozie (NIG),
3. Melissa Morrison (USA).

400 m haies :
1. Irina Privalova (RUS),
2. Deon Hemmings (JAM),
3. Nouzha Bidouane (MAR).

Marathon :
1. Naoko Takahashi (JPN),
2. Lidia Simon (ROM),
3. Joyce Chepchumba (KEN).

20 km marche :
1. Liping Wang (CHN),
2. Kjersti Plaetzer (NOR),
3. Maria Vasco (ESP).

Hauteur :
1. Jelena Jelesina (RUS),
2. Hestrie Cloete (RSA),
3. Oana-Manuela Pantelimon (ROM),
Kajsa Bergqvist (SWE).

Longueur :
1. Heike Drechsler (GER),
2. Fiona May (ITA),
3. Marion Jones (USA).

Triple saut :
1. Teresa Marinova (BUL),
2. Tatjana Lebedeva (RUS),
3. Olena Hovorova (UZB).

Perche :
1. Stacy Dragila (USA),
2. Tatjana Gregorieva (AUS),
3. Vala Flosadottir (ISL).

Disque :
1. Ellina Zvereva (BLR),
2. Anastasia Kelesidou (GRE),
3. Irina Jatsjenko (BLR).

Poids :
1. Janina Korolsjik (BLR),
2. Larisa Pelesjenko (RUS),
3. Astrid Kumbernuss (GER).

Marteau :
1. Kamila Skolimowska (POL),
2. Olga Koesenkova (RUS),
3. Kirsten Münchow (GER).

Javelot :
1. Trine Hattestad (NOR),
2. Mirella Maniani-Tzelili (GRE),
3. Osleidys Menendez (CUB).

Heptathlon :
1. Denise Lewis (GBR),
2. Elena Prokorova (RUS),
3. Natalja Sazanovitsj (BLR).

Hommes
100 m :
1. Maurice Greene (USA),
2. Ato Boldon (TRI),
3. Obadele Thompson (BAR).

200 m :
1. Konstantinos Kenteris (GRE),
2. Darren Campbell (GBR),
3. Ato Boldon (TRI).

400 m :
1. Michael Johnson (USA),
2. Alvin Harrison (USA),
3. Gregory Haughton (JAM).

800 m :
1. Nils Schumann (GER),
2. Wilson Kipketer (KEN),
3. Aissa Djabir Said-Guerni (ALG).

1500 m :
1. Noah Ngeny (KEN),
2. Hicham el Guerrouj (MAR),
3. Bernard Lagat (KEN).

10 000 m :
1. Haile Gebreselassie (ETH),
2. Paul Tergat (KEN),
3. Assefa Mezgebu (ETH).

4x100 m :
1. Etats-Unis,
2. Brésil,
3. Cuba.

4x400 m :
1. Etats-Unis,
2. Nigeria,
3. Jamaïque.

Marathon :
1. Gezahgne Abera (ETH),
2. Eric Wainaina (KEN),
3. Tesfaye Tola (ETH).

Aux Jeux olympiques de Sydney, l'Ethiopien Haile Gebreselassie a remporté pour la deuxième fois la médaille d'or du 10 000 mètres, battant au terme d'un sprint fantastique le Kenyan Paul Tergat. ▽

20 km marche :
1. Robert Korzeniowski (POL),
2. Noe Hernandez (MEX),
3. Vladimir Andrejev (RUS).

50 km marche :
1. Robert Korzeniowski (POL),
2. Aigars Fadejevs (LAT),
3. Joël Sanchez (MEX).

110 m haies :
1. Anier Garcia (CUB),
2. Terrence Trammell (USA),
3. Mark Crear (USA).

400 m haies :
1. Angelo Taylor (USA),
2. Hadi Souan Somayli (SAR),
3. Llewellyn Herbert (RSA).

3000 m steeple :
1. Reuben Kosgei (KEN),
2. Wilson Boit Kipketer (KEN),
3. Ali Ezzine (MAR).

Longueur :
1. Ivan Pedroso (CUB),
2. Jai Taurima (AUS),
3. Roman Sjoerenko (UZB).

Triple saut :
1. Jonathan Edwards (GBR),
2. Yoel Garcia (CUB), Denis Kapoestin (RUS).

Perche :
1. Nick Hysong (USA),
2. Lawrence Johnson (USA),
3. Maksim Tarasov (RUS).

Disque :
1. Virgilijoes Alekna (LTU),
2. Lars Riedel (GER),
3. Frantz Kruger (RSA).

Hauteur :
1. Sergej Klijoegin (RUS),
2. Javier Sotomayor (CUB),
3. Abderrahmane Hammad (ALG).

Marteau :
1. Szymon Ziolkowski (POL),
2. Nicola Vizzoni (ITA),
3. Igor Astapkovitsj (BLR).

Poids :
1. Arsi Harju (FIN),
2. Adam Nelson (USA),
3. John Godina (USA).

Javelot :
1. Jan Zelezny (CZE),
2. Steve Backley (GBR),
3. Sergej Makarov (RUS).

Décathlon :
1. Erki Nool (EST),
2. Roman Sebrle (CZE),
3. Chris Huffins (USA).

BADMINTON

Femmes
Simple :
1. Gong Zhichao (CHN),
2. Camilla Martin (DEN),
3. Ye Zhaoying (CHN).

Double :
1. Ge Fei/Gu Jun (CHN),
2. Huang Nanyan/Yang Wei (CHN),
3. Qin Yiyuan/Gao Ling (CHN).

Hommes
Simple :
1. Ji Xinpeng (CHN),
2. Hendrawan (INA),
3. Xia Xuanze (CHN).

Double :
1. Tony Gunawan Candra Wijaya (INA),
2. Lee Dong-Song Yoo Young-Sung (KOR),
3. Tae-Kwon Ha Dong-Moon Kim (KOR).

***Double mixte* :**
1. Jun Zhang-Ling Gao (CHN),
2. Tri Kusharyanto Minarti Timur (INA),
3. Simon Archer Joanne Goode (GBR).

BASKET-BALL

Femmes
1. Etats-Unis,
2. Australie,
3. Brésil.

Hommes
1. Etats-Unis,
2. France,
3. Lituanie.

BEACH-VOLLEY

Femmes
1. Natalie Cook Kerri Pottharst (AUS),
2. Adriana Behar Shelda Bede (BRA),
3. Adriana Samuel Sandra Pires (BRA).

Hommes
1. Dain Blanton Eric Fonoimoana (USA),
2. Ze Marco Melo Ricardo Santos (BRA),
3. Jörg Ahmann Axel Hager (GER).

BOXE

Moins de 48 kg :
1. Brahim Asloum (FRA),
2. Rafael Lozano (ESP),
3. Un-chol Kim (PRK), Maikro Romero (CUB).

Moins de 51 kg :
1. Wijan Ponlid (THA),
2. Boelat Joemadilov (KAZ),
3. Jérìme Thomas (FRA), Vladimir Sidorenko (UZB).

Moins de 54 kg :
1. Guillermo Rigondeaux (CUB),
2. Raimkoel Malakhbekov (RUS),
3. Sergi Daniltsjenko (UZB), Clarence Vinson (USA).

Moins de 57 kg :
1. Beksat Sattartsjanov (KAZ),
2. Ricardo Juarez (USA),
3. Tahar Tamsamani (MAR), Kamil Dsamaloetdinov (RUS).

Moins de 60 kg :
1. Mario Kindelan (CUB),
2. Andrei Kotelnik (UZB),
3. Christian Benitez-Bejarano (MEX), Alexander Maletin (RUS).

Moins de 63,5 kg :
1. Mahamadkadis Abdoellajev (UZB),
2. Ricardo Williams (USA),
3. Diogenes Luna (CUB), Mohamed Allaloui (ALG).

Moins de 67 kg :
1. Oleg Saitov (RUS),
2. Sergei Dotsenko (UZB),
3. Dorel Simion (ROM), Vitali Grusac (MDA).

Moins de 75 kg :
1. Jorge Gutierrez (CUB),
2. Gaidarbek Gaidarbekov (RUS),
3. Vugar Alekperov (Aze), Zsolt Erdei (HUN).

Moins de 81 kg :
1. Alexander Lebziak (RUS),
2. Rudolf Kraj (CZE),
3. Andrei Fedtsjoek (UZB), Sergei Michailov (UZB).

Moins de 91 kg :
1. Felix Savon (CUB),
2. Soeltanahmed Ibragimov (RUS),
3. Sebastian Köber (GER), Vladimir Tsjantoeria (GEO).

Au-dessus de 91 kg :
1. Audley Harrison (GBR),
2. Muktarkhan Dildabekov (KAZ),
3. Romstam Saidov (UZB), Paolo Vidoz (ITA).

HALTEROPHILIE

Femmes
Moins de 48 kg :
1. Tara Nott (USA),
2. Raema Lisa Rumbewas (INA),
3. Sri Indriyani (INA).

Moins de 53 kg :
1. Yang Xia (CHN),
2. Feng-Ying Li (Tai),
3. Winami Bint Srimet (INA).

Moins de 58 kg :
1. Soraya Jimenez Mendivil (MEX),
2. Song Hui Ri (PRK),
3. Sita Khassaraporn (THA).

Moins de 63 kg :
1. Chen Xiaomin (CHN),
2. Valentina Popova (RUS),
3. Ioanna Chatziioannou (GRE).

Moins de 69 kg :
1. Lin Weining (CHN),
2. Erzsebet Markus (HUN),
3. Karnam Malleswari (INA).

Moins de 75 kg :
1. Maria-Isabel Urrutia (COL),
2. Ruth Ogbeifo (NIG),
3. Yi-Hang Kuo (THA).

Au-dessus de 75 kg :
1. Ding Meiyuan (CHN),
2. Agata Wrobel (POL),
3. Cheryl Haworth (USA).

Hommes
Moins de 56 kg :
1. Halik Mutlu (TUR),
2. Wu Wenxiong (CHN),
3. Xiangxiang Zhang (CHN).

Moins de 62 kg :
1. Nikolay Pechalov (CRO),
2. Leonidis Sabanis (GRE),
3. Gennadi Olesjtsjoek (BLR).

Moins de 69 kg :
1. Galabin Bojevski (BUL),
2. Georgi Markov (BUL),
3. Sergei Lavrenov (BLR).

Moins de 77 kg :
1. Xugang Zhan (CHN),
2. Viktor Mitrou (GRE),
3. Arsen Melikyan (ARM).

Moins de 85 kg :
1. Pyrros Dimas (GRE),
2. Marc Huster (GER),
3. George Asanidze (GEO).

Moins de 94 kg :
1. Akakios Kakiasvilis (GRE),
2. Szymon Kolecki (POL),
3. Alexei Petrov (RUS).

Moins de 105 kg :
1. Hossein Tavakoli (IRI),
2. Alan Tsagajev (BUL),
3. Said Assad (QAT).

Au-dessus de 105 kg :
1. Hossein Rezazadeh (IRI),
2. Ronny Weller (GER),
3. Andrei Tsjemerkin (RUS). Ashot Danieljan (ARM/3e) disqualifié pour dopage.

HANDBALL

Femmes
1. Danemark,
2. Hongrie,
3. Norvège.

Hommes
1. Russie,
2. Suède,
3. Espagne.

TIR A L'ARC

Femmes
Individuel :
1. Mi-Jin Yun (KOR),
2. Nam-Soon Kim (KOR),
3. Soo-Nyung Kim (KOR).

Equipes :
1. Corée du Sud,
2. Ukraine,
3. Allemagne.

Hommes
Individuel :
1. Simon Fairweather (AUS),
2. Victor Wunderle (USA),
3. Wietse Van Alten (NED).

Equipes :
1. Corée du Sud,
2. Italie,
3. Etats-Unis.

HOCKEY

Femmes
1. Australie,
2. Argentine,
3. Pays-Bas.

Hommes
1. Pays-Bas,
2. Corée du Sud,
3. Australie.

BASE-BALL

1. Etats-Unis,
2. Cuba,
3. Corée du Sud.

JUDO

Femmes
Moins de 48 kg :
1. Ryoko Tamura (JPN),
2. Ljoebov Bromletova (RUS),
3. Anna-Maria Gradante (GER), Anne Simons (BEL).

Moins de 52 kg :
1. Legna Verdecia (CUB),
2. Noroko Narazaki (JPN),
3. Sun Hui Kye (PRK), Yuxiang Liu (CHN)

Moins de 57 kg :
1. Isabel Fernandez (ESP),
2. Driulys Gonzales (CUB),
3. Maria Pekli (AUS), Kie Kusakabe (JPN).

Moins de 63 kg :
1. Severine Vandenhende (FRA),
2. Li Shufang (CHN),
3. Gella Vandecaveye (BEL), Jung Sung-Sook (KOR).

Moins de 70 kg :
1. Sibelis Veranes (CUB),
2. Kate Howey (GBR),
3. Ylena Scapin (ITA), Min-Sun Cho (KOR).

Moins de 78 kg :
1. Lin Tang (CHN),
2. Celine Lebrun (FRA),
3. Emanuela Pierantozzi (ITA), Simona Richter (ROM).

Au-dessus de 78 kg :
1. Hua Yuan (CHN),
2. Daima Mayelis Beltran (CUB),
3. Mayumi Yamashita (JPN), Seon-Young Kim (KOR).

Hommes
Moins de 60 kg :
1. Tadahiro Nomura (JPN),
2. Jung Bu-kyung (KOR),
3. Manolo Poulot (CUB), Aidyn Smagoelov (KGZ).

Moins de 66 kg :
1. Husein Ozkan (TUR),
2. Larbi Benboudaoud (FRA),
3. Girolamo Giovinazzo (ITA), Georgi Vazagasjvili (GEO)

Moins de 73 kg :
1. Giuseppe Maddaloni (ITA),
2. Tiago Camilo (BRA),
3. Vsevolods Zelonijs (LAT), Anatali Larjoekov (RUS).

Moins de 81 kg :
1. Makoto Takimoto (JPN),
2. In-Chul Cho (KOR),
3. Alexej Boedolin (EST), Nuno Delgado (POR).

Moins de 90 kg :
1. Mark Huizinga (NED),
2. Carlos Honorato (BRA),
3. Frédéric Demontfaucon (FRA), Rusrin Matsjoerenko (UZB).

Moins de 100 kg :
1. Kosei Inoue (JPN),
2. Nicolas Gill (CAN),
3. Stéphane Traineau (FRA), Juri Stepkin (RUS).

Au-dessus de 100 kg :
1. David Douillet (FRA),
2. Shinichi Shinohara (JPN),
3. Tamerlan Tmenov (RUS), Indrek Pertelson (EST).

CANOË-KAYAK

Femmes

K1 :
1. Josefa Idem Guerrini (ITA),
2. Caroline Brunet (CAN),
3. Katrin Borchert (AUS).

K2 :
1. Birgit Fischer Kirsten Wagner (GER),
2. Katalin Kovacs Szilvia Szabo (HUN),
3. Aneta Pastuszka Beata Sokolowska (POL).

K4 :
1. Allemagne,
2. Hongrie,
3. Roumanie.

C1 :
1. Stepanka Hilgertova (CZE),
2. Brigitte Guibal (FRA),
3. Anne-Lise Bardet (FRA).

Hommes

C1 :
1. Tony Estanguet (FRA),
2. Michal Martikan (SVK),

3. Juraj Mincik (SVK).

C2 :
1. Pavol Hochschorner
Peter Hochschorner (SVK),
2. Krysztof Kolomanski
Michal Staniszewski (POL),
3. Marek Jiras
Tomas Mader (CZE).

K1 :
1. Thomas Schmidt (GER),
2. Paul Ratcliffe (GBR),
3. Pierpaolo Ferrazzi (ITA).

C1, 500 m :
1. Gyorgy Kolonics (HUN),
2. Maxim Opalev (RUS),
3. Andreas Dittmer (GER).

C1, 1000 m :
1. Andreas Dittmer (GER),
2. Ledys Frank Balceiro (CUB),
3. Steve Giles (CAN).

C2, 500 m :
1. Ferenc Novak
Imre Pulai (HUN),
2. Pavel Baraszkiewicz
Daniel Jedraszko (POL),
3. Florin Popescu
Mitica Pricop (ROM)

C2, 1000 m :
1. Florin Popescu
Mitica Pricop (ROM),
2. Leobaldo Pereira
Ibrahin Rojas (CUB),
3. Lars Kober
Stefan Utess (GER).

K1, 500 m :
1. Knut Holmann (NOR),
2. Petar Merkov (BUL),
3. Michael Kolganov (ISR).

K1, 1000 m :
1. Knut Holmann (NOR),
2. Petar Merkov (BUL),
3. Tim Brabants (GBR).

K2, 500 m :
1. Zoltan Kammerer
Botond Storcz (HUN),
2. Daniel Collins
Andrew Trim (AUS),
3. Ronald Rauhe
Tim Wieskötter (GER).

K2, 1000 m :
1. Beniamino Bonomi
Antonio Rossi (ITA),
2. Henrik Nilsson
Markus Oscarsson (SWE),
3. Krisztian Bartfai
Krisztian Vereb (HUN).

K4, 1000 m :
1. Hongrie,
2. Allemagne,
3. Pologne.

PENTATHLON MODERNE

Femmes
1. Stephanie Cook (GBR),
2. Emily De Riel (USA),
3. Kate Allenby (GBR).

Hommes
1. Dimitri Svatkovski
(RUS),
2. Gabor Balogh (HUN),
3. Pavel Dovgal (BLR).

AVIRON :

Femmes
Skiff :
1. Jekaterina Karsten (BLR),
2. Rumjana Neikova (BUL),
3. Kartin Romtsjov
Stomporovski (GER).

Deux sans barreur :
1. Roumanie,
2. Australie,
3. Etats-Unis.

Double scull :
1. Allemagne,
2. Pays-Bas,
3. Lituanie.

Double scull léger :
1. Roumanie,
2. Allemagne,
3. Etats-Unis.

Quatre de couple :
1. Allemagne,
2. Russie,
3. Grande-Bretagne.

Hommes
Skiff :
1. Rob Wadell (NZL),
2. Xeno Müller (SUI),
3. Marcel Hacker (GER).

Deux sans barreur :
1. France,
2. Etats-Unis,
3. Australie.

Double scull :
1. Slovénie,
2. Norvège,
3. Italie.

Quatre sans barreur :
1. Grande-Bretagne,
2. Italie,
3. Australie.

Quatre de couple :
1. Italie,
2. Pays-Bas,
3. Allemagne.

Huit :
1. Grande-Bretagne,
2. Australie,
3. Croatie.

Double scull léger :
1. Tomasz Kucharski
Robert Sycz (POL),
2. Elia Luini
Leonardo Pettinari (ITA),
3. Pascal Touron
Thibaud Chapelle (FRA).

Quatre sans barreur léger :
1. France,
2. Australie,
3. Danemark.

EQUITATION

Dressage

Individuel :
1. Anky Van Grunsven
Gestion Bonfire
(NED),
2. Isabell Werth
Gigolo (GER),
3. Ulla Salzgeber
Rusty (GER).

Inter-nations:
1. Allemagne,
2. Pays-Bas,
3. Etats-Unis.

Saut d'obstacles

Individuel :
1. Jeroen Dubbeldam
De Sjiem (NED),
2. Albert Voorn
Lando (NED),
3. Khaled Al Eid
Kashm AL Aan (SAR).

Inter-nations :
1. Allemagne,
2. Suisse,
3. Brésil.

Concours complet

Individuel :
1. David O'Connor
Custom Made (USA),
2. Andrew Hoy
Swizzle in(AUS),
3. Mark Todd
Eyespy (NZL).

Inter-nations:
1. Australie,
2. Grande-Bretagne,
3. Etats-Unis.

ESCRIME

Femmes
Epée :
1. Timea Nagy (HUN),
2. Gianna Hablützel-Bürki
(SUI),
3. Laura Flessel-Colovic
(FRA).

Equipes :
1. Russie,
2. Suisse,
3. Chine.

Fleuret :
1. Valentina Vezzali (ITA),
2. Rita König (GER),
3. Giovanna Trillini (ITA).

Equipes :
1. Italie,
2. Pologne,
3. Allemagne.

Hommes
Epée :
1. Pavel Kolobkov (RUS),
2. Hugues Obry (FRA),
3. Sang-ki Lee (KOR).

Equipes :
1. Italie,
2. France,
3. Cuba.

Fleuret :
1. Young-Ho Kim (KOR),
2. Ralf Bissdorf (GER),
3. Dimitri Sjevtsjenko (RUS).

Equipes :
1. France,
2. Chine,
3. Italie.

Sabre :
1. Mihai Covaliu (ROM),
2. Mathieu Gourdain (FRA),
3. Wiradech Kothny (GER).

Equipes :
1. Russie,
2. France,
3. Allemagne.

TIR

Femmes
10 m carabine :
1. Nancy Johnson (USA),
2. Kang Cho-Hyun (KOR),
3. Jing Gao (CHN).

10 m pistolet à air :
1. Tao Luna (CHN),
2. Jasna Sekaric (YUG),
3. Annemarie Forder (AUS).

25 m pistolet :
1. Maria Grozdeva (BUL),
2. Luna Tao (CHN),
3. Lolita Evlevskaja (BLR).

50 m fusil, 3 positions :
1. Renata Mauer-Rozanska
(POL),
2. Tatjana Goldobina (RUS),
3. Maria Feklistova (RUS).

Tir aux pigeons d'argile

Trap :
1. Daina Gudzineviciute
(LTU),
2. Delphine Racinet (FRA),
3. E Gao (CHN).

Double trap :
1. Pia Hansen (SWE),
2. Deborah Gelisio (ITA),
3. Kimberly Rhode (USA).

Skeet :
1. Zemfira Meftakhetdinova
(AZE),
2. Svetlana Demina (RUS),
3. Diana Igaly (HUN).

Hommes
10 m pistolet à air :
1. Franck Dumoulin (FRA),
2. Wang Yifu (CHN),
3. Igor Basinski (BLR).

10 m carabine à air :
1. Yalin Cai (CHN),
2. Artem Tsjadsjibekov (RUS),
3. Jevgeni Aleinikov (RUS).

25 m pistolet rapide:
1. Sergej Alifirenko (RUS),
2. Michel Ansermet (SUI),
3. Julian Raicea (ROM).

50 m libre:
1. Tanyu Kiriakov (BUL),
2. Igor Basinski (BLR),
3. Martin Tenk (CZE).

50 m fusil libre, couché :
1. Jonas Edman (SWE),
2. Torben Duimmel (DEN),
3. Sergej Martinov (BLR).

Fusil libre, 3 positions :
1. Rajmond Debevec (SLO),
2. Juha Hirvi (FIN),
3. Harald Stenvaag (NOR).

10 m cible mouvante :
1. Ling Yang (CHN),
2. Oleg Moldovan (MDA),
3. Zhiyuan Niu (CHN).

Tir aux pigeons d'argile

Trap :
1. Michael Diamond (AUS),
2. Ian Peel (GBR),
3. Giovanni Pellielo (ITA).

Double trap :
1. Richard Faulds (GBR),
2. Mark Russell (AUS),
3. Feehaid Al Deehani (KUW).

Skeet :
1. Mykola Miltsjev (UZB),
2. Peter Malek (CZE),
3. James Graves (USA).

PLONGEON

Femmes
Tremplin 3 m :
1. Mingxia Fu (CHN),
2. Jingjing Guo (CHN),
3. Doerte Lindner (GER).

Tremplin 3 m synchronisé :
1. Vera Ilina
   Joelia Pakhalina (RUS),
2. Fu Mingxia
   Guo Jingjing (CHN),
3. Ganna Sorokina
   Olena Zjoepina (UZB).

Tremplin 10 m :
1. Laura Wilkinson (USA),
2. Na Li (CHN),
3. Anne Montminy (CAN).

Tremplin 10 m synchronisé :
1. Li Na/Sang Xue (CHN),
2. Anne Montminy
   Emilie Heymans (CAN),
3. Rebecca Gilmore
   Loudy Turky (AUS).

Hommes
Tremplin 3 m :
1. Xiong Ni (CHN),
2. Fernando Platas (MEX),
3. Dimitri Sajoetin (RUS).

Tremplin 3 m synchronisé :
1. Xiong Ni
   Xiao Hailiang (CHN),
2. Alexander Dobroskok
   Dimitri Sajoetin (RUS),
3. Robert Newbery
   Dean Pullar (AUS).

Tremplin 10 m :
1. Tian Liang (CHN),
2. Jia Hu (CHN),
3. Dimitri Sajoetin (RUS).

Tremplin 10 m synchronisé :
1. Igor Loekasjin
   Dimitri Sajoetin (RUS),
2. Hu Jia
   Tian Liang (CHN),
3. Jan Hempel
   Heiko Meyer (GER).

NATATION SYNCHRONISEE

Duo :
1. Olga Bromsnikina
   Maria Kisseleva (RUS),
2. Miya Tachibana
   Miho Takeda (JPN),
3. Virginie Dedieu
   Miryam Lignot (FRA).

Groupe :
1. Russie,
2. Japon,
3. Canada.

SOFTBALL

1. Etats-Unis,
2. Japon,
3. Australie.

TAEKWONDO

Femmes
Moins de 49 kg. :
1. Lauren Burns (AUS),
2. Urbia Melendez
   Rodriguez (CUB),
3. Chi Shu-Ju (THA).

Moins de 57 kg :
1. Jae-Eun Jung (KOR),
2. Hieu Ngan Tran (VIE),
3. Hamide Bikcin (TUR).

Moins de 67 kg :
1. Sun-Hee Lee (KOR),
2. Trude Gundersen (NOR),
3. Yoriko Okamoto (JPN).

Au-dessus de 67 kg :
1. Chen Zhong (CHN),
2. Natalia Ivanova (RUS),
3. Dominique Bosshart (CAN).

Hommes
Moins de 58 kg. :
1. Michail Mouroutsos (GRE),
2. Gabriel Esparza (ESP),
3. Huang Chih-Hsiung (THA).

Moins de 68 kg :
1. Steven Lopez (USA),
2. Joon-Sik Sin (KOR),
3. Hadi Saeibonehkohal (IRI).

Moins de 80 kg :
1. Angel Valodia Matos
   Fuentes (CUB),
2. Faissal Ebnoutalib (GER),
3. Victor Manuel Estrada
   Garibay (MEX).

Au-dessus de 80 kg :
1. Kyong-Hun Kim (KOR),
2. Daniel Trenton (AUS),
3. Pascal Gentil (FRA).

TENNIS DE TABLE

Femmes
Simple :
1. Wang Nan (CHN),
2. Li Ju (CHN),
3. Chen Jing (THA).

Double :
1. Wang Nan
   Li Ju (CHN),
2. Sun Jin
   Yang Ying (CHN),
3. Kim Moo-Kyo
   Ryu Ji-Hye (KOR).

Hommes
Simple :
1. Kong Linghui (CHN),
2. Jan-Ove Waldner (SWE),
3. Liu Guoliang (CHN).

Double :
1. Wang Liqin
   Yan Sen (CHN),
2. Kong Linghui
   Liu Guoliang (CHN),
3. Patrick Chila
   Jean-Philippe Gatien (FRA).

TENNIS

Femmes
Simple :
1. Venus Williams (USA),
2. Elena Dementieva (RUS),
3. Monica Seles (USA).

Double:
1. Venus Williams
   Serena Williams (USA),
2. Kristie Boogert
   Miriams Oremans (NED),
3. Dominique Van Roost
   Els Callens (BEL).

Hommes
Simple :
1. Jevgeni Kafelnikov (RUS),
2. Tommy Haas (GER),
3. Arnaud di Pasquale (FRA).

Double :
1. Sebastien Lareau
   Daniel Nestor (CAN),
2. Mark Woodforde
   Todd Woodbridge (AUS),
3. Alex Corretja
   Albert Costa (ESP).

TRIATHLON

Femmes
1. Brigitte McMahon (SUI),
2. Michellie Jones (AUS),
3. Magali Messmer (SUI).

Hommes
1. Simon Whitfield (CAN),
2. Stephan Vuckovic (GER),
3. Jan Rehula (CZE).

GYMNASTIQUE

Femmes
Concours général :
1. Simona Amanar (ROM),
2. Maria Olaru (ROM),
3. Xuan Liu (CHN).

Equipes :
1. Roumanie,
2. Russie,
3. Chine.

Cheval d'arçon :
1. Elena Zamolodsjikova (RUS),
2. Andrea Raducan (ROM),
3. Ekaterina Lobaznioek (RUS).

Barres asymétriques :
1. Svetlana Khorkina (RUS),
2. Ling Jie (CHN),
3. Yang Yun (CHN).

Poutre :
1. Liu Xian (CHN),
2. Ekaterina Lobaznioek (RUS),
3. Elena Prodoenova (RUS).

Sol :
1. Elena Zamolodsjikova (RUS),
2. Svetlana Sjorkina (RUS),
3. Simona Amanar (ROM).

Hommes
Concours général :
1. Aleksei Nemov (RUS),
2. Yang Wei (CHN),
3. Alexander Beretsj (UZB).

Equipes :
1. Chine,
2. Ukraine,
3. Russie.

Anneaux :
1. Szilveszter Csollany (HUN),
2. Dimosthenis Tambakos (GRE),
3. Jordan Jovtsjev (BUL).

Sol :
1. Igor Vihrovs (LAT),
2. Alexei Nemov (RUS),
3. Jordan Jovtsjev (BUL).

Voltige :
1. Marius Urzica (ROM),
2. Eric Poujade (FRA),
3. Alexei Nemov (RUS).

Saut à cheval :
1. Gervasio Deferr (ESP),
2. Alexei Bondarenko (RUS),
3. Leszek Blanik (POL).

Barres :
1. Li Xiaopeng (CHN),
2. Joo Hyung-Lee (KOR),
3. Alexei Nemov (RUS).

Barre fixe :
1. Alexei Nemov (RUS),
2. Benjamin Varonian (FRA),
3. Joo Hyung-Lee (KOR).

TRAMPOLINE

Femmes
1. Irina Karavajeva (RUS),
2. Oksana Zijoeleva (UZB),
3. Karen Cockburn (CAN).

Hommes
1. Alexander Moskalenko (RUS),
2. Ji Wallace (AUS),
3. Mathieu Turgeon (CAN).

GYMNASTIQUE RYTHMIQUE ET SPORTIVE

Individuel :
1. Joelia Barsoekova (RUS),
2. Joelia Raskina (BLR),
3. Alina Kabajeva (RUS).

Inter-nations :
1. Russie,
2. Bielorussie,
3. Grèce.

FOOTBALL

Femmes
1. Norvège,
2. Etats-Unis,
3. Allemagne.

Hommes
1. Cameroun,
2. Espagne,
3. Chili.

VOLLEYBAL

Femmes
1. Cuba,
2. Russie,
3. Brésil.

Hommes
1. Yougoslavie,
2. Russie,
3. Italie.

WATERPOLO

Femmes
1. Australie,
2. Etats-Unis,
3. Russie.

Hommes
1. Hongrie,
2. Russie,
3. Yougoslavie.

CYCLISME

Femmes
Piste, 500 m contre la montre :
1. Felicia Ballanger (FRA),
2. Michelle Ferris (AUS),
3. Jiang Cuihua (CHN).

Piste, poursuite :
1. Leontien Zijlaard-Van Moorsel (NED),
2. Marion Clignet (FRA),
3. Yvonne McGregor (GBR).

Piste, sprint :
1. Felicia Ballanger (FRA),
2. Oksana Grisjina (RUS),
3. Irina Janovitsj (UZB).

Piste, course aux points :
1. Antonella Bellutti (ITA),
2. Leontien Zijlaard-Van Moorsel (NED),
3. Olga Slioessareva (RUS).

Mountainbike :
1. Paola Pezzo (ITA),
2. Barbara Blatter (SUI),
3. Margarita Fullana (ESP).

Route :
1. Leontien Zijlaard-Van Moorsel (NED),
2. Hanka Kupfernagel (GER),
3. Diana Zilioete (LTU).

Contre la montre :
1. Leontien Zijlaard-Van Moorsel (NED),
2. Mari Holden (USA),
3. Jeannie Longo-Ciprelli (FRA)

Hommes
Piste, 1 km contre la montre :
1. Jason Queally (GBR),
2. Stefan Nimke (GER),
3. Shane Kelly (AUS).

Piste, poursuite individuelle 4 km :
1. Robert Bartko (GER),
2. Jens Lehmann (GER),
3. Brad McGee (AUS).

Piste, sprint par équipes :
1. France,
2. Grande-Bretagne,
3. Australie.

Piste, poursuite par équipes :
1. Allemagne,
2. Ukraine,
3. Grande-Bretagne.

Piste, sprint :
1. Marty Nothstein (USA),
2. Florian Rousseau (FRA),
3. Jens Fiedler (GER).

Piste, course aux points :
1. Juan Llaneras (ESP),
2. Milton Wynants (URU),
3. Aleksei Markov (RUS).

Piste, américaine :
1. Scott McGrory
   Brett Aitken (AUS),
2. Etienne De Wilde
   Matthew Gilmore (BEL),
3. Marco Villa
   Silvio Martinello (ITA).

Piste, keirin :
1. Florian Rousseau (FRA),
2. Gary Neiwand (AUS),
3. Jens Fiedler (GER).

Mountainbike :
1. Miguel Martinez (FRA),
2. Filip Meirhaeghe (BEL),
3. Christoph Sauser (SUI).

Route :
1. Jan Ullrich (GER),
2. Alexander Vinokoerov (KAZ),
3. Andreas Klöden (GER).

Contre la montre :
1. Vjatsjeslav Ekimov (RUS),
2. Jan Ullrich (GER),
3. Lance Armstrong (USA).

LUTTE

Gréco-romaine

Moins de 54 kg :
1. Sim Kwon-Ho (KOR),
2. Lazaro Rivas (CUB),
3. Kang Yong-Gyun (PRK).

Moins de 58 kg :
1. Armen Nasarian (BUL),
2. Kim In-Sub (KOR),
3. Sheng Zetian (CHN).

Moins de 63 kg :
1. Varteres Samoergatsjev (RUS),
2. Juan Luis Maren (CUB),
3. Akaki Chachua (GEO).

Moins de 69 kg :
1. Filiberto Azcuy (CUB),
2. Katsuhiko Nagata (JPN),
3. Alexej Gloesjkov (RUS).

Moins de 76 kg :
1. Moerat Kardanov (RUS),
2. Matt James Lindland (USA),
3. Marko Yli-Hannuksela (FIN).

Moins de 85 kg :
1. Hamza Yerlikala (TUR),
2. Sandor Bardosi (HUN),
3. Muchran Wachtangadze (GEO).

Moins de 97 kg :
1. Mikael Ljungberg (SWE),
2. David Saladze (UZB),
3. Garrett Lowney (USA).

Moins de 130 kg :
1. Rulon Gardner (USA),
2. Alexander Karelin (RUS),
3. Dimitri Debelka (BLR).

Libre

Moins de 54 kg :
1. Namig Abdoelajev (AZE),
2. Samuel Henson (USA),
3. Amiran Karntanov (GRE).

Moins de 58 kg :
1. Alireza Dabir (IRI),
2. Jevgeni Boeslovitsj (UZB),
3. Terry Brands (USA).

Moins de 63 kg :
1. Moerad Oemasjanov (RUS),
2. Serafim Barsakov (BUL),
3. Jae Sung Jang (KOR).

Moins de 69 kg :
1. Daniel Igali (CAN),
2. Arsen Gitinov (RUS),
3. Lincoln McIlravy (USA).

Moins de 76 kg :
1. Alexander Leipold (GER),
2. Brandon Slay (USA),
3. Eui Jae Moon (KOR).

Moins de 85 kg :
1. Adam Saitiev (RUS),
2. Yoel Romero (CUB),
3. Mohamed Ibragimov (MKD).

Moins de 97 kg :
1. Saghid Moertasalijev (RUS),
2. Isrlm Bairamoekov (KAZ),
3. Eldar Koertanidse (GEO).

Moins de 130 kg :
1. David Moessoelbes (RUS),
2. Artoer Taimasov (UZB),
3. Alexis Rodriguez (CUB).

VOILE

Femmes
Europe :
1. Shirley Robertson (GBR),
2. Margriet Matthijsse (NED),
3. Serena Amato (ARG).

Mistral :
1. Alessandra Sensini (ITA),
2. Amelie Lux (GER),
3. Barbara Kendall (NZL).

470 :
1. Jenny Armstrong
   Belinda Stowell (AUS),
2. JJ Isler
   Pease Glaser (USA),
3. Roeslana Taran
   Olena Pacholtsjik (UZB).

Hommes
Finn :
1. Iain Percy (GBR),
2. Luca Devoti (ITA),
3. Fredrik Loof (SWE).

Star :
1. Mark Reynolds
   Magnus Liljedahl (USA),
2. Ian Walker
   Mark Covell (GBR),
3. Torben Grael
   Marcelo Ferreira (BRA).

Tornado :
1. Roman Hagara
   Hans-Peter Steinacher (AUT),
2. Darren Bundock
   John Forbes (AUS),
3. Roland Gübler
   Rene Schwall (GER).

Mistral :
1. Christoph Sieber (AUT),
2. Carlos Espinola (ARG),
3. Aaron McIntosh (NZL).

49er :
1. Thomas Johanson
   Jyrki Jarvi (FIN),
2. Ian Barker
   Simon Hiscocks (GBR),

3. Jonathan McKee
   Charlie McKee (USA).

470 :
1. Tom King
   Mark Turnbull (AUS),
2. Paul Foerster
   Bob Merrick (USA),
3. Javier Conte
   Juan de la Fuente (ARG).

Laser :
1. Ben Ainslie (GBR),
2. Robert Scheidt (BRA),
3. Michael Blackburn (AUS).

Soling :
1. Jesper Bank
   Thomas Jacobsen
   Henrik Blakskjaer (DEN),
2. Jochen Schümann
   Gunnar Bahr
   Ingo Borkowski (GER),
3. Hermann Johannessen
   Pauls Davis
   Espen Stokkeland (NOR).

NATATION

Femmes
50 m libre :
1. Inge De Bruijn (NED),
2. Therese Alshammer (SWE),
3. Darra Torres (USA).

100 m libre:
1. Inge De Bruijn (NED),
2. Therese Alshammer (SWE),
3. Darra Torres
   Jenny Thompson (USA).

200 m libre:
1. Susie O'Neill (AUS),
2. Martina Moravcova (SVK),
3. Claudia Poll (CRC).

400 m libre :
1. Brooke Bennett (USA),
2. Diana Munz (USA),
3. Claudia Poll (CRC).

800 m libre:
1. Brooke Bennett (USA),
2. Jana Klotsjkova (UZB),
3. Kaitlin Sandeno (USA).

100 m brasse :
1. Megan Quann (USA)
2. Leisel Jones (AUS),
3. Penny Heyns (RSA).

200 m brasse :
1. Agnes Kovacs (HUN),
2. Kristy Kowal (USA),
3. Amanda Beard (USA).

100 m papillon :
1. Inge De Bruijn (NED),
2. Martina Moravcova (SVK),
3. Dara Torres (USA).

200 m papillon :
1. Misty Hyman (USA),
2. Susie O'Neill (AUS),
3. Petria Thomas (AUS).

100 m dos :
1. Diana Mocanu (ROM),
2. Mai Nakamaru (JPN),
3. Nina Zhivanevskaya (ESP).

200 m dos :
1. Diana Mocanu (ROM),
2. Roxana Maracineanu (FRA),
3. Miki Nakao (JPN).

200 m 4 nages :
1. Jana Klotjskova (UZB),
2. Beatrice Casriru (ROM),
3. Cristina Teuscher (USA).

400 m 4 nages :
1. Jana Klotsjkova (UZB),
2. Yasuko Tajima (JPN),
3. Beatrice Casriru (ROM).

4x100 m libre :
1. Etats-Unis,
2. Pays-bas,
3. Suède.

4x200 m libre :
1. Etats-Unis,
2. Australië,
3. Allemagne.

4x100 m 4 nages :
1. Etats-Unis,
2. Australie,
3. Japon.

Hommes
50 m libre :
1. Anthony Ervin (USA)
   Gary Hall jr (USA),
3. Pieter Van Den Hoogenband (NED).

100 m libre :
1. Pieter Van Den Hoogenband (NED),
2. Aleksander Popov (RUS),
3. Gary Hall jr (USA).

200 m libre :
1. Pieter Van Den Hoogenband (NED),
2. Ian Thorpe (AUS),
3. Massimiliano Rosolino (ITA).

400 m libre :
1. Ian Thorpe (AUS),
2. Massimiliano Rosolino (ITA),
3. Klete Keller (USA).

1500 m libre :
1. Grant Hackett (AUS),
2. Kieren Perkins (AUS),
3. Chris Thompson (USA).

100 m brasse :
1. Domenico Fioravanti (ITA),
2. Ed Moses (USA),
3. Roman Sloednov (RUS).

200 m brasse :
1. Domenico Fioravanti (ITA),
2. Terence Parkin (RSA),
3. Davide Rumolo (ITA).

100 m dos :
1. Lenny Krayzelburg (USA),
2. Matthew Welsh (AUS),
3. Stev Theloke (GER).

200 m dos :
1. Lenny Krayzelburg (USA),
2. Aaron Peirsol (USA),
3. Matthew Welsh (AUS).

100 m papillon :
1. Lars Frölander (SWE),
2. Michael Klim (AUS),
3. Geoff Huegill (AUS).

200 m papillon :
1. Tom Malchow (USA),
2. Denys Silantiev (UZB),
3. Justin Norris (AUS).

200 m 4 nages :
1. Massimiliano Rosolino (ITA),
2. Tom Dolan (USA),
3. Tom Wilkens (USA).

400 m 4 nages :
1. Tom Dolan (USA),
2. Erik Vendt (USA),
3. Curtis Myden (CAN).

4x100 m libre:
1. Australie,
2. Etats-Unis,
3. Brésil.

4x200 m libre :
1. Australie,
2. Etats-Unis,
3. Pays-Bas

4 x 100 m 4 nages :
1. Etats-Unis,
2. Australie,
3. Allemagne.

TABLEAU DES MEDAILLES

	Or	Argent	Bronze
1. Etats-Unis	39	25	33
2. Russie	32	28	28
3. Chine	28	16	15
4. Australie	16	25	17
5. Allemagne	14	17	26
6. France	13	14	11
7. Italie	13	8	13
8. Pays-Bas	12	9	4
9. Cuba	11	11	7
10. Grande-Bretagne	11	10	7
55. Belgique	0	2	3

NECROLOGIE

A

HAFEZ EL ASSAD (Kardaha, 6 octobre 1930 - 10 juin 2000). Homme politique syrien. Chef de l'Etat de 1971 à sa mort. Voir dossier mois de juin.

CLAUDE AUTANT-LARA, de son vrai nom Claude AUTANT (Luzarches, 5 août 1901 - Antibes, 5 février 2000). Cinéaste français. Fils d'un architecte, Edouard Autant, et d'une comédienne du Théâtre français, Louise Lara, il commence par réaliser des courts métrages avant de passer deux ans à Hollywood où il tourne la version française de plusieurs films américains. Il signe, seul, son premier long métrage en 1942 : "Le Mariage de Chiffon" avec Odette Joyeux. C'est "Le Diable au corps" avec Micheline Presle et Gérard Philipe qui lui assure toutefois, en 1947, un premier grand succès, tout en faisant scandale. Il apparaît, dès lors, comme un auteur pacifiste et antimilitariste, voire anarchiste. Ses films ne laissent jamais indifférent : il pourfend les va-t-en-guerre, l'hypocrisie sexuelle et les institutions. Citons entre autres : "Le Blé en herbe", "Le Rouge et le Noir", "La Traversée de Paris", "En cas de malheur", "La Jument verte" ou encore "L'Objecteur". Au début des années 80, l'anarchiste de gauche vire à droite et soutient la candidature de Jean-Marie Le Pen à l'élection présidentielle. En 1989, il devient même député du Front national au Parlement européen, mais démissionne quelques semaines plus tard. Ce choix politique assombrira cependant ses dernières années.

B

GINO BARTALI (Ponte a Ema, 18 juillet 1914 - Florence, 5 mai 2000). Coureur cycliste italien. Après avoir remporté deux Tours d'Italie (1936 et 1937), il s'impose sur la scène internationale en enlevant son premier Tour de France en 1938. La guerre interrompt malheureusement la carrière du champion transalpin qui, pour éviter d'être récupéré politiquement par le régime fasciste, se réfugie dans la cité du Vatican dès 1941. La paix revenue, il reprend place dans les pelotons et gagne son troisième Tour d'Italie en 1946. Toute l'Italie va désormais se passionner pour sa rivalité avec Fausto Coppi, de cinq ans son cadet. Surnommé "il vecchio" (le vieux), Bartali enlève son deuxième Tour de France en 1948, mais doit s'incliner, l'année suivante, devant son rival après un formidable duel en montagne. Son palmarès comprend également quatre Milan – San Remo (1939, 1940, 1947 et 1950) et trois Tours de Lombardie (1936, 1939 et 1940). Jusqu'à la fin de sa vie, sa popularité fut exceptionnelle.

ALPHONSE BOUDARD (Paris, 17 décembre 1925 - Nice, 14 janvier 2000). Ecrivain français. Il entre dans la Résistance en 1943 et rejoint l'armée du général de Lattre de Tassigny en 1944. Après la guerre, il est condamné pour cambriolage. C'est en prison qu'il découvre la littérature en lisant "Le Voyage au bout de la nuit" de Céline. En 1962, il publie son premier roman : "La Métamorphose des cloportes". Il utilise une langue populaire, volontiers argotique. En 1977, il obtient le prix Renaudot avec "Les Combattants du petit bonheur" et, en 1995, le grand prix du roman de l'Académie française avec "Mourir d'enfance", son meilleur livre. Egalement scénariste de télévision et de cinéma et même dialoguiste.

HABIB BOURGUIBA (Monastir, 3 août 1903 - Monastir, 6 avril 2000). Homme politique tunisien. Après des études à la faculté de droit de Paris, il se tourne très tôt vers la politique et entre au Destour, parti nationaliste, dont il provoque la scission, en 1934, créant le Néo-Destour. Il est arrêté et incarcéré à plusieurs reprises par les Français. Après la guerre, il parcourt le monde pour intéresser les nations à l'indépendance de son pays. Il est à nouveau arrêté et assigné, cette fois, à résidence par les autorités françaises (1952-1954). Il est finalement reconnu comme interlocuteur valable par le gouvernement de Pierre Mendès France et il participe aux négociations qui aboutissent à l'indépendance de la Tunisie en 1956. Un an plus tard, il dépose le bey et devient président de la République, une fonction qu'il transforme, en 1975, en président à vie. Pendant son long règne, il tentera de diriger son pays vers la modernité, notamment en ce qui concerne le statut de la femme et le contrôle des naissances. Mais les avancées sur le plan démocratique seront minces. Vieillissant, il ne peut maîtriser la contestation que par la force. En 1978 et en 1984, les "émeutes du pain" feront respectivement cinquante et un et cent vingt morts. Le 7 novembre 1987, le premier ministre, le général Zine al-Abidine Ben Ali convoque un conseil de médecins qui déclarent sénile l'ancien Combattant suprême et l'affirment incapable de continuer à exercer le pouvoir. Le père de la république tunisienne achèvera sa vie dans une luxueuse résidence aménagée dans sa ville natale de Monastir.

C

BARBARA CARTLAND (Birmingham, 9 juillet 1901 - Hatdfield, 21 mai 2000). Ecrivain britannique. Née dans une famille aristocratique, elle débute, en 1922, en tenant une chronique mondaine dans le "Daily Express" et publie son premier roman "Puzzle", l'année suivante. Elle connaît rapidement le succès en utilisant une recette un peu simpliste: une jeune fille vierge et naïve, fière et belle rencontre un artistocrate d'âge mûr, mais richissime. Suivent malentendus, quiproquos et aventures avec un "happy end" garanti. Elle est la spécialiste du roman à l'eau de rose. Elle en écrira 723 qui seront traduits en 36 langues. En 1983, elle entre au Livre des records de Guiness au titre d'auteur le plus prolifique du monde.

JACQUES CHABAN-DELMAS, de son vrai nom Jacques DELMAS (Paris, 7 mars 1915 - Paris, 10 novembre 2000). Homme politique français. Sa carrière commence dans la Résistance sous le nom de guerre de Chaban. Il organise le soulèvement de Paris et fait la connaissance du général de Gaulle auquel il vouera une admiration filiale. A vingt-neuf ans, il est le plus jeune général de l'armée française depuis la Révolution. Il devient député de la Gironde en 1946, maire de Bordeaux en 1947. Il participe ensuite à plusieurs gouvernements comme ministre des Travaux publics, des Anciens Combattants et de la Défense nationale. Il préside l'Assemblée nationale de 1958 à 1969 avant d'être le premier ministre de Georges Pompidou de 1969 à 1972. Après sa défaite à la présidentielle de 1974, il conservera ses mandats en Aquitaine et dirigera l'Assemblée nationale jusqu'en 1988.

BETTINO CRAXI (Milan, 24 février 1934 - Hammamet, 19 janvier 2000). Homme politique italien. Fils d'un avocat sicilien socialiste, il est rapidement repéré par le vieux leader du parti, Pietro Nenni, qui lui permet d'entrer au Comité central. En 1976, il devient secrétaire du PSI qu'il impose dans la vie politique italienne, dominée jusque là par la Démocratie chrétienne et le Parti communiste. Il devient président du Conseil en 1983 et le reste jusqu'en 1987. Impliqué dans plusieurs scandales révélés par l'opération "Mains propres", il se réfugie en Tunisie en 1994. Mis en cause dans six dossiers de corruption, il est condamné par contumace à vingt-sept ans de prison.

Parmi les autres disparus de l'année 2000, il faut citer la chanteuse Julie London. Elle avait obtenu un succès mondial en 1955 avec la chanson "Cry Me a River". △

La Sri-Lankaise Sirimavo Bandaranaike est également décédée en 2000. Elle avait été, en 1960, la première femme à occuper les fonctions de Premier ministre. Elle avait 84 ans lorsqu'elle succomba, le 10 octobre, à une attaque cardiaque. △

Emil Zatopek, la "locomotive tchécoslovaque", fut l'un des plus grands champions de l'histoire de l'athlétisme avec quatre médailles d'or aux Jeux olympiques et dix-sept records du monde. Figure de légende, il eut le courage de s'opposer au régime communiste pendant le Printemps de Prague. △

D

SUZANNE DANCO (Bruxelles, 22 janvier 1911 - Fiesole, 10 août 2000). Cantatrice belge. Après des études au conservatoire de Bruxelles, elle se perfectionne à Prague puis décide de s'installer à Florence. C'est une soprano à la voix impeccable et pure qui brille tout particulièrement dans les œuvres de Mozart.

FRÉDÉRIC DARD (Jallieu, 29 juin 1921 - Fribourg, 6 juin 2000). Ecrivain français. Après avoir rêvé d'être journaliste, il entre comme garçon de course au "Mois à Lyon", publication consacrée à l'activité culturelle de la ville. C'est l'époque où il découvre Céline, son modèle préféré, et rédige ses premiers articles. Après la guerre, il écrit quelques recueils de nouvelles. En 1949, il publie "Réglez-lui son compte! ou les révélations du commissaire San-Antonio". C'est un fiasco. Pourtant, le livre ne passe pas inaperçu. Le directeur des Editions Fleuve Noir le trouve chez un bouquiniste. La carrière littéraire de Frédéric Dard, alias San-Antonio, prend alors son véritable départ. En cinquante ans, 180 titres de "San-Antonio" seront publiés, pour un tirage global de 270 millions d'exemplaires, apportant à leur auteur gloire et fortune, à défaut de la reconnaissance de la critique universitaire. Ecrivain prolifique et résolument argotique, Frédéric Dard fut surtout un prodigieux inventeur de langue, créant, selon les spécialistes, plus de 20 000 néologismes.

MICHEL DEMARET (Uccle, 18 janvier 1940 - Namur, 8 novembre 2000). Homme politique belge. Fonctionnaire du service public, il entre au PSC et est élu conseiller communal de Bruxelles en 1976 et échevin en 1977. Il fait fonction de bourgmestre de la capitale de septembre 1991 à décembre 1991, puis de novembre 1992 à avril 1993 à la place de Hervé Brouhon (PS), malade. Au décès de ce dernier, il récupère l'écharpe tricolore. Personnage truculent, attentif aux problèmes des petites gens, il est toutefois compromis dans des affaires de corruption et de fraudes fiscales. Certains de ses propos sont également jugés choquants. En avril 1994, il est prié de démissionner et est exclu du PSC par le président Gérard Deprez.

DUPA, de son vrai nom Luc DUPANLOUP (Montignies-sur-Sambre, 12 février 1945 - Bruxelles, 8 novembre 2000). Dessinateur belge. Après des études à l'Académie de Bruxelles, il devient l'assistant de Greg au journal de "Tintin". En 1968, il crée Cubitus, gros chien à poils blancs, pataud et bonhomme qui est en quelque sorte son propre personnage. Trente-sept albums de Cubitus ont été publiés.

IAN DURY (Upminster, 12 mai 1942 - Hampstead, 27 mars 2000). Chanteur de rock et comédien britannique. Il fonde, à la fin des années 60, à Canterbury, son premier groupe "Kilburn and the High Roads", se faisant remarquer par sa voix rauque et sa manière d'interpréter des personnages de paumés. En 1977, il forme un nouveau groupe "The Blockheads". Son premier album, "New Boots and Panties" connaît un grand succès. Avec "Sex and Drugs and Rock'n'Roll", toujours en 1977, il crée véritablement l'hymne de l'ère punk. Il sort en 1979 "Do it Yourself". Au milieu des années 80, il rebondit comme acteur de théâtre et de cinéma où on lui confie des rôles de méchants. Il tourne dans "Pirates" de Roman Polanski. Dès sa jeunesse, il a milité dans des associations d'aide aux enfants et aux défavorisés. Il avait été atteint lui-même par la polio à l'âge de sept ans.

G

VITTORIO GASSMAN (Gênes, 1er septembre 1922 - Rome, 29 juin 2000). Acteur italien. Voir dossier mois de juin.

JACQUES GODDET (Paris, 21 juin 1905 - Paris, 15 décembre 2000). Journaliste français. A vingt ans, il entre au journal "L'Auto" dont le directeur, Henri Desgranges a créé le Tour de France. Il en devient bientôt rédacteur en chef. En 1946, après la disparition de l'"Auto", il fonde "L'Equipe" et relance le Tour de France en 1947. Il dirigera l'épreuve pendant quarante ans, tout en rédigeant chaque soir un article sur l'étape. Visionnaire du sport moderne, il est également à l'origine des coupes d'Europe de football et de basket-ball.

J

ODETTE JOYEUX (Paris, 5 décembre 1914 - Grimaud, 26 août 2000). Actrice française. Marc Allégret lui offre son premier grand rôle en 1938 dans "Entrée des artistes". Pendant l'Occupation, elle tourne sous la direction de Claude Autant-Lara: "Le Mariage de Chiffon", "Lettres d'Amour" et surtout "Douce". Elle écrit aussi des scénarios et des romans. Epouse de Pierre Brasseur, elle est la mère de Claude Brasseur.

M

STANLEY MATTHEWS (Stoke-on-Trent, 1er février 1915 -Newcastle-under-Lyne, 23 février 2000). Joueur de football anglais. Il débute à Stoke City à dix-sept ans et en équipe d'Angleterre à dix-neuf ans. Passé à Blackpool après la guerre, il devient le footballeur britannique le plus populaire de sa génération grâce à un dribble étourdissant. Il entre dans la légende lors d'une finale de la coupe d'Angleterre en 1953 où il conduit Blackpool à la victoire. Premier Ballon d'Or européen en 1956. Fameux pour sa longévité, il dispute son dernier match international à quarante-deux ans et son dernier match de championnat anglais avec Stoke City, en 1965, à cinquante ans. Quelques semaines après avoir été le premier joueur de football anobli par la reine, sir Stanley se retire.

P

ROGER PEYREFITTE (Castres, 17 août 1907 - Paris, 5 novembre 2000). Ecrivain français. Il entame sa carrière dans la diplomatie et est nommé secrétaire d'ambassade à Athènes en 1933. Féru de culture gréco-latine, il entame son œuvre de romancier par un livre à scandale: "Les Amitiés particulières" qui obtient le prix Renaudot en 1944. Il y décrit les relations homosexuelles dans un internat de garçons. Il est rapidement regardé comme un écrivain sulfureux et provocateur. Il le restera jusqu'au bout. Quelques titres encore: "Les Ambassades", "La Fin des Ambassases", "Les Clés de Saint-Pierre", "Les Juifs" ainsi qu'une biographie en trois volumes d'Alexandre le Grand. Rédigés dans un style brillant, ses livres à la moralité souvent douteuse ont suscité de nombreuses polémiques et valu à leur auteur plusieurs procès.

TITO PUENTE (New York, 20 avril 1923 - New York, 1er juin 2000). Musicien américain d'origine portoricaine. Son éducation artistique commence par le piano et se poursuit par l'étude de la batterie et des cours de danse. Il profite après la guerre de la vogue des night-clubs à New York pour ouvrir les portes du jazz à la musique caraïbe de ses ancêtres. Il devient ainsi la figure de proue du latin-jazz, composant et jouant du vibraphone, des congas, du piano ou du saxophone. L'une de ses chansons "Oye come va" obtiendra un succès mondial.

FRANCK POURCEL (Marseille, 14 août 1913 - Neuilly, 12 novembre 2000). Musicien français. Après des études au conservatoire de Marseille, il se spécialise dans la musique légère et crée, en 1953, un grand orchestre à cordes. Il enregistre de nombreux disques qui vont des pages classiques, arrangées ou transcrites, de Bach, Mozart et Beethoven aux chansons françaises. Son succès discographique est immense aussi bien en France qu'aux Etats-Unis et au Japon. En fin de carrière, il dirige même les Orchestres symphoniques de Londres et de Berlin.

RAYMOND PULINCKX (Schaerbeek, 24 février 1924 - Bruxelles, 1er février 2000). Fils d'un tailleur schaerbeekois, il entre à la Fédération des Industries de Belgique en 1946. Il se trouve ensuite à la base de la fusion entre la Fédération des Industries de Belgique et de la Fédération des Entreprises non industrielles de Belgique, créant ainsi la Fédération des Entreprises de Belgique (FEB). Il y occupe les fonctions d'administrateur général de 1961 à 1970 et d'administrateur délégué de 1970 à 1989. Négociateur habile, il a conclu neuf accords interprofessionnels.

R

LEAH RABIN, née Schlossberg (Königsberg, à l'époque en Prusse Orientale allemande, 8 avril 1928 - Petakh Tikvah, 12 novembre 2000). Sa famille émigre en Palestine en 1933 quelques mois après l'arrivée au pouvoir d'Adolf Hitler. Elle épouse Izthak Rabin en 1948. Elle sera à ses côtés pendant toute sa carrière militaire et politique. Grande et belle, archétype de l'aristocratie ashkenaze, elle réussit à incarner le jeune Etat d'Israël dans de nombreux milieux diplomatiques. Après l'assassinat de son mari en novembre 1995, elle n'est plus habitée que par un souci, celui de faire respecter sa mémoire dans un pays déchiré par les luttes politiques.

JULES ROY (Rovigo, 21 octobre 1907 - Vézelay, 15 juin 2000). Ecrivain français. Né en Algérie, mais anticolonialiste, il se lie d'amitié avec Albert Camus. De ses missions pendant la guerre où il participa aux bombardements de la Ruhr, il tire un livre, "La Vallée heureuse", qui obtient le prix Renaudot en 1946. Auteur d'une cinquantaine d'ouvrages dont une fresque sur l'Algérie française: "Les Chevaux du soleil".

S

CLAUDE SAUTET (Paris, 23 février 1924 - Paris, 22 juillet 2000).

Pierre Elliott Trudeau fut Premier ministre du Canada pendant une quinzaine d'années. Tout au long de sa carrière politique, il se révéla toujours un fervent défenseur de l'unité de son pays. △

Habib Bourguiba, surnommé le "père de l'indépendance tunisienne" occupa le palais présidentiel pendant quelque trente ans. Il est mort, le 6 avril, à l'âge de nonante-sept ans. Il a tenté de diriger la Tunisie vers la modernité, en ce qui concerne les droits de la femme notamment. Mais il dut parfois recourir à la force pour imposer ses idées. △

Le metteur en scène français Roger Vadim connut la célébrité en réalisant "Et Dieu créa la femme" avec Brigitte Bardot. Salué comme l'un des hérauts de la "nouvelle vague", il fit découvrir de nombreuses stars. △

Cinéaste français. Il commence par tourner, en 1950, un court métrage "Nous n'irons plus au bois" et remplace à la dernière minute, en 1955, Robert Dhéry pour réaliser "Bonjour sourire" avec Henri Salvador, Annie Cordy, Louis de Funès et Jean Carmet. On situe cependant le début de son œuvre en 1959 avec "Classe tous risques" avec Lino Ventura et Jean-Paul Belmondo. Il va incarner dès lors un certain cinéma français où se mêlent l'art et le populaire. Claude Sautet signe quelques grands succès: "Les Choses de la vie" (1969) avec Michel Piccoli et Romy Schneider, "Max et les ferrailleurs" (1971) avec les mêmes, "César et Rosalie" (1972) avec Yves Montand et Romy Schneider; "Vincent, François, Paul... et les autres" (1974) avec Montand, Piccoli et aussi Serge Reggiani ou encore, plus tard, "Un cœur en hiver" (1992) avec Daniel Auteuil et Emmanuelle Béart. Le cinéma de Sautet, qui s'inscrit dans la tradition des maîtres italiens, reposait pour une part importante sur l'amitié de quelques grands comédiens.

CHARLES MONROE SCHULZ (Saint-Paul, Minnesota, 26 novembre 1922 -Santa Rosa, Californie, 12 février 2000). Auteur de bandes dessinées américain. Créateur des "Peanuts". Voir dossier mois de février.

T

PIERRE ELLIOTT TRUDEAU (Montréal, 18 octobre 1919 - Montréal, 28 septembre 2000). Homme politique canadien. Après des études à Paris, Harvard et Londres, il devient député libéral en 1965 et ministre de la Justice en 1967. Elu président du parti libéral, il accède au poste de premier ministre en 1968. Malgré de courtes éclipses, il détiendra le pouvoir jusqu'en 1984. Partisan du bilinguisme, il fut un ardent défenseur du fédéralisme, s'opposant aux séparatistes québécois.

V

ROGER VADIM, de son vrai nom Roger Vadim PLEMIANNIKOV (Paris, 26 janvier 1928 - Paris, 11 février 2000). Cinéaste français d'origine russe. Il débute comme assistant de Marc Allégret, tout en menant des activités de comédien et de journaliste. En 1956, son premier film, "Et Dieu créa la femme", tourné avec Brigitte Bardot, qu'il a épousée quatre ans plus tôt, et Jean-Louis Trintignant connaît un énorme retentissement. Il est salué comme le héraut de la "nouvelle vague". Ses films suivants, "Les Bijoutiers du clair de lune", "Les liaisons dangereuses," "Et mourir de plaisir" et "La Bride sur le cou" déçoivent plutôt. Ses thèmes sont trop circonscrits dans un libertinage convenu. Pourtant, il ne tombe pas pour autant dans l'oubli. Il est devenu un véritable découvreur de stars. Après son divorce d'avec Brigitte Bardot, sa carrière est rythmée par ses mariages successifs avec Annette Stroyberg, Catherine Deneuve et Jane Fonda. Il obtient d'ailleurs un nouveau succès avec celle-ci dans "Barbarella", en 1968. Au fil du temps, il s'éloigne cependant de plus en plus du cinéma pour se tourner vers la mise en scène de théâtre où il dirige sa dernière épouse, Marie-Christine Barraut, et vers la télévision. Il meurt d'un cancer du poumon.

RENAAT VAN ELSLANDE (Boekhoute, 21 janvier 1916 - Bruxelles, 21 décembre 2000). Homme politique belge. Il cumule les fonctions au cours d'une longue carrière sous l'étiquette du CVP. Il est bourgmestre de Lot, député, ministre et vice-premier ministre. Il est aussi le premier ministre des Affaires étrangères de langue flamande. Il a toujours été un grand partisan de l'autonomie culturelle.

FRANS VAN MECHELEN (Turnhout, 1923 - Louvain 6 juillet 2000). Homme politique belge. Député CVP de Turnhout de 1965 à 1976. Il se distingue par des positions radicales dans le problème de l'université Leuven-Louvain. Ministre de la Culture néerlandaise de 1968 à 1973 dans les gouvernements Eyskens-Merlot, puis Eyskens-Cools.

ALFRED ELTON VAN VOGT (Winnipeg, 26 avril 1912 - Los Angeles, 26 janvier 2000). Ecrivain américain d'origine canadienne. L'un des auteurs de science-fiction les plus fameux. Sa première nouvelle "Black Destroyer", publiée en 1939, obtient un succès exceptionnel. "Le Monde du non-A", traduit en français par Boris Vian, et ses suites, lui assurent également la célébrité en Europe. Il invente avec une incroyable facilité des tas de mondes, des hordes de personnages et des péripéties passionnantes. Dans les années 70, il écrit une série de fantasmagories où s'affrontent des héros surhumains. Citons entre autres "Le Colosse anarchique" (1977).

FREDDY VREVEN (Saint-Trond, 24 mars 1937 - Saint-Trond, 15 juin 2000). Homme politique belge. Conseiller communal, puis provincial du PVV (ancien VLD), il entre au Parlement en 1970 comme député de Hasselt. Wilfried Martens lui confie le poste de ministre de la Défense de décembre 1981 à octobre 1985. Il continue à siéger à la Chambre jusqu'en 1991.

W

WILL, de son vrai nom Willy MALTAITE (Anthée, 30 octobre 1927 - La Hulpe, 18 février 2000). Dessinateur belge. Il entre au journal "Spirou" en 1947 et reprend, deux ans plus tard, les aventures de "Tif et Tondu", créées en 1938 par Fernand Dineur, donnant aux deux personnages leur véritable personnalité. A côté de la bande dessinée, il exerce une activité de peintre où il se révèle un grand amoureux de la féminité.

Z

EMIL ZATOPEK (Koprivnica, 19 septembre 1922 - Prague, 21 novembre 2000). Athlète tchèque. Après avoir été champion du monde universitaire sur 5000 mètres en 1947, il se fait connaître au monde sportif, un an plus tard, en remportant la médaille d'or du 10 000 mètres aux Jeux olympiques de Londres. Quelques jours plus tard, il échoue toutefois derrière le Belge Gaston Reiff en finale du 5000 mètres. Son style saccadé fait sensation. Il court la tête en arrière, le visage grimaçant, les coudes serrés au corps. C'est aussi un travailleur forcené qui couvre de 20 à 30 kilomètres, chaque jour, à l'entraînement. En 1950, aux championnats d'Europe de Bruxelles, il prend sa revanche sur Reiff. Le 29 septembre 1951, il enflamme les imaginations en devenant le premier athlète à dépasser les 20 km dans l'heure (20,052 km). On l'appelle désormais la "locomotive tchèque". Aux Jeux de Helsinki, en 1952, il entre dans la légende du sport en réalisant l'extraordinaire triplé: 5000 m, 10 000 m, marathon. En 1954, à Bruxelles, il franchit le mur des 29 minutes au 10 000 m (28.54.2). Il battra au total 18 records du monde. Parallèlement à sa carrière d'athlète, Emil Zatopek a grimpé les échelons de la hiérarchie au sein de l'armée tchécoslovaque. Il est colonel au moment du printemps de Prague, mais ses sympathies pour les idées libérales d'Alexandre Dubcek le conduisent à critiquer l'entrée des chars soviétiques dans son pays. Il est alors exclu du parti communiste et radié de l'armée. Il se retrouve sans emploi à quarante-cinq ans et doit accepter, pendant six ans, un pénible travail de foreur dans une mine d'uranium. Il est enfin réhabilité en 1975.

INDEX GÉNÉRAL

INDEX DES ILLUSTRATIONS

INFOGRAPHIES :

Rédacteurs en chef :
Jacques Hereng,
Carlos De Veene

Collaborateurs :
Mathieu Van Overstraeten,
Alexandre Rosten,
Hugues Dorzée,
Vincent Genot,
François Louis,
Philippe Hereng,
Philippe Paquet,
Baudouin Loos.

L'avis des experts :
Georges-Henri Beauthier,
Alain Colignon,
Mgr Godfried Danneels,
Aïcha Bah Diallo,
Karel Van Miert,
Hubert Dethier,
Philippe Herreweghe,
Lieutenant-Général Francis Briquemont,
Jacques Rogge,
Claude Roosens,
Johan Thielemans,
Fons Verplaetse.

Direction générale et conception de base :
Christian Kremer
Marketing & Publishing Consultant :
Claude Verstraete
Senior editor et coordination générale :
Pascale Vanobbergen
Assistante de production :
Isabelle Mertens de Wilmars
Conception et réalisation graphique :
Label et Eric Debeyser

Printed in E.U.

D2001/0832/11
ISBN 2-87391-311-8

COPYRIGHT DES ILLUSTRATIONS

Agence DPPI : p. 55.

All sport : p. 41 (bas).

AP Photo : p. 141, 142, 146, 147 (bas), 148 (bas), 184.

Belga : p. 113 (haut, millieu et droite), 134-135, 172.

CHODAK / FDB : p. 10.

EPA : p. 134-135.

Image de Marc : p. 162 (bas).

Isopress-Sénépart : p. 8-9, 17, 22-23, 34, 40, 48 (haut), 50-51, 54, 57, 61, 70 (bas), 73, 74, 75 (haut), 81, 85 (bas), 86, 87, 89, 94, 101 (bas), 102 (haut), 104, 112, 113 (en haut à gauche), 114, 118, 120-121, 124, 126 (haut), 127 (bas), 136, 137, 139, 140, 143 (haut), 144, 147 (haut), 156 (bas), 158, 159, 162 (haut), 164, 168 (haut), 169, 174, 175 (droite), 177, 182, 186, 202, 204, couverture arrière (crise du pétrole).

Isosports : 98, 99, 100 (bas), 111, couverture arrière (sport, Radzinski).

Johan Jacobs : p. 20 (haut).

Label : 102 (bas), 103, 113 (bas), 129 (haut), 143 (bas).

Photonews : p. 12, 13, 15 (haut), 18, 26, 29, 36-37, 42, 43, 48 (bas), 58, 61 (bas), 66, 67, 69, 70 (haut), 71, 72, 75 (bas), 80, 82, 83, 85 (haut), 96, 106-107, 108 (bas), 131 (droite), 132, 145, 153 (haut), 154, 155, 163 (haut), 171, 175 (gauche), 179 (haut).

Reporters : p. 11, 14, 15 (bas), 16, 19, 20 (bas), 24, 28, 31, 32 (bas), 33, 38, 41 (haut), 44, 45, 46, 47, 52, 56, 59, 60, 62, 64-65, 76, 78-79, 84, 88, 90, 92-93, 97, 100 (haut), 101 (haut), 108 (haut), 109, 116, 117, 122, 123, 126 (bas), 127 (haut), 128, 129 (bas), 130, 131 (gauche), 146, 150-151, 153 (bas), 156 (haut), 157, 160, 161, 163 (bas), 166-167, 168 (bas), 176, 178, 183, 192, 196.

Reuters : p. 182-183 (centre).

Jean-Jacques Rousseau : 178, 179 (bas).

SABA : p. 148 (haut).